JEAN MONTALDO

CARNETS SECRETS 1

LES VOYOUS DE LA RÉPUBLIQUE

ALBIN MICHEL

ISBN 2-266-12551-6

« Voyou : garçon mal élevé, qui traîne dans les rues. »

Le Petit Robert

La vérité, toute la vérité

Premier tome de mes *Carnets secrets*, ces souvenirs relatent, au jour le jour, mes grandes enquêtes et mes pérégrinations tous azimuts, commencées au début des années 60.

Sorties des oubliettes où elles dormaient, les « affaires » souvent méconnues du temps passé deviennent d'utiles points de repère pour mieux comprendre celles qui sont découvertes maintenant. Ce dictionnaire de ma mémoire me permet de décrypter les sulfureux dossiers débusqués au fil de mes recherches, toutes ces affaires d'Etat que nos juges connaissent le plus souvent, mais qu'ils se gardent trop fréquemment d'explorer jusqu'au bout.

Le diagnostic est inquiétant : victime de l'érosion de ses valeurs, malade de la corruption et du mensonge — l'instrument diabolique dont usent trop de « voyous de la République » pour accéder au pouvoir et s'y maintenir —, la France dont j'ausculte depuis si longtemps les corps représentatifs (politiques, administratifs, économiques, financiers ou judiciaires) devient, au fil des ans, une « République sicilienne ».

Des centaines de milliards d'argent public s'envolent, les scandales éclatent, de plus en plus dévastateurs. Le sommet de l'Etat est touché. Les plus hauts responsables, dans les secteurs publics et privés, sont mis en cause. Mais l'extraordinaire volonté de taire et d'étouffer les crimes et délits des princes qui nous gouvernent finit par l'emporter. Justice spectacle, justice théâtrale... qui ne réagit, vraiment, que sous l'aiguillon de la presse et de l'édition. Sans leur intervention, sans leurs investigations et révélations, combien d'affaires — Crédit lyonnais, Elf-Aquitaine, Crédit foncier de France, Pechiney, Société générale, Urba, ARC-Crozemarie ou écoutes téléphoniques de l'Elysée — dormiraient encore dans les armoires de nos palais de justice ?

Et je passe sur les non-lieux qui, trop souvent, concluent ces affaires, après des années d'instruction au ralenti. Ce fut le cas, ces derniers mois, pour le scandale du raid boursier, en 1988, sur la Société générale. Au terme de onze années d'enquête, tous les acteurs clés ont été épargnés. Seuls quelques figurants se retrouveront bientôt devant le tribunal.

Au moment où j'écris ces lignes, un autre non-lieu vient de tomber : celui qui blanchit l'essentiel des frasques de l'ancien conseiller en communication de François Mitterrand à la présidence de la République, ex-président de la Française des Jeux, finalement jugé en mai 2001 pour des broutilles, tout le reste passant à la trappe. Là encore, seuls quelques comparses trinquent pour les autres. Le journal *Le Monde* traduit un sentiment général quand il commente, à propos de cette instruction manifestement bâclée :

« Que les soupçons aient été fondés ou non contre les personnes désormais exonérées de toute poursuite, il ne reste plus de ce dossier, après sept années d'enquête, qu'un tableau désolant sur le fonctionnement de l'institution judiciaire. »

Ainsi va la France !

Face à cette machine à tuer la vérité, l'ultime bouclier de nos démocraties demeure la liberté d'expression, un bien ô combien ! précieux, qu'il convient de préserver, un droit fondamental que trop de nos contemporains méprisent souverainement. A commencer par nos dirigeants politiques et nos juges, protégés par le leurre d'une fausse indépendance.

Les 9, 10, 11 et 18 janvier 2001, je fus plusieurs fois agressé sur des plateaux de télévision et dans la presse par un « psy » déséquilibré, gardien de ses seuls fantasmes et de ceux de l'ordre mitterrandien qui le fit « prince consort du mensonge ». Ces attaques répétées, dans plusieurs grandes émissions du service public de télévision, puis aggravées sur d'autres antennes et dans de multiples déclarations complaisamment rapportées, m'ont convaincu de la nécessité d'ouvrir plus grand les dossiers de la corruption et des crimes d'Etat, d'accélérer la rédaction de ces *Carnets secrets*, de ce voyage à la recherche des pages inexplorées de notre histoire. Depuis les débuts de la Ve République, je n'ai eu de cesse de les révéler, sous tous les régimes : du général de Gaulle, de Georges Pompidou, de Valéry Giscard d'Estaing, de François Mitterrand et maintenant de Jacques Chirac.

A tous ceux qui veulent me faire taire par la menace, le mensonge, la calomnie et la diffamation, à ces manifestations de haine je répondrai, ici, avec la seule arme du journaliste : la vérité, toute la vérité.

PREMIER CARNET

JANVIER 2001

Gérard Miller : un cas d'école

Paris, La Plaine-Saint-Denis, lundi 8 janvier 2001, 19 h 50 : tel un gladiateur hollywoodien — sans fourche ni glaive — je suis maquillé, couvert de micros et de fils qu'un technicien vient de glisser sous ma chemise. Caché derrière un rideau rouge, j'attends le signal d'entrer dans l'arène télévisuelle de France 2 et de son animateur en vogue, Laurent Ruquier. La troisième séquence de sa nouvelle émission intitulée *On a tout essayé* est consacrée aux vacances de Noël que passe à la prison de la Santé Jean-Christophe Mitterrand, le fils de l'ancien président de la République, sur lequel j'ai tant écrit. J'y suis invité en ma qualité d'observateur sans complaisance des années Mitterrand.

« Vous en aurez fini dans quinze ou vingt minutes », m'assure la souriante assistante chargée de m'escorter.

Bel aplomb ! Nul ne m'a prévenu que j'allais tomber dans un traquenard, où, pendant quarante-cinq minutes, tout sera tenté pour me faire perdre pied, ruiner ma réputation.

Professionnel aguerri et rédacteur en chef de l'émission, Frédéric Siaud m'avait joint trois jours plus tôt, le 5 janvier, à Val-d'Isère, la station de ski savoyarde où j'ai l'habitude de prendre mes quartiers d'hiver :

« Pouvez-vous être à Paris lundi soir pour un enregistrement ? Nous vous avons choisi, en raison de ce que vous venez de déclarer dans *Le Figaro* à propos de la caution de 5 millions de francs réclamée par la justice à Jean-Christophe Mitterrand. »

A Frédéric Siaud, j'ai répété que cette somme me paraissait insuffisante. Car si les faits qui lui sont reprochés sont exacts, ce sont 13 millions de francs que le fils aîné et ancien conseiller de Mitterrand à l'Elysée aurait illégalement touchés en Suisse. En conséquence, c'est cette somme qui devrait être exigée pour qu'il puisse recouvrer sa liberté :

« La caution n'est pas une mesure confiscatoire, mais conservatoire : elle est prévue pour assurer l'éventuelle indemnisation des personnes lésées. En outre, bien qu'emprisonné, Jean-Christophe Mitterrand est présumé innocent. J'accepte de venir, mais pas pour m'acharner sur ce garçon qui, provisoirement derrière les barreaux, n'est pas en mesure de se défendre. »

Lors de cette première conversation et d'un autre entretien téléphonique, le soir même, mon interlocuteur m'a annoncé que, pour introduire le sujet, un petit reportage humoristique allait être réalisé, le samedi 6 janvier, dans les rues de Paris, par le « psy chéri des médias », Gérard Miller. Je sais de lui qu'il est omniprésent sur les ondes de certaines chaînes de radio (France Inter et Europe 1), de même qu'à la télévision, sur France 2, où rien ne lui est refusé. Chaque semaine il fait son numéro, dans l'émission *Vivement dimanche* de Michel Drucker, où il prend plaisir à agresser les personnalités politiques invitées. Surtout quand elles sont de droite. Dans *Le Monde* du 3 décembre 2000, sous le titre « Le rouge et le noir », notre excellent confrère Francis Cornu n'a pas manqué de noter, dans un portrait bien léché de l'« ex-révolutionnaire » devenu « le "psy de service" de la télé », qu'il « terrorise les invités de ce bon Michel Drucker », tout en professant dans « cette université qu'il voulait *“détruire”* , barre de fer et *Petit Livre rouge* en main, avec les maoïstes de la Gauche prolétarienne (GP), dont il fut un dirigeant ».

Je ne connais de Miller que ses prestations à la télévision et, nullement masochiste, je n'ai guère envie de faire les frais de ses pitreries. Frédéric Siaud me tranquillise :

« Miller fait partie de l'équipe de nos chroniqueurs. Tout devrait bien se passer : notre émission est un divertissement, non un rendez-vous politique. L'avez-vous déjà vue ?

— Jamais. Mais Miller, oui. C'est un militant. En cas d'attaque de sa part, je veux pouvoir lui répondre. Si vous m'assurez un débat, certes vif mais correct et courtois, si vous me garantissez aussi un temps d'antenne égal au sien, j'accepte volontiers d'y participer.

— Vous n'avez rien à craindre. Je vous confirme immédiatement notre invitation, par fax. »

Sur le plateau, le sujet est maintenant lancé. L'émission n'est pas en direct. Elle est enregistrée, pour diffusion dans vingt-quatre heures. Je demande qu'un écran de contrôle soit mis à ma disposition. Mon interlocutrice fait mine de ne pas m'entendre. J'insiste :

« Je ne peux prendre part à votre émission sans avoir vu, comme tout le monde, le reportage d'accroche. »

La réticence de la jeune stagiaire me fait subodorer un mauvais coup. Sans plus attendre, je me dirige vers un téléviseur à proximité : un petit film montre Gérard Miller faisant la manche sur les grands boulevards et devant l'Assemblée nationale. Rien de bien méchant : devant un étal où il a disposé des assiettes à l'effigie de l'idole, François Mitterrand, Miller agite la sébile pour réunir les 5 millions de francs de la caution réclamée à Jean-Christophe Mitterrand. Les passants sollicités ne se privent pas de manifester une franche indignation. Je souris lorsque Miller soutire 10 francs à un badaud, le prix d'un faux caillou de la roche de Solutré, là où, aux beaux jours, flanqué de ses courtisans et gens de maison mobilisés pour un rituel pèlerinage païen, le président Mitterrand allait chaque année, en terre de Bourgogne, se montrer au peuple de gauche.

Après ces divertissants zakouski, Laurent Ruquier m'annonce :

« Nous allons accueillir, sur notre plateau, quelqu'un qui ne fréquente pas beaucoup les plateaux de télévision ; il n'est pas souvent invité. C'est un journaliste, un écrivain qui dérange, auteur de plusieurs livres polémiques comme *Mitterrand et les 40 voleurs*... Je vous demande d'accueillir Jean Montaldo. »

Tandis que le public applaudit, mon accompagnatrice me donne le signal :

« Allez-y, tout droit, puis à gauche. Votre place est marquée, à droite de Laurent Ruquier. »

Concentré mais détendu, j'avance lentement.

Tout sourire, Ruquier ne semble pas, lui non plus, se douter de la violence de l'orage qui va bientôt s'abattre sur le plateau, après son aimable présentation :

« C'est la deuxième fois que je reçois M. Montaldo. La première fois, c'était à France Inter, il y a de ça quelques années. Je crois que c'était à l'occasion de la sortie de *Mitterrand et les 40 voleurs*... C'est la deuxième fois ce soir, ici, dans *On a tout essayé*. Je sais que Gérard ne vous aime pas particulièrement. »

Gérard Miller me fixe. Ses lèvres sont pincées. Alors que je n'ai pas eu le temps d'ouvrir la bouche, le « psy » prend d'autorité la parole, pour une déclaration de guerre. Sûr de ses effets de menton et avec en main un texte écrit, il se lance dans une agression en règle :

« Est-ce que je peux faire, Laurent, une déclaration préalable ? »

Laurent Ruquier acquiesce par un « oui » timide.

Silence de mort sur le plateau. Je découvre que je suis convoqué à comparaître devant un tribunal révolutionnaire, où je dois subir à mon tour les assauts du coupeur de têtes Gérard Miller, autorisé à déverser à l'antenne les pires ignominies, sans que nul ne songe à l'arrêter :

« Je crois, dit-il d'emblée à l'adresse de Ruquier, que ça fait cinq ans et demi qu'on est amis, Laurent. Je crois que depuis cinq ans et demi je n'ai eu qu'à me féliciter de cette amitié. J'ai rencontré et je rencontre toujours grâce à vous des gens formidables. Sur ce plateau, j'ai rencontré Mme Christine Boutin, député de droite extrême avec qui je me suis bien entendu. Aujourd'hui, je rencontre M. Montaldo, journaliste d'extrême droite, ancien collaborateur de *Minute* — je le dis pour les plus jeunes qui nous regardent : *Minute*, ce journal, s'inscrit dans la grande tradition de la presse... »

Interloqué, je tente d'intervenir :

« Vous n'avez pas abandonné votre discours maoïste ? »

Miller accuse à peine le coup, me foudroie d'un regard méprisant, s'agrippe à son attaque préméditée, à son discours dactylographié, manifestement appris par cœur. Je remarque qu'il n'a pas besoin de le lire, tant il a dû le répéter. Avec l'agressivité d'un coq de combat, il continue de me foncer dessus, sans se priver du plus petit coup bas. Il va s'acharner à me salir. Ce nouveau Fouquier-Tinville ne serait pas à la hauteur de sa tâche s'il ne mettait en danger la réputation de son accusé :

« Non, non ! Sur ce plan, pas du tout, poursuit-il. *Minute* s'inscrit dans la grande tradition des journaux fascistes, fascisants. Si on veut éviter les procès, on va dire fascisants. »

Que faire ? Que dire ?

Misérable, son numéro est étudié : il consiste à intervenir d'emblée, sur un ton d'une violence inouïe et de la manière la plus théâtrale. Sa logorrhée a un double objectif : m'agresser pour... me diaboliser et ruiner mon témoignage. Cette diversion est destinée à éviter le débat sur la corruption au sommet de l'Etat, sous le règne de François Mitterrand, le pharaon moraliste et vertueux à l'école duquel le professeur Gérard Miller obtint ses galons.

D'instinct, je choisis de rester calme. Serein, je laisse donc la vipère distiller son venin :

« C'est vrai, ajoute-t-il, que vous avez eu l'occasion, un certain nombre de fois, de publier des livres qui sont des best-sellers, où vous dénoncez parfois — même peut-être souvent — un certain nombre de choses qui se sont produites. Vous êtes, je le dis simplement, quelqu'un que je n'aurais jamais rencontré sur un plateau de télévision ! Jamais ! Je considère qu'il y a une limite à ceux [*sic*] avec qui l'on peut parler. Et si vous me le permettez je vais quand même rester sur ce plateau, parce que, Laurent, vous êtes mon ami. Je voudrais simplement demander — si Catherine Barma et Thierry Ardisson, qui sont les producteurs de cette émission, m'écoutent — que la prochaine fois — après Boutin, après Montaldo — on n'aille pas trop loin. Essayons de garder un petit peu de temps avant d'inviter le petit-fils de Goebbels ou la maîtresse de Pol Pot. »

A ma droite, enfin une protestation, un cri du cœur. C'est Claude Sarraute. Intervenante habituelle dans les émissions de Laurent Ruquier, l'ancienne journaliste du quotidien *Le Monde* est révoltée :

« Oh non ! Non ! Je ne te permets pas ! Je ne te permets pas ! »

La franche indignation de cette estimée consœur — femme du philosophe et écrivain Jean-François Revel, ancien directeur de l'hebdomadaire *L'Express* — laisse Gérard Miller totalement indifférent. Le *serial killer* de la gauche caviar tient sa proie. Rien ne saurait le dissuader de renoncer à son jeu de massacre. Imperturbable, voilà qu'il reprend ses outrances :

« Ça ne me dérange pas du tout. Je vais rester évidemment sur ce plateau. Je dois dire que je n'aurais jamais pensé, pour ma part, me retrouver sur un plateau avec un ancien journaliste de *Minute*. »

Cette offensive ne m'impressionne pas. Lâche, grossière, enseignée aux commissaires politiques de l'ère stalinienne, la technique de Miller est connue : pour me réduire, il convient de commencer par me présenter comme un « ennemi », autant dire un « journaliste d'extrême droite », afin de m'associer aux... « journaux fascistes » ; suivant les indications fournies dans le petit manuel du parfait propagandiste, il pourra m'assimiler ensuite aux concepteurs et responsables de l'Holocauste, aux pires auteurs des crimes contre l'humanité du XXe siècle : le nazi « Goebbels » (bras droit de Hitler, dont Miller vient de me faire le « petit-fils ») et le Khmer rouge « Pol Pot » (dont il m'a proclamé « la maîtresse ») : me voilà comblé. A quand ma comparution devant la Cour internationale de justice ?

Patient, j'attends mon tour. Il faudra bien que l'on en vienne à l'essentiel, au vrai sujet de ce débat : l'incarcération et la mise en examen — pour « complicité d'abus de biens sociaux » et « trafic d'influence aggravé » — de Jean-Christophe Mitterrand, dans le cadre d'une instruction conduite, au pôle financier du tribunal de grande instance de Paris, par les juges Isabelle Prévost-Desprez et Philippe Courroye.

Manifestement dépassé par la diatribe de son ami, Laurent Ruquier a perdu le contrôle de l'émission. Nous nous observons. Je ne manifeste aucune émotion. Alors que des millions de téléspectateurs vont me voir demain soir, avec vingt-quatre heures de décalage, accusé d'être un « fasciste », un « nazi », Ruquier — enfin ! — reprend timidement la parole :

« On va tout de même le laisser vous répondre. »

Pendant que posément j'improvise ma réplique à ce discours délirant, je remarque que le « psy » vide, à la file, plusieurs verres de whisky, ou de champagne. Allez savoir ! Serait-il un buveur mondain qui s'ignore ? Sachant à qui j'ai affaire, je me fais un devoir de lui répondre avec un calme inversement proportionnel à son excitation. Ce qui aura pour effet de décupler sa rage :

« Je crois, monsieur Miller, que vous êtes un singulier imposteur. Vous qui avez appartenu à la famille maoïste, qui avez cautionné des crimes, des crimes d'Etat, à l'échelle industrielle, vous venez me donner des leçons de morale et de conduite ? Est-ce que vous avez trouvé un seul de mes écrits qui soit antidémocratique, qui ait porté atteinte à l'honneur, à la considération des individus ? M'avez-vous vu, une seule fois, devant un tribunal ? Jamais ! Est-ce que vous avez une seule chose à dire à propos de ce que j'ai révélé concernant les crimes des gaullistes, l'affaire Ben Barka, le gaullisme immobilier — l'expression est de moi —, le réseau de racket monté par le Parti communiste français, ses liens avec le Parti communiste de l'Union soviétique et le KGB ? »

Miller est désarçonné. Le sadique cathodique qui se croyait la starlette invincible des joutes télévisées sait maintenant qu'il ne parviendra pas à m'arracher les larmes qu'il eut le divin plaisir de faire couler, voilà quelques semaines, sur les joues de la malheureuse Christine Boutin, injustement calomniée... en sa qualité de député UDF des Yvelines, catholique pratiquante, hostile à l'avortement. La parfaite définition de l'extrême droite, selon les critères de ce stalinien impénitent.

Pour réfuter ces anathèmes, pendant de longues minutes je relate ma carrière, mes campagnes anticorruption, dont je n'ai pas à rougir :

« C'est à cette époque que je collaborais non à *Minute*, mais à l'hebdomadaire *L'Express*, alors dirigé par Jean-François Revel, le mari de Claude Sarraute. Je vous rappelle que précédemment je collaborais à *Combat* avec Philippe Tesson, que je retrouvai Philippe Tesson au *Quotidien de Paris*. Ensuite, je rejoignis Louis Pauwels au *Figaro Magazine*. J'ai collaboré à peu près à tous les journaux, dont *Paris-Match*... »

Le « procureur » de France 2 n'entend pas lâcher prise. Pour ne pas aborder le sujet pour lequel je suis « l'invité » du jour, et malgré les exclamations de Claude Sarraute, mon procès se poursuit, avec toujours les mêmes obsessions :

« Dont *Minute* ! On est bien d'accord ! »

Claude Sarraute proteste :

« Mais il y était critique de cinéma ! »

J'acquiesce et précise :

« C'était à une époque où cet hebdomadaire n'était pas du tout d'extrême droite ; il était dirigé par un ancien résistant, Jean-François Devay. C'est à sa mort que j'en ai démissionné. »

J'évite de rentrer dans les détails. Je ne suis pas là pour refaire l'histoire d'un organe de presse disparu et qui n'a plus compté dans ma vie depuis une trentaine d'années.

Miller rejette mon objection d'une pichenette :

« C'est la caution de *Minute,* oui... »

L'individu n'en démord pas. Je me sais fixé par les caméras — en quête d'audience — de Catherine Barma et Thierry Ardisson, les producteurs de l'émission, qui ne se privent pas de faire durer le plaisir. Le Ruquier circus laisse son fauve s'exciter sur sa proie durant quarante-cinq longues minutes, dont quinze seulement seront finalement diffusées.

Nouveau chevalier Ajax de la gauche tropézienne, Miller est payé par France 2 pour son aptitude à briser certains de ses interlocuteurs. Mais, cette fois, il ne se doute pas qu'à l'école du docteur Freud je me suis quelque peu attardé. Suffisamment pour pouvoir le démasquer. Celui qui se comporte comme *le* grand expert de la manipulation des masses commet l'erreur de sous-estimer son adversaire.

L'atmosphère devient électrique. Il me faut renvoyer l'imposteur à ses études :

« Mais, monsieur Miller, je ne suis pas là pour me justifier. Vous n'allez tout de même pas désigner à la vindicte populaire Jean Montaldo — qui n'est rien au demeurant ! — pour excuser les fautes, les crimes, les vols de vos amis. Si vous avez un rapport aussi haineux avec la vérité, ce n'est pas ma faute. C'est votre faute. Il vous faut retourner au divan, monsieur Miller. »

Tout affairé à dire sa messe, l'impénitent garde rouge est en chaire : il reprend son réquisitoire, avec un discours perfide, sans aucun rapport avec le sujet ni avec ma personne. Ignoble attaque que je tente en vain d'arrêter lors de cet échange qui achève de le déconsidérer :

« Je vais vous répondre, me dit-il. Je n'ai pas un rapport haineux avec la vérité. Les neuf dixièmes de ma famille sont morts dans les camps de concentration. »

Cette fois encore, que répondre ? Choqué, indigné,

j'objecte que « nous avons tous des parents qui sont morts dans les camps de concentration ». Miller ne peut supporter de perdre ainsi l'exclusivité de sa douleur et de son deuil :

« Non, non, s'écrie-t-il, pas tous ! Pas tous ! Moi, oui ! Je vais vous dire : moi j'ai eu mon père et ma mère qui sont les seuls rescapés de toute ma famille. Je n'ai pas eu un cousin, je n'ai pas eu un grand-père, je n'ai pas eu un oncle. Tout le monde est mort dans les camps de concentration. »

Sur ma droite, Claude Sarraute a du mal à contenir son irritation, je devrais dire son émotion :

« Quel rapport ? »

Autour de nous, l'indignation se lit dans les regards. Chacun comprend que le tribunal d'exception du sans-culotte Miller s'apprête à me juger comme criminel de guerre. Consterné, j'insiste à mon tour :

« Quel rapport avec les vols qui ont eu lieu sous François Mitterrand, avec ce climat de corruption ? »

Oui, qu'ai-je à voir, en effet, avec les crimes odieux des nazis, moi qui n'ai pas connu la guerre et qui ai toujours — mes écrits l'attestent — défendu la Liberté et la Vérité ?

Quand on respecte ses morts, on ne les exhibe pas — de surcroît, dans une émission de variétés — pour seulement justifier des mensonges, et présenter son adversaire comme le mal suprême. Comment tolérer que Miller me jette gratuitement à la face les victimes malheureuses de la barbarie hitlérienne ?

Le procédé de Miller est indigne, infâme !

Avec pour témoins des millions de téléspectateurs, le caïd des lieux s'offre la satisfaction, morbide, de jouer les fiers-à-bras devant les caméras d'une télévision livrée à elle-même par ses dirigeants, incapables de mesurer la dangerosité de ce faux personnage omniprésent.

Révolutionnaire à vingt ans, Miller n'est plus aujourd'hui, à cinquante-deux ans, que le pitoyable bouffon de la « société du fric et du spectacle » qu'il dénonçait à l'époque des barricades de 1968.

Pas question cependant de lui faire lâcher son os. D'où cette nouvelle passe d'armes :

« Je ne souhaite pas me retrouver sur un plateau de télévision avec un ancien de *Minute.* Je connais vos livres, j'ai lu *Mitterrand et les 40 voleurs...* »

A ma gauche, Laurent Ruquier est totalement dépassé. Miller est livré à lui-même. Il sait que son copain animateur n'osera pas l'empêcher de continuer à me cracher ses horreurs.

Traité de nazi, de « collabo », de traître à mon pays, je ne peux rester muet :

« Monsieur Miller, ai-je été frappé d'indignité nationale ? Cessez, s'il vous plaît, de dire des bêtises. Parlez-nous de ce que j'ai découvert, de ce que j'ai exposé dans la *Lettre ouverte d'un "chien" à François Mitterrand au nom de la liberté d'aboyer*, dans *Mitterrand et les 40 voleurs...*, publiés de son vivant... »

L'ayatollah commence à fatiguer. Ses yeux se plissent, comme pour mieux me cibler :

« Mais je les ai lus, vos livres. J'ai lu ce que vous avez écrit sur le Parti communiste. Il y a beaucoup de choses qui sont exactes dans ce que vous dites, il y a beaucoup de choses vraies, beaucoup de révélations...

— Alors, ai-je une sale gueule ? Je ne vous plais pas ?

— Non ! C'est que vous appartenez à une tradition du journalisme français qui dénonce les turpitudes de la société française...

— Ah, il ne faut pas le faire ?

— ... pas pour renforcer la démocratie, mais pour l'affaiblir ! Il y a une grande tradition de gens qu'on appelle des fouille-merde, qui ont dit à juste titre un certain nombre de vérités sur notre société, mais pas pour renforcer la démocratie, pour l'affaiblir. »

Ces propos obéissent à une gradation intentionnelle d'effets conçus et préparés pour me provoquer, dans l'espoir de me faire perdre pied.

Dans cette mise en scène, tout est bon pour noircir mon image. L'organiste n'est pas un novice ni un néophyte. Mandarin de la psychologie clinique, maître de conférences à l'université Paris VIII — où, avec son frère, il s'est taillé un petit royaume —, le cérémonieux donneur de leçons cherche à créer l'événement.

Cette évocation par Miller du drame épouvantable dont ses parents furent les victimes lui sert à me présenter comme un laudateur, voire un rescapé ou un admirateur du nazisme. Profondément choqué, je veille à conserver ma dignité, seule manière de faire face à celui qui utilise des événements si tragiques dans une émission de variétés. Pour satisfaire une futile et éphémère gloriole médiatique ?

Au montage, Catherine Barma, Thierry Ardisson (les producteurs de l'émission) et Frédéric Siaud devront couper trente minutes de ces divagations. Exemplaire bêtisier où rien ne m'est épargné. Je le reconstitue ici, de mémoire :

« Pour qui votez-vous ?

— Monsieur Miller, cela ne vous regarde pas. Que faites-vous du secret de l'isoloir ?

— Ah ! vous ne voulez pas me répondre, parce que vous votez à l'extrême droite. Vous votez Le Pen !

— Monsieur Miller, veuillez me pardonner, ce n'est pas le sujet de l'émission. Je suis invité ici pour parler de la longue dérive qui a conduit Jean-Christophe Mitterrand à la maison d'arrêt de la Santé. Le vote de Jean Montaldo n'intéresse personne...

— Si, si, insiste-t-il, moi ça m'intéresse ! Vous esquivez ma question, parce que vous votez Le Pen... »

Je suis atterré. Jusqu'à quand va durer cette effroyable comédie ? Je tente une sortie :

« Vous êtes, monsieur Miller, un obsédé. Vous dites n'importe quoi. Mais puisque vous insistez, sachez que je ne vote pas Le Pen.

— Pour qui alors votez-vous ? Dites-le-nous ! On vous écoute...

— Je vous répète que mon vote n'intéresse personne.

— Vous ne me répondez pas, parce que vous appartenez à l'extrême droite. D'accord, vous ne votez pas pour Le Pen. Mais puisque vous ne voulez pas me répondre, c'est que vous votez Mégret... »

Pitoyable ! Je me retiens pour ne pas rire. Je me crois en visite à la maison des fous. Les caméras continuent de me cadrer, dans l'attente d'une première défaillance. Au jeu de la muleta, je ne serai pas son taureau :

« Non, monsieur Miller ! S'il vous plaît, finissons-en. Je suis un journaliste et un écrivain totalement indépendant. Je fais partie de la moitié des Français dont le cœur bat plutôt à droite. Je suis un libéral, affilié à aucun parti, à aucune famille de pensée, sauf à celle du respect de la loi. Je suis un écologiste du droit. »

Vient maintenant la séquence — conservée au montage — des « fouille-merde », qui disent « à juste titre un certain nombre de vérités », non pour « renforcer la démocratie » mais « pour l'affaiblir ».

N'y tenant plus, je décide de passer à la contre-attaque, en m'en tenant aux faits indubitables et vérifiables :

« On ne peut se faire accuser de cette manière sans

réagir. Vous êtes bien Gérard Miller qui a collab[...] magazine *Globe* ?

— Oui !

— Bien. Puisque vous avez lu *Mitterrand et les 40 voleurs...*, vous y avez bien vu les fausses factures que j'y publiais. Elles attestaient que le magazine *Globe* — magazine "tontonmaniaque" par excellence — était financé avec l'argent des fausses factures. Et cela ne vous a pas dérangé ? Vous n'avez rien à dire aujourd'hui à propos de la justice, car elle vous a foutu la paix, parce que vous savez que vous pourriez être mis en examen pour recel d'abus de biens sociaux. Vous ne l'avez pas été. Alors, vous en voulez à Montaldo ? A Edwy Plenel aussi, du *Monde*, et à tous les journalistes d'investigation ? Parce ce que nous avons dit la vérité ? Nous l'avons dite à propos d'une sombre époque. C'est une tragédie, monsieur Miller. On découvre que ce journal était financé avec de l'argent sale, et vous n'avez rien à dire. Comment un psychanalyste peut-il avoir un langage haineux comme le vôtre ? Il est la négation de la doctrine freudienne.

— Je n'ai pas un langage haineux, j'ai le langage de quelqu'un qui souffre.

— De quoi souffrez-vous, monsieur Miller ? Des turpitudes de vos amis, certes ! Mais pas de moi. »

Miller commence à vaciller. Les applaudissements du public se font spontanés. Nous sommes au tournant de l'émission. Trop de haine tue la haine.

Avant de reprendre son antienne, Miller avale une bonne rasade de son breuvage dont j'observe les effets dévastateurs :

« Quant aux turpitudes des socialistes, quant à l'ensemble des choses qu'on peut reprocher aux socialistes, dit-il, je serais le premier d'accord si c'était prononcé par des gens — mais pas comme vous ! — qui ont envie de renforcer la démocratie. »

…op ! Les autres participants sont de plus …qués. Claude Sarraute est la seule à avoir …ge de manifester son écœurement. Dans un …ge appuyé, sincère, dont je mesure l'impact sur …llions de gens qui verront l'émission demain soir, Claude s'enflamme contre ces accusations :

« Moi, dit-elle, je voudrais parler ! Ce sont des procès d'intention ! Parce que, quand tu as deux personnes comme Jean Montaldo et Edwy Plenel, le directeur du *Monde*, que je place exactement sur le même niveau, qui sont de remarquables journalistes d'investigation, qui ont apporté des éléments absolument incontournables sur tous les scandales qui se passent depuis des années — je les connais très bien tous les deux —, eh bien tu ne peux pas dire qu'il y en a un qui soit bien et l'autre qui soit mal, uniquement parce qu'il a été critique de cinéma à *Minute*, il y a trente ans : ça ne tient pas la route ! »

Miller enfin se tait. A-t-il compris que sa médiocre volonté de me nuire dessert la cause qu'il prétend défendre ?

A mes côtés, Ruquier — qui s'est gardé d'intervenir — saisit la balle au bond :

« Monsieur Montaldo, le débat, c'était Jean-Christophe Mitterrand, c'est pour ça qu'on vous a invité ce soir. »

La parole m'est enfin donnée, pour traiter du vrai sujet : la corruption au sommet de l'Etat.

Pendant que Miller continue de se liquéfier, son verre toujours à portée de bouche, j'extrais de la poche de mon blaser bleu marine une pièce de un franc que je dépose devant Laurent Ruquier, assortie de propos aimables. Après cette volée de bois vert, comment retenir l'attention de l'assistance et des téléspectateurs sans commencer par détendre les esprits, tout en ralliant à ma cause le parti (majoritaire) des rieurs ?

« J'ai vu tout de même que Gérard Miller a fait une quête. Je n'aurai pas, moi, la réaction de la majorité des gens que vous avez interrogés. C'est pourquoi je vous remets le franc symbolique pour [*la caution et la libération de*] Jean-Christophe Mitterrand. »

Miller est le seul à ne pas rire. Sa vindicte reste accrochée aux caméras de Catherine Barma et Thierry Ardisson comme le chiendent rampant sur les vieilles ruines :

« Le jour, maugrée-t-il, où je toucherai ne serait-ce qu'un franc de Montaldo n'est pas encore arrivé. »

Je fais mine de ne pas entendre. Je ne risque rien à dire maintenant ce que chacun sait, mais qu'à peu près tout le monde tait :

« Je cotise volontiers, dis-je, pour le franc symbolique que voilà. Je vous le remets car je suis plein de compassion à l'égard de ce garçon qui a provisoirement perdu la liberté et qui n'est, en définitive, que la victime de son père, feu l'ancien président de la République. Si le président Mitterrand ne l'avait pas appelé à l'Elysée — faisant ainsi acte de népotisme —, s'il ne lui avait pas permis d'utiliser sa qualité de chef de l'Etat pour développer un vilain commerce et entrer en relation avec des trafiquants d'armes, Jean-Christophe Mitterrand ne serait pas aujourd'hui en prison. »

Pendant que Miller s'anémie, j'explique qu'en bon français le « népotisme » c'est l'abus qu'un homme fait de son crédit et de son influence pour procurer des avantages, des emplois à sa famille et à ses amis. J'ajoute que les Français ont élu le père, et non la « famille », au sens sicilien du terme. Et que l'on fait semblant, aujourd'hui, de découvrir ce que j'expose depuis tant d'années : lors des deux septennats de François Mitterrand, la France a effectivement connu une « démocratie sicilienne »... où la politique est un moyen de faire commerce et de s'enrichir clandestinement, voire frauduleusement. J'observe, enfin, que Jean-Christophe Mitterrand a refusé de payer la caution de 5 millions de francs qui lui est réclamée par la justice comme prix de sa liberté :

« Au moins aurait-il pu donner en caution son magot, ces 13 millions de francs qu'il a engrangés en Suisse. Mais il ne le fait pas. Pourquoi donc ? »

Laurent Ruquier tranche :

« C'est une bonne question. »

Miller se tait. L'exposé des turpitudes de l'ancien président François Mitterrand a coupé sa verve. Autorisé à enfoncer le clou, je poursuis, en le fixant droit dans les yeux, sur le terrain qui lui est d'ordinaire dévolu :

« On rentre là dans l'analyse psychanalytique de ce cas. Pourquoi refuse-t-il les fonds qui lui sont proposés par ses amis ? Tout simplement parce que, pour la première fois de sa vie, Jean-Christophe Mitterrand n'est plus "Papamadit". Pour la première fois de sa vie, il existe par lui-même. C'est pour lui une sorte d'exorcisme : il se libère enfin de ce père qui l'a coiffé et ne l'a pas empêché de mettre la main dans le pot de caviar placé devant lui. »

A la gauche de Miller, attentive et charmante, Isabelle Alonso détend l'atmosphère :

« Alors là, vous empiétez sur le territoire de Gérard. Vous nous faites une lecture psychanalytique du dossier. C'est à Gérard de le faire. »

Le diagnostic est bon : les rôles sont renversés, me voilà maintenant dans la peau du « psy » de service :

« J'essaie de comprendre. Mais mon discours n'est pas haineux. Je ne suis pas comme Miller qui crie, hurle, voit des *"fachos"* partout. J'essaie de comprendre ce qui s'est passé. »

En bon maoïste doctrinaire, Miller, enfin calmé, fait son autocritique :

« Je n'arrive pas à faire autrement ; c'est terrible ! »

Laurent Ruquier profite de l'accalmie pour en revenir au vrai sujet, la caution de Jean-Christophe Mitterrand :

« Monsieur Montaldo, je vous ai lu. Dans *Le Figaro* vous dites : *"Il pourrait les réunir, les 5 millions. Les Mitterrand les ont."* »

Simple à faire, le calcul que j'effectue aussitôt devant les caméras m'oblige à évoquer l'aspect le plus tragique de l'affaire :

« Jean-Christophe a engrangé en Suisse 13 millions de francs sur une livraison d'armes à l'Angola, pour un conflit qui a fait, je le rappelle, des dizaines de milliers de morts. 13 millions de francs, ce n'est pas rien. Cette somme correspond en réalité à des honoraires qui, s'ils avaient été réglés en France, seraient à peu près de 40 millions, puisque 13 millions en Suisse, c'est sans impôt, sans sécurité sociale, sans CSG [*contribution sociale généralisée*], sans ISF [*impôt sur la fortune*], sans rien du tout. »

Ruquier veut tout savoir :

« Vous avez l'adresse ?

— Banque Darier, à Genève. Ces 13 millions qui sont à la banque Darier, Jean-Christophe nous dit qu'ils sont réinvestis dans des bateaux de pêche, et dans le poisson. Soit ! Mais c'est un capital qu'il peut donner en caution aux banques pour que celles-ci lui prêtent les 5 millions de francs. Et puis, il y a l'entourage, les Roland Dumas, Michel Charasse... Ils sont tous bourrés comme des canons ! Ils sont arrivés en savates à l'Elysée en 1981 et ils se chaussent maintenant en Berlutti. Le grand problème avec Jean-Christophe Mitterrand, c'est qu'il est le fils d'un chef d'Etat qui l'a appelé à ses côtés à l'Elysée, d'un homme qui a discouru à l'infini sur *"l'argent qui corrompt, l'argent qui tue, l'argent qui corrompt jusqu'à la cons-*

cience des hommes". Et les Français ont fini par découvrir que cet homme, élu au nom de la morale et de la vertu, n'a eu de cesse de laisser se développer autour de lui, au sommet de l'Etat, un réseau de corruption comme on n'en avait jamais vu dans une grande démocratie. »

Miller détourne son regard. Le « psy » fielleux a perdu sa langue. Comparé à son précédent torrent de calomnies — dont la grossièreté et la brutalité nous ont tous pétrifiés —, son silence prolongé intervient maintenant comme l'évidente manifestation de sa « colère ». Colère rentrée et inavouable à l'égard de l'homme et du régime corrompu dont il persiste à chanter les mérites, non sans connaître leur face cachée. Lui qui dit m'avoir lu sait que le président Mitterrand ne pouvait rien ignorer des activités de son fils. Il fut à plusieurs reprises informé par son « conseiller » et notre ami commun, François de Grossouvre, mort suicidé dans son bureau de l'Elysée le 7 avril 1994, qui était le ministre de ses secrets, de sa maison privée.

Après un intermède plutôt amusant sur le dîner anniversaire des cinq ans de la mort de François Mitterrand — où, tandis que nous parlions, Jean-Christophe n'a pu se rendre, en raison de son séjour prolongé à la « maison cinq cents couverts » (la prison de la Santé) —, je reviens au cas pathologique de Gérard Miller :

« C'est bizarre qu'à votre âge vous n'ayez pas rompu avec cette intolérance qui vous habitait dans les années 70. C'est fini tout cela, nous ne sommes plus en guerre. Pourquoi vous en prenez-vous à des gens qui sont des professionnels, dont le métier est d'avoir un rapport très strict avec la vérité, qui recherchent la vérité en permanence, et qui le font le plus honnêtement possible ? »

Miller a bien senti que la partie était en train de lui échapper. Pour se sortir du mauvais pas où il s'est mis, voilà qu'il fait patte de velours. Le fasciste et nazi que j'étais il y a seulement quelques minutes obtient même son brevet de démocratie :

« Vous voulez que je vous dise mon mot de la fin, monsieur Montaldo ? C'est vrai que les temps ont changé, mais moi j'ai été élevé dans une tradition où je ne crois pas que le pire est derrière nous. Je crois qu'il peut revenir. Je crois qu'aujourd'hui vous êtes un authentique démocrate, que vous faites votre travail tout à fait honnêtement, que vous publiez des livres que j'ai envie de lire... »

Tout sourire, Laurent Ruquier s'exclame :

« On progresse ! »

Miller tente de faire oublier l'impression désastreuse laissée par son agression préméditée. Pour se faire pardonner, l'inquisiteur joue maintenant les gentils. Le voici en « mère-grand », dans une nouvelle adaptation du *Petit Chaperon rouge* :

« Je crois simplement, me dit-il, que c'est des gens comme vous — aussi sympathiques, aussi professionnels — qui, à certaines occasions, ont fait le pire. Et je crois malheureusement que le pire peut toujours revenir. Alors moi, je suis pour crier au loup avant. Vous savez, quand j'étais petit, il y avait une histoire que j'aimais bien. C'est l'histoire du petit garçon qui aime crier au loup. (...) Il vaut mieux crier au loup avant, que trop tard. Et moi je préfère crier avant, que trop tard. C'est tout ! »

Ainsi se termine une passe d'armes d'où je ressors quelque peu sonné, mais surtout révolté. Comment aurais-je pu imaginer qu'une émission de variétés — qui plus est sur une chaîne du service public — puisse accueillir un « chroniqueur » habité d'une intolérance si brutale, si primaire ? Très vite, je quitte le studio pour la salle de démaquillage. Nouvelle surprise : dans un coin, le publicitaire Jacques Séguéla, autre star de la gauche caviar, l'inventeur du slogan « La force tranquille » qui servit si bien la propagande de François Mitterrand lors de l'élection présidentielle de 1981. Fardé à l'excès, sur un bronzage de vieux cartomancien, Séguéla me regarde en coin, avec une hostilité maladroite, non dissimulée. Qu'a-t-il à se reprocher pour me craindre à ce point ? Pour lui, il est manifeste que je suis Satan en personne. Je comprends que, sur un écran de contrôle, le marabout de la « Génération Mitterrand » vient d'assister à la déroute de Miller. Dans quelques instants, il ira prendre la place que je viens de quitter, pour un autre sujet : la publicité. Lorsqu'il sera diffusé, le lendemain, mardi 9 janvier, je découvrirai une scène proprement abjecte, concoctée par ce triste sire.

Arrivé sur le plateau, Laurent Ruquier invite Séguéla à s'asseoir sur le siège que j'occupais quelques instants auparavant :

« Installez-vous à la place de Montaldo ! »

Le « roi de la pub » observe le tabouret, se penche, crache dessus et fait mine de le nettoyer avec la manche de sa veste, avant de s'asseoir, puis d'embrasser et féliciter Gérard Miller. Bel effet, dont la critique télévision du *Figaro*, Delphine Moreau, ne manquera pas de relever l'élégance. Le groupe Havas Advertising, qui emploie Séguéla à prix d'or comme « vice-président », peut être fier de compter dans son état-major un publicitaire de cette envergure et d'une si bonne éducation. Sa fiche dans le *Who's Who in France* mentionne, à la rubrique distractions, qu'il pratique la « pêche aux gros budgets et aux gros poissons ». Ce hobby révèle, mieux qu'un long discours, l'âme et la philosophie profonde de ce phare de la gauche millérienne.

Le lendemain de la diffusion de l'émission, j'ai le plaisir de recevoir de nombreux témoignages d'amitié. Mes confrères journalistes et éditeurs sont scandalisés. Dans la presse, plusieurs articles, à Paris et en province, fustigent l'attitude inqualifiable de celui que, dans *Le Figaro*, je ne manque pas de présenter pour ce qu'il m'est apparu : « un psychopathe manipulateur et pervers ».

Psychopathe, car selon les psychanalystes et tous les spécialistes de la question que je consulte, Gérard Miller fait, à mes dépens, une « identification projective pathologique ». Elle provoque en lui une folle volonté d'en découdre avec lui-même, par la projection sur ma propre personne de ce qu'il *est* réellement. Il en découle, pour lui, une libération, faisant de sa personne un *ange* et de moi... un *démon*.

Au *Figaro* qui annonce en titre « Le journaliste est tombé dans un guet-apens tendu par le psy chéri des médias », Laurent Ruquier — qui ne regrette pas d'avoir prêté son concours au règlement de comptes de Miller avec lui-même — déclare... sans rire :

« Il est sain que ce genre d'opinion puisse s'exprimer à la télévision. »

Accusé et pas dupe, je lui réponds :

« J'ai participé à des centaines d'émissions de radio et de télévision. Je n'ai jamais été victime d'une telle agressivité, même au temps de Georges Marchais. J'ai ressenti ses paroles comme la fine rafale d'acier que l'on administre au condamné, exécuté sans même qu'il puisse s'exprimer devant le tribunal. Un procès stalinien, en quelque sorte. D'autant que la plupart de ses injures ont été coupées au montage. Quand Goebbels torturait sa famille [*de Gérard Miller*], j'étais à peine né. Et il ose me traiter de *"collabo"* ! De plus, je trouve inacceptable qu'il fasse commerce de ses parents pour servir son idéologie [1]... »

En situation de légitime réponse, je dis là des vérités qui me valent, au soir de ce même 11 janvier, à 19 h 15, sur la chaîne privée et à péage Canal + — qui diffuse, en clair, l'émission quotidienne *Nulle part ailleurs* —, une nouvelle salve. On se croirait presque à « Radio-Pékin » à la belle époque du « génial Mao » (des millions de morts), que les « camarades » du jeune chef Gérard Miller (les rédacteurs de la revue maoïste *Les Cahiers marxistes-léninistes* publiés par « le Cercle Ulm » de l'Ecole normale supérieure et ceux de *La Cause du peuple*) citaient en référence, non sans assortir leurs chants, à la gloire des tyrans bolcheviques et chinois, des quatre cris d'amour et d'admiration des partisans de la terreur stalinienne et maoïste : « Vive les gardes rouges ! » « Vive la Grande Révolution culturelle prolétarienne ! » « Vive le grand Parti communiste chinois ! » « Vive la pensée Mao Tsé-toung, Lénine de notre époque ! »

Etonnant Gérard Miller, qui ne peut trouver dans mon passé aucun acte militant, mais qui appartint, lui, aux organes dirigeants des groupuscules violents gravitant autour de la GP (Gauche prolétarienne), dont l'organe, *La Cause du peuple,* publiait en 1969 des professions de foi annonçant « des luttes grandioses » contre les « gardes-chiourme » et pour « faire payer les bourgeois ». En 1970, c'est le pillage de l'épicerie de luxe Fauchon, place de la Madeleine, suivi de l'arrestation et de l'inculpation des directeurs de *La Cause du peuple* (Le Dantec et Le Bris) pour « incitation au meurtre, au pillage et au sabotage ». Dissoute, la Gauche prolétarienne passe à la clandestinité. Pendant

1. *Le Figaro*, 11 janvier 2001.

l'été 1970, ses militants occupent des propriétés et des plages, préconisent « l'action directe », « la séquestration des patrons, le sabotage, le pillage, le vol, la guerre civile[1]... ».

C'est aussi, en mai 1971, l'heure des grands programmes. Pendant que le Parti socialiste et le Parti communiste préparent l'Union de la gauche et le Programme commun, qui les porteront au pouvoir en 1981, de leur côté *La Cause du peuple* et son directeur Jean-Paul Sartre organisent un tribunal populaire. Ils publient les vingt articles du programme de la GP. Un monument ! En cas de victoire, Gérard Miller et ses camarades de lutte annoncent, aux lieu et place de la future démocratie sicilienne de François Mitterrand, celle de la tronçonneuse, avec, entre autres mesures démocratiques :

- « L'expulsion des quartiers riches (...) » ;
- « L'extermination de la vermine raciste » ;
- « La culture sexuelle décadente abolie » ;
- « La dissolution de la police » ;
- « La destruction de l'information mensongère » ;
- « La suppression des prisons » ;
- « Le travail débarrassé de la dictature imbécile des chefs et ingénieurs... ».

En revanche, les « maos » — qui ne sont pas suicidaires — n'ont rien prévu pour l'extermination de la « connerie ». Voilà pourquoi il en reste tant, qui peuplent aujourd'hui nos chaînes de télévision, nos palais nationaux et nos conseils d'administration.

Sur Canal +, trente-trois ans après ces péchés de jeunesse, l'ancien dirigeant de la Gauche prolétarienne Gérard Miller entreprend donc, avec les mêmes

1. Roland Biard, *Dictionnaire de l'extrême gauche de 1945 à nos jours,* Belfond, 1978, coll. « Ligne de mire ».

recettes, de prendre sa revanche. Celui qui ne peut supporter d'avoir perdu la face profite de mon absence pour me faire plus noir qu'un corbeau. En quête d'une médiocre réhabilitation, il me provoque encore... à distance, espérant réveiller en moi une agressivité qui ne m'habite pas et qui, malheureusement pour lui, n'existe qu'en lui. En direct, j'écoute et enregistre son dialogue avec le présentateur Thierry Dugeon, dont il est « l'invité du jour ». Variante aggravée du précédent, son discours hystérique est celui d'un mythomane en crise. Il m'oblige à prendre la plume immédiatement, pour une tribune qui paraîtra le lendemain matin dans *Le Figaro*... avant d'en appeler aux tribunaux.

Thierry Dugeon : « Gérard, je profite de votre présence ici. Avant-hier soir, en ce qui vous concerne plus personnellement — on en a beaucoup parlé dans les journaux aujourd'hui — en deuxième partie de soirée, dans l'émission de Laurent Ruquier à laquelle vous participiez, qui s'appelle *On a tout essayé*, vous vous en êtes pris violemment à Jean Montaldo, parce que c'est un ancien collaborateur de *Minute*. Je voudrais qu'on en parle deux secondes avec vous. Mais avant, on va regarder un petit extrait de cette émission. Regardez ! »

Suivent des extraits de l'émission de France 2, diffusée le 9 janvier, quand Miller me lançait : « Les neuf dixièmes de ma famille sont morts dans les camps de concentration. (...) Moi j'ai eu mon père et ma mère qui sont les seuls rescapés de toute ma famille. Je n'ai pas eu un cousin, je n'ai pas eu un grand-père, je n'ai pas eu un oncle. Tout le monde est mort dans les camps de concentration. (...) Je ne souhaite pas me retrouver (...) avec un ancien de *Minute*. »

Thierry Dugeon : « Alors, depuis avant-hier soir, il y en a plein les pages médias des journaux. Il y a un truc que je ne comprends pas : si la présence de Jean

Montaldo vous était aussi insupportable, que faisiez-vous sur le plateau ?

Gérard Miller : Ça, c'est une bonne question. Il se trouve que je me la pose moi-même. Il se trouve que Laurent Ruquier est mon ami, que je ne me renseigne pas en règle générale sur les invités des plateaux auxquels je suis invité.

— Vous ne l'avez pas découvert ?

— Non, non. Je vais vous dire exactement comment ça s'est passé : le samedi, Catherine Barma m'a téléphoné en me disant : *"On pense éventuellement inviter Montaldo."* Je sais que Ruquier n'était pas très pour. Il pensait inviter plutôt Christine Clerc qui venait de faire un bouquin sur de Gaulle. Et elle m'a dit : *"Qu'est-ce que tu en penses ?"* Je lui ai dit : *"Ecoute, prends tes responsabilités, c'est un type infréquentable. Moi je ne veux pas qu'on dise ensuite que j'ai interdit à certaines personnes de venir sur les plateaux où je ne suis pas responsable. Faites ce que vous avez à faire, prenez vos responsabilités."*

— Mais pourquoi êtes-vous venu, à partir du moment où il venait ?

— Moi, je viens dans cette émission comme chroniqueur. C'est vrai qu'il va falloir maintenant que je me procure la liste des invités, ce que je n'ai jamais fait...

— Mais à quel moment vous l'avez su — dans la soirée ? — qu'il venait, qu'il était là ?

— Je l'ai su... je l'ai su dans la journée...

— Et pourquoi vous y êtes venu quand même ?

— Parce que..., c'est vrai qu'on peut me reprocher — peut-être — de me retrouver sur ce plateau-là. C'est vrai que c'était mes amis, que c'est une émission à laquelle je participe. Et je vais vous dire : je n'avais pas vraiment envie d'être expulsé d'un plateau de télévision par quelqu'un que je considère comme un collabo d'un journal fasciste ! Et ça m'emmerdait, en effet, ça m'embêtait que ce soit lui qui décide de ma présence ou pas sur un plateau.

— Enfin, il ne s'agit pas d'être expulsé. Personne ne vous expulsait ! C'est vous qui dites qu'il *"n'est pas fréquentable"* et qu'il n'est pas supportable ! »

Me revoilà donc dans la peau d'un « fasciste » et d'un « collabo ». Miller a ses idées fixes.

Thierry Dugeon : « C'est un petit peu limite. Vous y allez franco, là...

— C'est limite ? Alors je vais vous dire : quel âge vous avez ?

— Trente-cinq ans.

— Trente-cinq ans ! Alors, comme la plupart des gens qui sont sur le plateau et qui nous regardent, vous ne savez pas ce qu'était ce journal *Minute*.

— Ah si ! je vois très bien ce qu'était *Minute*...

— C'est un journal, dans les années 60-70, vous ne pouvez pas imaginer les horreurs que ce journal a racontées, les propos racistes, antisémites, fascisants ! Et alors, après, effectivement, ce journal a commencé un peu à se calmer. D'ailleurs des gens me disent : *"Mais c'était il y a trente ans, oublions !"* Et quelqu'un m'a faxé aujourd'hui — *Minute* a disparu, Dieu merci ! — un article de 1998 de *Minute*[1]. Je vous donne juste un extrait de leur humour, au moment où ils se sont calmés ces gens-là. Ils publient un petit papier : "*Mémoire : voyage du souvenir à Auschwitz Birkenau.*" C'était effectivement un papier qui était

1. Miller fait référence à un article paru dans le *Minute* finissant du 27 mai 1998, soit vingt-six ans après ma démission et alors que plus aucun journaliste de mon époque n'y était encore présent. Procédé inqualifiable, digne des pires procès de Moscou, à l'époque de Staline, et de ceux de Pékin, sous Mao.

paru dans *Libération*, où on évoquait un voyage du souvenir à Auschwitz. Mais quel est l'humour du journal *Minute* au moment où il s'est assagi, des années après la période si chaude que j'évoquais ? Je vous lis juste cet extrait : *"Un voyage donc à ne pas rater, un voyage à Auschwitz, le 27 mai. Prix en avion : 1 620 francs. C'est plus cher que le train d'autrefois, mais l'avantage c'est que le retour est compris."* C'est-à-dire que ce sont des gens qui sont obsédés par ça, qui sont obsédés parce qu'ils ont été d'un côté de la barrière. Moi je suis de l'autre.

— Non, mais personne ne conteste la teneur du *Minute* de l'époque. Ce n'est pas ça le problème. Le truc, c'est que ça a été un poil contradictoire d'accepter de venir en plateau et, après, de faire un tel esclandre. Il suffisait de ne pas venir.

— Peut-être. Je prends votre conseil au sérieux, pour les prochaines fois. D'accord.

— Dites donc, je trouve que pour un "psy", vous n'avez pas beaucoup le contrôle de vous-même au niveau de la colère, hein ?

— Je vais vous dire. Les gens m'ont dit : "*Vous étiez très énervé.*" Alors, je rassure les gens qui ont regardé l'émission : je m'énerve parfois beaucoup plus quand c'est nécessaire. Là, je me suis trouvé très modéré.

— Vous n'étiez pas exactement calme.

— Non, mais c'est drôle aussi l'image qu'on a du psychanalyste. Là, parlons-en de façon plus souriante. C'est qu'on imagine, sans doute — parce qu'on a beaucoup vu de psychanalystes à la télévision américaine ou au cinéma —, on imagine que le psychanalyste c'est quelqu'un de forcément impassible. (...) Mais c'est aussi un citoyen à l'occasion. Et je n'étais pas là en tant que psychanalyste. (...) Donc là, vous avez vu Miller, Gérard, citoyen et antifasciste. »

Avocat autoproclamé de la démocratie, de l'antifascisme et des droits de l'homme, le citoyen Miller est en réalité un récidiviste de l'escroquerie intellectuelle et médiatique. En ce sens, l'excité des salons de la gauche friquée n'a guère évolué depuis ses sinistres appels à la révolte maoïste de 1968.

Pour assurer son effet sur Canal +, Miller inverse le cours de l'histoire, quand il affirme — pour mieux me calomnier — que le journal *Minute* des années 1965-1972 n'était qu'un repaire de fascistes, de racistes et d'antisémites.

Insondable mauvaise foi ! Manipulateur, mon procureur ajoute, toujours avec le même culot :

« Et alors, après, effectivement, ce journal a commencé un peu à se calmer. »

L'adverbe « *effectivement* » tombe à pic. Le manipulateur l'emploie par référence à un article de cet hebdomadaire qu'il avait cru disparu et qui — je cite Miller — « continue de paraître, mais fort heureusement sous la forme d'une feuille de chou confidentielle ». Le 17 janvier 2001, on ne s'est pas privé de m'y éreinter, qualifiant mes protestations de « commentaires surprenants lorsque l'on sait que la période la plus "*brutale*" de *Minute* se situe justement au cours de ces années (1965-1971) ». Grossière manière de travestir l'histoire et d'utiliser les gravissimes accusations de Gérard Miller à mon endroit, pour tenter de gommer les dérives ultérieures qui ont fini par totalement déconsidérer et ruiner le journal de feu Jean-François Devay.

Or cet extrémisme — bien réel ! — de *Minute* date de bien plus tard, longtemps après ma démission, elle-même intervenue peu après la mort, en juillet 1971, de son fondateur, un ancien de la France libre qui fut arrêté pour la première fois à Lyon, en mars 1941 (six mois avant ma naissance).

Croix de guerre et médaille de la Résistance, Jean-François Devay est, jusqu'à la libération de la France, l'un de ses plus jeunes combattants. Il se présente alors lui-même comme un *« professionnel de l'illégalité »*. Avec les frères François et Jean-Pierre Bamberger, il entre, à Lyon, dans le mouvement de jeunesse dirigé par le futur avocat de *Minute*, Charles Verny, bientôt arrêté et déporté par les Allemands. Devay y devient l'adjoint du futur commissaire-priseur René Laurin (l'associé du célèbre Maurice Rheims, aujourd'hui membre de l'Académie française) qui dirige alors les Jeunes Chrétiens combattants. Sous le nom de guerre de « Bathylle », Devay fonde le journal *Nouvelle Jeunesse*[1]. Compagnon du futur cinéaste Pierre Kast — responsable national des étudiants communistes —, il passe ensuite à l'Organisation civile et militaire (OCM), où il représente l'Union des étudiants patriotes, chargé du « Comité antidéportation ».

Enfin, à la libération de Paris, Jean-François Devay organise la prise et le ravitaillement de l'Hôtel de Ville. Permanent du Mouvement de libération nationale (MLN), sous les ordres du futur ministre et Compagnon de la Libération Jacques Baumel, il entre au journal *Combat* — juste après le départ d'Albert Camus — pour y diriger la rubrique « Jeunesse Université », où il devient le principal soutien de l'UNEF et de la MNEF.

Voilà donc par quel procédé stalinien on peut tenter, avec la complicité d'une grande chaîne privée de télévision, cotée en Bourse, de salir, de déshonorer un hon-

1. Cf. le répertoire, à la Bibliothèque nationale de France, des journaux clandestins.

nête homme, un journaliste et écrivain qui n'a rien à se reprocher, sauf d'avoir découvert et révélé, depuis plus de quarante ans, les mensonges, les crimes et les vols des princes qui nous gouvernent.

L'« antisémitisme vivace » de... ma « cocotte-minute »

Quand, le 8 janvier 2001, le « psycho-tendu » Gérard Miller a « pété les plombs » en me voyant débarquer sur le plateau de l'émission de Ruquier, je mis ses déclarations sur le compte du surmenage. Mais voilà que, le 11 janvier, Miller persiste et signe dans une interview à *France-Soir* où, sous le titre « Je ne regrette rien », il déclare, entre autres énormités :

« Montaldo a fricoté avec un journalisme d'intolérance et d'extrême droite. Invitez-moi avec Miss France et je roucoulerai... »

Incroyable, insupportable acharnement. Il m'a remis en mémoire ce que, avant de quitter ce monde, notre brillant ami Renaud Matignon, le critique littéraire du *Figaro*, disait en 1995, rendant compte des « facéties » de Gérard Miller, « à mi-chemin, écrivait-il, entre le gâtisme freudien et la bouillie du premier âge ». Matignon, qui avait la pénible tâche de lire Miller, « armé de son Freud portatif comme un agent de police de son bâton blanc », ajoutait qu'il avait eu, après cette corvée, « bien du chagrin à devoir gâcher le week-end de Jean d'Ormesson en lui apprenant qu'il est — à son insu, le malheureux — fasciné par le répugnant, barbouillé de verrues et taraudé par le rêve d'être enterré dans le ventre d'un chien crevé ».

Ah ! le beau littérateur et poète lacanien que voilà !

Acculé au difficile combat de la sincérité contre la fourberie, poursuivi par la haine tenace du couac de la pensée freudienne — qui se balade maintenant dans les rédactions pour tenter d'allumer des contre-feux, après sa pitoyable prestation sur France 2 —, j'en appelle au directeur de la rédaction du *Figaro*, Jean de Belot, qui n'ignore rien de mon passé. Dans la chasse aux corrompus qui ont ruiné et déshonoré la France, nous avons eu l'occasion, au long des deux septennats du président François Mitterrand, de marier nos compétences. Dans la collection que je dirige chez Albin Michel, Jean de Belot a publié en 1989 son premier livre, *La Chute d'un agent de change*, ouvrage prémonitoire sur les dérives de la technostructure française et des marchés financiers, déjà livrés à d'irresponsables et trop cupides jeunes gens : les golden boys.

Jean de Belot m'ouvre tout aussitôt les colonnes du *Figaro*, pour une tribune que, dans l'énergie de mon indignation, je rédige à la vitesse de la lumière, sous le titre approprié : « Miller, prince du mensonge. »

Signalé dans toutes les revues de presse, il paraît le lendemain matin 12 janvier à la une et en page 17 du journal. Sous le choc d'un si injuste, si délirant procès, j'y laisse parler mon cœur, dussé-je raviver les vieilles plaies de la société française que le procureur Gérard Miller utilise, sans vergogne, pour tenter de me maudire, de me disqualifier auprès de ceux qui me lisent. Il me faut crier que « trop, c'est trop ! », qu'il est des mensonges et calomnies qu'on ne peut laisser dire.

Dans *Le Figaro*, Miller évite de me répondre. Mais quelques jours après, le 18 janvier, il reprend sa charge, pour encore une fois patauger dans le cloaque de ses invectives. Dans un « Courrier », publié en page 6 du journal *Libération*, le « psycho-tendu » continue de m'assimiler à l'extrême droite, à « cette littérature dont vous comprendrez pourquoi je la trouve infâme ». Lâche jusqu'au bout, il se garde maintenant de citer mon nom. Il n'est mentionné que dans les quelques lignes d'introduction ajoutées par la rédaction du journal. Sous le titre « Contre la cohabitation des amnésiques », sa lettre d'une colonne est un monument de manipulation et de mauvaise foi, un credo dont il ne va pas tarder à tirer un opuscule de la même veine : illisible. Renversant, encore une fois, les rôles, le terroriste de la « bande à Ruquier » a le toupet d'écrire :

« L'agressivité s'accommode parfaitement des tons patelins et des manières affables : elle ne m'habitait pas, elle me faisait face (...). Le psychanalyste n'a pas pour vocation (...) de faire cohabiter chacun dans l'harmonie des amnésiques. (...) La psychanalyse fait vivre au contraire la dimension du réel et donne de la force aux mots *"mémoire"* et *"vérité"*. »

L'art de renverser les rôles, en somme. Et de me faire porter la responsabilité de son agression gratuite, délibérée. Irréductible fanatique, Miller est à l'intelligence ce que la fleur artificielle est à la couronne mortuaire : une faute de goût. Je n'eus certes pas tort de le qualifier dans une interview, quelques mois auparavant, d'« endive pensante », outrageant ainsi le plus vénérable des légumes à basses calories. J'ai dit « endive », car le mot grec byzantin qui désigne cette plante herbacée est *entubon* ; il sonne comme l'impératif de « entuber », verbe dont le dictionnaire *Le Petit Robert* nous donne le sens : « Duper, escroquer, rouler. » Président de l'Institut de psychanalyse à Paris, Guy Massat [1] a pris la peine de me l'écrire :

1. Le psychanalyste Guy Massat développe son intéressante analyse des interventions de Gérard Miller dans une tribune publiée dans *Le Figaro* du 29 mai 2001, sous le titre approprié : « Gérard Miller, l'honneur perdu d'un psychanalyste. »

« L'endive se développe dans la cave avec les ombres, qui sont les fantasmes des choses. Votre réplique est donc bien trouvée. »

En plus d'être dogmatique et militant, Miller est, si j'ose dire, un révisionniste à sa manière, comprenez un plaideur qui réécrit l'histoire de ses méfaits au gré de ses fantasmes. Lesquels n'ont rien à voir avec la détresse du peuple juif pour lequel, comme lui, j'éprouve le plus grand respect. Peuple martyr qui ne l'a pas mandaté pour pervertir sa juste cause dans le procès sommaire d'un innocent. Mais Miller croit-il pouvoir se tirer d'affaire avec une si misérable parade ? Les millions de téléspectateurs qui m'ont vu me faire bassement attaquer, avant même que je ne me sois exprimé, savent bien qui a agressé qui, et de quel côté se trouvait le lanceur de pierres, ce soir-là.

En fait, Gérard Miller ne fait que projeter sur moi, de manière pathologique, les sentiments haineux qui l'habitent. Il dévoile ainsi le côté sombre de son personnage. Incapable de fournir la moindre preuve de ses assertions, le plus petit écrit signé de moi qui attesterait que je serais un « fasciste » ou un « antisémite », le psy méchant de France 2[1] concentre maintenant ses attaques sur le défunt journal *Minute*, dans l'intention de m'atteindre par ricochet. Dans *Libération* — où il

1. J'attendrai en vain les excuses de cette chaîne publique, qui va lui permettre de recommencer sa charge, le samedi 28 avril 2001, dans l'émission *Tout le monde en parle* présentée par Thierry Ardisson, par ailleurs producteur de l'émission *On a tout essayé*, où Miller m'avait déjà attaqué le 8 janvier. Et le 29 avril, à *Vivement dimanche*, l'émission de Michel Drucker diffusée entre 19 h 30 et le journal de 20 heures, la « tranche » de la plus grande écoute. Thierry Ardisson, professionnel rigoureux, m'a tout naturellement offert d'exercer mon droit de réponse, en m'invitant à son émission de la semaine suivante.

fit ses premiers pas de chroniqueur sentencieux —, Miller écrit encore :

« Pour ma génération, qui est née juste après la dernière guerre mondiale, *Minute* reste l'un des symboles les plus identifiables de l'intolérance et de l'extrémisme de droite. »

Enfin, Gérard Miller croit découvrir l'eau chaude en ajoutant :

« C'est d'ailleurs à travers les échos qui venaient de *Minute* que j'ai entendu pour la première fois parler de Jean-Marie Le Pen, dont j'ai appris plus tard qu'il avait été engagé, en 1967, comme "*responsable des relations publiques de l'hebdomadaire*". »

En réalité, la très éphémère fonction de Le Pen — signalée dans l'organigramme publié du journal — fut, pendant quelques semaines, en 1969 (et non 1967), de s'occuper de la « promotion » (en relation avec le service publicité) de cet organe d'information qui n'en avait quasiment pas. Pour gagner sa vie, il travaillait aussi, avec les mêmes fonctions (totalement apolitiques), pour le groupe de presse *Valeurs actuelles* du sénateur UDR[1] Raymond Bourgine. Ancien député poujadiste — il n'était alors plus rien politiquement —, Jean-Marie Le Pen n'était pas encore le président du Front national, puisque ce parti (créé en octobre 1972) n'existait pas. Recruté par notre patron, Jean-François Devay, sur le conseil, nous disait-on, d'un vétéran de la France libre, le très bref passage de Le Pen à *Minute* — à un étage qui n'était pas celui de la rédaction — n'eut aucune influence sur le contenu d'un journal qui tirait alors à quelque 350 000 exemplaires. En outre, Jean-Marie Le Pen n'y avait aucune activité éditoriale et fut très vite licencié par Devay. Cet épisode fugace

1. UDR : Union des démocrates pour la Ve République, le parti gaulliste, remplacé par l'actuel RPR.

compta si peu dans son parcours professionnel — et non politique — qu'il n'est mentionné dans aucune de ses biographies officielles, dont celle du *Who's Who in France*, dont il supporte la responsabilité, au même titre que toutes les personnes qui y sont citées, moi compris.

Mon procureur n'a aucune excuse. Provoqué, blessé, en situation de légitime riposte, je l'ai dit dans *Le Figaro* et le répète ici : ce Gérard Miller qui fait ses quêtes d'audience là où l'on va d'ordinaire pour se souvenir, prier et pleurer, n'est qu'un imposteur.

Au service d'une cause, le « psy » obsédé de France 2 et Canal + a conscience du mal qu'il me fait quand il m'accuse publiquement — et avec quel acharnement et quel impact ! — d'être l'héritier, le complice des « collabos ». Et pourquoi pas de la Gestapo ?

Miller sait fort bien, lui qui déclare avoir lu mes livres, que tous mes écrits — je dis bien tous ! — et mon passé contredisent les anathèmes qu'il me jette à la figure. Reprochant à nos contemporains, dont j'expose depuis si longtemps les dérives, les libertés qu'ils prennent trop souvent avec la vérité, je ne saurais accepter d'être traité comme une brebis galeuse et, maintenant, comme le rescapé du camp, voire de la ligue (dissoute et heureusement disparue) des traîtres que je n'ai pas connus et que j'exècre... au même titre que tous les auteurs de crimes contre l'humanité, maoïstes compris.

La peine et le deuil ne sont le privilège de personne.

Gérard Miller n'a pas le monopole de la famille ni celui de la détresse. Que sait-il de ma vie et de la souffrance des miens ? Que sait-il de mes inlassables combats contre les puissants réseaux de la corruption, du KGB soviétique et du grand banditisme au service de politiciens dévoyés, du terrorisme international et de son agent numéro un, Carlos, lui-même lié à d'anciens nazis ?

Calomnié de la manière la plus abjecte, je me dois donc d'ouvrir ici le cahier de mes mémoires. Le lecteur comprendra que, pour crever une fois pour toutes l'abcès, je m'attarde quelques instants sur mon passé. Répondant à Miller et à tous ceux qui recommencent inlassablement mon procès en sorcellerie, sans se priver de m'inscrire d'autorité dans la lignée des « fachos » et des assassins du peuple juif, il me faut dire ici, une fois pour toutes, ce que je suis : un journaliste et écrivain démocrate, républicain, indépendant et sans complaisance.

Elevé, comme tant de filles et garçons de ma génération, à l'école de la raison, de la dignité et du cœur, je ne me perdrai pas, moi, dans l'évocation des tortures, enlèvements et égorgements qui ont déchiré les miens. Venu d'une terre où les morts sont plus respectés que les vivants, où le deuil ostentatoire est une profanation, le lecteur comprendra qu'avec ma mère, mes sœurs et nos cousins, nous continuons de les honorer dans le silence. Et puis, encore une fois, qu'auraient-ils à voir avec le sujet traité : la France malade de la corruption, de l'avilissement des mœurs de ses élites et du mensonge ?

Dans ce premier tome de mes *Carnets secrets* où, pour expliquer le présent, je reviens souvent sur des souvenirs et événements méconnus du temps passé, il n'est pas inutile que, pour tordre le cou aux sirènes du mensonge, je dise et redise ici, avec force :

- Je ne suis pas d'« extrême droite » ;
- Rien dans mes écrits et déclarations ne permet de m'attribuer une parenté avec les familles politiques ou de pensée de cette tendance ;
- Je ne suis pas davantage un « raciste », encore

moins un « antisémite », et mon passé, dont je n'ai pas à me justifier, indique le contraire.

Voilà ce qu'il me fallait répéter, avec d'autant plus d'insistance que, trois mois après son guet-apens de janvier 2001, Gérard Miller a été autorisé par France 2 à profiter à nouveau de ses antennes et de son audience pour achever de me salir, dans des déclarations en forme de franches incitations à la haine... faciale.

Dois-je rappeler que je suis né le 6 septembre 1941 à Teniet-El-Haâd, dans les montagnes d'Algérie, là où on ne voyait pas de casque à pointe, là où le lait arabe que je buvais ne pouvait être allemand, là où ma famille, mon père (médecin adulé et élu de gauche, maire, et futur sénateur) protégeait avec un bel amour et une totale solidarité toutes ces familles juives dont Vichy avait fait saisir les biens, mais qui chez nous n'étaient heureusement pas déportées ?

Enfants admiratifs de ce leader libéral — l'un des rares de sa génération à s'être opposé, publiquement et au péril de sa vie, à la torture et aux exécutions sommaires des prisonniers du FLN[1] sous l'autorité du général Massu, lui-même aux ordres de gouvernements socialiste puis gaulliste —, mes trois sœurs (Pierrette, Nicole, Chantal) et moi perdîmes ainsi Raoudène, l'un de nos camarades d'enfance passé à la rébellion, que

1. FLN : le Front de libération nationale, dont le Gouvernement provisoire était présidé au Caire, à partir de 1956, par Ferhat Abbas, passé à la rébellion par la faute du gouvernement socialiste de Guy Mollet. Par l'entremise de mon père (indigné), Guy Mollet (dont Mitterrand était le ministre) avait fait savoir à Ferhat Abbas son refus de renoncer à la torture et aux exécutions sommaires, utilisées depuis le vote à l'Assemblée nationale (par 455 voix socialistes et communistes opposées à 76 voix poujadistes et de droite) des « pouvoirs spéciaux » civils et militaires à l'armée et à son état-major.

notre père et notre famille, tout entière mobilisée et pas le moins du monde suspecte d'intelligence avec les indépendantistes, ne purent sauver d'une horrible et si triste fin.

In memoriam Raoudène, avec lequel, à la saison des figues, des boutons-d'or, des moissons et des blés, vêtus de peaux de chèvre pour l'un, d'une barboteuse en taffetas et de jupettes d'organdi pour les autres, nous jouions, tous ensemble, à l'enterrement des oiseaux, qui était pour nous, les gosses du bled, le plus beau jeu du monde. Après la capture dans les champs de douces cailles — qui ne pouvaient vivre qu'en liberté, ce que notre cruel égoïsme d'enfants nous empêchait d'admettre —, les obsèques solennelles qu'en larmes nous leur faisions obéissaient à un rituel, tout à l'image de la cohabitation des cultures musulmane, catholique et juive qui constituaient le ciment de l'Algérie franco-musulmane, notre Algérie chérie, bientôt meurtrie.

Fait prisonnier, en uniforme et en armes, Raoudène fut pendu par les pieds, soumis à « la question », autant dire la torture. Après plusieurs jours de ce traitement indigne, dont nul ne saurait justifier qu'il puisse exister dans un pays présenté comme la vitrine de la démocratie — traitement qui sera réservé plus tard et de la même manière aux combattants de l'Algérie française —, Raoudène choisissait d'en terminer dans l'honneur, balbutiant ce que Michel, son bourreau, me rapportera sans remords vingt-cinq ans après :

« Non, non, je ne suis pas un tueur, je ne suis pas un terroriste. Je suis un soldat de l'ALN[1], ce que je peux prouver. »

A l'appui de ses dires, Raoudène raconta dans quelles conditions, avec sa troupe, au bas de la forêt

1. ALN : l'Armée de libération nationale du FLN.

des cèdres de Teniet-El-Haâd, du côté des vieux chênes-lièges, de Sidi Abdoun et du « rocher du lion », ils auraient pu m'assassiner ainsi que ma toute jeune cousine et son père, mon oncle André, que nous accompagnions dans sa passion de peintre paysagiste. Pendant plusieurs heures, cachés sans bouger derrière les arbres, ils nous avaient observés à l'endroit même de... l'enterrement des oiseaux et de nos années de fraternité.

Convaincu de la véracité de ce qui venait de lui être raconté — il avait pris soin d'en vérifier l'exactitude auprès de notre famille —, le « soldat » Michel offrit à Raoudène de lui rendre la liberté. Ce qui revenait à lui promettre la mort atroce que ses frères d'armes réservaient aux traîtres. Raoudène fit quelques pas et se retourna pour lancer, à l'adresse de la brute dont il pressentait la réaction, l'injure suprême des Arabes...

Ainsi, dans l'honneur, et d'une rafale de trop, mourut Raoudène. Avec, pour dernier souffle de vie, le récit d'une histoire d'enfant, celle de « l'enterrement des oiseaux ». La belle histoire d'un passé si difficile à expliquer, surtout aux hommes qui n'ont pas vu couler le sang de la haine... dont notre aîné Jean Brune n'avait pas tort de dire qu'elle ressemblait à l'amour.

Solidaire de toutes les victimes des atrocités commises par des pouvoirs dictatoriaux et irresponsables, je fus durant toute la guerre d'Algérie, comme beaucoup de mes camarades, un jeune pied-noir passionné, un gavroche attaché à sa terre, un enfant de Camus... Cher Albert Camus qui venait de nous quitter [1] lorsque, rentré d'Algérie, je lui consacrais en 1964 un « Mémoire », lors de mon passage et de mes trois

1. Né le 7 novembre 1913 en Algérie, Albert Camus est mort dans un accident de voiture, sur la nationale 6, le 4 janvier 1960, aux côtés de son éditeur et ami Michel Gallimard.

années de formation, rue Saint-Guillaume, à l'Institut français de presse du professeur Fernand Terrou, et à la Fondation nationale des Sciences politiques. Pressentant déjà le pire, je l'écrivais pour qu'à l'heure de l'histoire et de notre jugement dernier, chacun puisse enfin entendre le cri de la défense : « Non ! nous n'étions pas des monstres. »

Dans sa hargne, sa volonté de me disqualifier, Miller fait volontairement l'impasse sur ma carrière de journaliste et d'écrivain d'investigation, dont je n'ai nullement à rougir, bien au contraire !

Mon parcours ? Il commence à Alger, en 1959, à *La Dépêche quotidienne d'Algérie*, où, à vingt ans, j'ai la pénible tâche, le soir, d'aller à la morgue de l'hôpital Mustapha pour y compter et identifier les dizaines de morts ensanglantés et dénudés de la journée. Après le grand exode et la fin de mes études, à Paris, je fréquente le *Combat* d'Henry Smadja et Philippe Tesson, où combien de jeunes apprennent avec moi leur métier, en même temps que le respect de l'autre, dans les joutes les plus passionnées. Extraordinaire journal, auberge espagnole où toutes les familles de pensée sont représentées, ce qui contribue à façonner notre esprit de tolérance et notre goût de la polémique.

Parallèlement, à partir de 1965, je fais mes classes dans le *Minute* de l'ancien résistant Jean-François Devay. Je n'y suis qu'un chroniqueur de cinéma, puis de télévision, le seul en France à révéler les scandales qui vont entraîner la fin de l'ORTF, l'Office de la radiodiffusion et télévision française, alors sous la coupe de gouvernements de droite. Le seul à prouver qu'ils se sont dotés, à l'Hôtel Matignon, d'une structure de propagande et de censure, le Service de liaison interministériel pour l'information (SLII), chargée de superviser la fabrication des journaux et émissions d'information de la radiotélévision d'Etat.

C'est ainsi que, me faisant passer pour le ministre de l'Information Georges Gorse — dont je me suis entraîné à imiter la voix —, j'ordonne, un vendredi soir, la censure immédiate d'une émission de pure propagande sur la guerre du Vietnam, un reportage confié à un journaliste dont la première chaîne, alors en noir et blanc, a omis de préciser qu'il travaille aussi pour les autorités d'Hanoi et du Nord-Vietnam. Cette démonstration de la mainmise du gouvernement sur les chaînes publiques — radio et télévision — me vaut d'être, à tout jamais, désigné comme un fauteur de troubles, un dangereux empêcheur de tourner en rond.

C'est dans *Minute* — journal de droite, concurrent du *Canard enchaîné,* plutôt à gauche — qu'en mai 1968 je prends la défense des journalistes de l'ORTF en grève : mes amis François de Closets, Emmanuel de La Taille, Michel Honorin, Maurice Séveno (présentateur du journal de la première chaîne), François Loncle (actuel président socialiste de la commission des Affaires étrangères de l'Assemblée nationale), feu Robert Chapatte et Roger Couderc, le déjà brillant Thierry Roland, sans oublier... Jean-Pierre Elkabbach, une vieille connaissance d'Alger et de l'Institut français de presse qui, une fois tout terminé dans une lamentable débandade, me prie de le dédouaner, en le présentant (dans un petit écho) comme un gaulliste infiltré chez les grévistes. Ce que, bien sûr, je fais. Péché véniel...

Futur responsable des questions touchant l'audiovisuel au Parti socialiste, Maurice Séveno me saura gré aussi d'avoir osé publier les enregistrements, le plus souvent délirants, que j'ai réalisés durant les folles journées de mai à juillet 1968, lors des nombreux meetings des journalistes de l'ORTF en grève, où j'ai eu le flair de m'infiltrer. Inoubliables moments durant lesquels je saisis, sur le vif, les plus extraordinaires retournements de vestes et imprévisibles trahisons. Scènes classiques de la Comédie humaine...

Inféodé au pouvoir, jusqu'à devenir à Neuilly-sur-Seine le député suppléant du gaulliste historique Achille Peretti, président de l'Assemblée nationale, le présentateur et sous-directeur de l'actualité télévisée, Raymond Marcillac — que je ne vais pas tarder à faire tomber dans l'affaire de la « publicité clandestine » —, fait, en ma présence, du haut du balcon du studio 106 de la Maison de la Radio — là où se tenait l'assemblée générale des grévistes —, une déclaration inouïe. A la différence d'Elkabbach, Marcillac n'est pas, lui, un agent infiltré des gaullistes chez les mutins lorsque je l'entends crier devant la meute dont il redoute les piques :

« Si vous ne m'avez pas vu avant aujourd'hui, c'est qu'une crise de goutte me clouait au lit. Mais cette absence ne doit pas vous faire oublier que je suis un vrai socialiste, un gréviste de la première heure, je dirais même un précurseur de cette grève. »

Peu après, quand la victoire semble encore à portée de main, je vois Maurice Séveno décrocher son téléphone pour en appeler à la solidarité professionnelle de Michel Droit, surnommé « La voix de son maître », interviewer attitré du général de Gaulle et futur académicien. Serviteur zélé, Droit (lui au moins !) demeure loyal dans sa fonction de propagandiste et militant en mission. J'enregistre et publie ce dialogue révélateur de mœurs contre lesquelles nous sommes alors si peu à nous battre :

« Es-tu solidaire de notre mouvement ?

— Non !

— Accepterais-tu au moins de poser, au cours de

ton entretien avec le président de la République, une question sur l'objectivité de l'information à l'ORTF ?

— Non !

— Ce problème ne te semble pas important, sans doute ?

— Soyons sérieux ! Tu sais bien que le général de Gaulle ne me permettrait pas de poser une question qu'il n'aurait pas approuvée au préalable... »

Ai-je besoin de dire que c'est grâce à ces inlassables révélations des pratiques autoritaires d'un régime monarchique que la télévision française a fini par s'émanciper de la tutelle gouvernementale qui l'écrasait, suivant de secrets schémas ? Je les ai scientifiquement décodés, jusqu'à en tirer un livre[1], alors cité en référence à ses élèves de l'Institut d'études politiques de Paris par le professeur Alfred Grosser et, en première page du *Figaro*, par le maître des maîtres : Raymond Aron.

Ah ! le dangereux « fasciste » et « antisémite » que voilà !

Vrai démocrate, résolument anticommuniste depuis mon plus jeune âge — et non, comme tant de belles âmes, après l'effondrement (en 1991) du bloc soviétique —, je ne dénonce pas moins sans relâche, dans *Minute* et ailleurs, la censure dont le tout-puissant Parti communiste français est victime, au stupide prétexte (gaullien) que la liberté ne peut être accordée aux ennemis de la liberté. Ce à quoi je réponds, dans *Minute*, puis plus tard dans ce même livre :

« L'avocat de la liberté ne saurait donner la licence en exemple. »

Unanimement considérée comme l'une des mieux

1. Jean Montaldo, *Tous coupables. Dossier ORTF, 1944-1974*, Albin Michel, 1974.

informées et des plus indépendantes, la rubrique de télévision — dont je prends la responsabilité en 1968, après le départ de mon chef et ami, feu Michel Lancelot, recruté par Europe 1 pour y animer l'émission vedette *Campus* — révèle les plus grands scandales de l'histoire de la radiotélévision française. Entendu pendant onze heures trente par la commission de contrôle du Sénat, à laquelle je remets et détaille le fruit de mes investigations, je déclenche les retentissantes affaires du vol du fichier des téléspectateurs par René Tomasini (secrétaire général de l'UDR, le parti gaulliste au pouvoir) et celle de la publicité clandestine.

J'ai en effet établi que les grands producteurs, réalisateurs, animateurs et dirigeants des chaînes de la télévision d'Etat, où la publicité de marques est alors interdite, se sont laissé soudoyer par l'Agence Havas Conseil Relations publiques en introduisant dans leurs émissions des réclames pirates pour lesquelles ils reçoivent des récompenses. Confiée au sénateur André Diligent, l'enquête repose pour l'essentiel sur le dossier que j'ai rassemblé. Pendant tout le mois d'août 1971, je m'affaire dans les locaux d'Havas, photographiant les originaux des pièces comptables et des contrats secrets où l'implication des vedettes du petit écran apparaît manifeste... Lorsque le Sénat puis l'Assemblée nationale — où une commission d'enquête a également été constituée, confiée au député Robert-André Vivien — confirment l'existence d'un réseau de corruption, les jours de l'ORTF sont comptés.

Partageant mon bureau avec l'un des plus célèbres critiques gastronomiques de l'époque, aujourd'hui chroniqueur au *Nouvel Observateur* — un camarade dont je tais ici le nom, pour lui épargner les crachats de Gérard Miller et de ses irresponsables supporters de France 2 et Canal + —, je veille à traiter dans la bonne humeur les sujets les plus graves. Ce qui me rapporte d'avoir avec moi le camp des rieurs.

Toujours de bonne humeur — qualité qui ne m'a heureusement jamais quitté —, il m'arrive d'être le compagnon de virées du dialoguiste Michel Audiard. J'aime la compagnie des artistes tels les fantaisistes-imitateurs Jacques Martin et le très jeune Thierry Le Luron. Je rencontre Guy Béart, Georges Brassens. Nouvelles stars des disques Vogue, firme où je compte mes meilleures antennes, les chanteurs Antoine et Jacques Dutronc, étoiles montantes de la maison, sont mes copains. Mes visites chez Henri Salvador et sa chère femme Jacqueline (très tôt disparue) restent d'émouvants souvenirs. Festoyant avec les princes de la nuit germanopratine — Jean-Marie Rivière, Maurice Casanova, Carlos —, je fais de mémorables bombances chez les plus grands cuisiniers : Raymond Oliver du Grand Véfour et son fils Michel du Bistro de Paris, deux fidèles amis qui, avec Jean Ducloux à Tournus, m'initient aux secrets de la gastronomie.

Ah ! le dangereux « fasciste » et « antisémite » que voilà !

Revenu d'Algérie avec un traumatisme terrible, qui ne commence à guérir qu'à la fin des années 60, je ne fréquente pas les hommes politiques. Sauf quelques jeunes militants, des camarades rencontrés lors de nos universités et qui, bien plus tard, vont devenir, à gauche et à droite, les dignes représentants de l'Institut d'études politiques de Paris.

Alors plus à gauche qu'il ne l'est aujourd'hui, le futur conseiller du président Mitterrand Michel Charasse est un étudiant brillant, curieux, bavard, dont j'apprécie la compagnie. La vie fera diverger nos chemins. Par la force des circonstances, nous nous sommes perdus de vue. Lui en raison de sa respectable fidélité à l'égard de François Mitterrand, qu'il servira jusqu'au bout et même dans la mort. Moi parce que l'auteur de *Mitterrand et les 40 voleurs*...

Ainsi en est-il du destin.

Demeuré un de mes amis, le député-maire d'Antony et actuel porte-parole du RPR, Patrick Devedjian, ne tarde pas à devenir mon avocat. Jusqu'au jour où, entré en politique, ses fonctions ne lui permettent plus d'assurer la défense de mes causes. Mais, lors du mémorable procès de la publicité clandestine à l'ORTF et où les plus grands avocats (Roland Dumas pour *Le Canard enchaîné*, Robert Badinter pour *L'Express*) ont été mobilisés, c'est Patrick qui est mon conseil contre Raymond Marcillac. Quand un dirigeant historique du Tour de France cycliste vient témoigner à la barre qu'il a connu Marcillac dans la Résistance, je ne conteste pas ce fait d'armes mais ai la fâcheuse idée de présenter au tribunal l'original d'un numéro du journal collaborationniste *Aujourd'hui* de Georges Suarez, fusillé à la Libération, le 15 décembre 1944. Les noms de Raymond Marcillac et de son témoin y figurent. L'un pour un reportage très comme il faut, sur la jeunesse à l'entraînement. L'autre comme chef du service des sports. Mon effet est réussi, mais ma cause perdue. Présidé par un magistrat qui a connu la guerre, mais ne porte pas de décoration, le tribunal juge mes informations certes exactes et parfaitement vérifiées. Il convient aussi que la preuve des faits lui a bien été rapportée. Mais il me condamne au franc symbolique, pour... « exagération dans le blâme ». Par ce jugement, j'apprends à mes dépens — et dans un bel éclat de rire — que, si le journaliste est autorisé à démasquer la corruption, à dire qu'il y a eu vol, il lui est en revanche interdit de... « crier au voleur ».

Ah ! le dangereux « fasciste » et « antisémite » que voilà !

Au fil des ans, je me fais un nom, tant par mes enquêtes sans complaisance que par des canulars à répétition. Certains entrent dans l'histoire du « Palais Gruyère », la ronde Maison de la Radio.

Ainsi, en octobre 1968, sortant d'un excellent couscous, avenue de Versailles, je suis saisi par une irrésistible envie de sieste. Accompagné de François Luizet, un confrère de *France-Soir*, je propose de faire une halte dans le labyrinthique siège de l'ORTF, vaste paquebot, symbole de la toute-puissante radio et télévision d'Etat. Aussitôt dit, aussitôt fait. Quelque peu éméchés, nous nous présentons comme deux inspecteurs en mission, circulons à l'étage capitonné de la direction générale, ouvrant portes et armoires, consultant les dossiers les plus confidentiels... sans que quiconque ne songe à s'enquérir de notre identité. Fatigués, nous finissons par tomber, au quatrième étage, sur un vaste et magnifique bureau (n° 43-54) dont les trois profonds canapés nous tendent les bras. Nous nous y affalons, pour un sommeil réparateur de plusieurs heures. A la nuit, François s'en retourne à son journal, tandis que je décide de pousser jusqu'au bout l'expérience.

Dans ce local confortable, à proximité du bureau du présentateur Jacques Chancel et en face de celui du directeur général de la radio, Roland Dhordain, je prends mes quartiers pour huit jours et huit nuits d'une intense rigolade. M'y rendant en patins à roulettes, je m'y fais livrer téléphones à la pelle, postes de télévision à ne plus savoir où les mettre, mobilier, et même un piano à queue, un Steinway de concert, pour l'installation duquel j'obtiens le déplacement des cloisons et le rétrécissement du secrétariat voisin, transformé en placard à balais au grand dam de ses occupantes. Tout se termine par un sympathique cocktail, dans la salle du conseil d'administration, où j'invite mes amis du Tout-Paris, avec chauffeurs, bonbons, liqueurs, champagne et chocolats...

Photos à l'appui, ce divertissant et révélateur reportage est finalement publié, dans *Minute* puis dans *Le Crapouillot*, parfaite illustration que la Maison de la Radio était le siège de la « Télé Pagaille ».

Ah ! le dangereux « fasciste » et « antisémite » que voilà !

Après combien d'autres, ce fait d'armes me rapporte une petite gloriole chez les chansonniers de l'époque, en même temps que de solides rancunes dans le monde de l'audiovisuel, où mes campagnes anticorruption font rage et ravages...

Trente-trois ans après, je jette un regard amusé sur ces jeunes années. Sans forfanterie, j'ai le sentiment d'avoir bien plus œuvré pour la démocratie et la liberté d'expression télévisuelle — dont usent et abusent aujourd'hui tous les Gérard Miller en herbe — que ce « psy » vaniteux et abscons, ce fils de bourgeois parti s'encanailler chez les rouges et gesticuler sur les barricades, avant d'aller « s'établir », comme disaient alors les « maos », dans une ferme de Bretagne, un foulard sur le nez, pour ne pas être incommodé par les émanations de bouses de vache ! De cette forte expérience paysanne, Gérard Miller est vite revenu, bannissant à jamais les rudes travaux des champs, pour leur préférer ses dérisoires (mais lucratives) expéditions punitives sur les plateaux des radios et des télévisions.

De mon côté, mon arrivée à *Minute* coïncide avec un scandale d'Etat, dont, par hasard et par chance, je vais être le révélateur : l'affaire Ben Barka. Enlevé en plein Paris, à la sortie de la brasserie Lipp, à Saint-Germain-des-Prés, ce leader de l'opposition marocaine, grande figure de la gauche tiers-mondiste, disparaît, à l'automne 1965, sans laisser de traces. Or, plusieurs mois auparavant, j'ai fait la connaissance, grâce à mon vieil ami Frédéric Musso (aujourd'hui à *Paris-Match*) et à l'écrivain Antoine Blondin — dont notre génération admirait le talent et la formidable aptitude à ne jamais boire que du vin et des alcools forts —, d'un personnage haut en couleurs : Georges Figon. Un artiste et une conscience : intellectuel chez les voyous et voyou chez les intellectuels.

En juillet 1964, Figon — que, depuis Alger, je sais être un truand recruté en prison pour devenir une barbouze anti-OAS — m'a appris qu'il avait été engagé, par nos services secrets et ses protecteurs gaullistes au gouvernement, pour préparer le rapt de Mehdi Ben Barka. J'ai pris quelques notes et présenté Figon à mes supérieurs. Rien ne s'étant passé et redoutant cet homme sympathique mais retors, toujours armé et accompagné de la fine fleur du grand banditisme français, je n'ai plus entendu parler de lui depuis plusieurs semaines quand, un dimanche de novembre 1965, ouvrant le journal, j'apprends, en présence de mon confrère François Caviglioli (à l'époque à *Combat* et aujourd'hui l'une des meilleures plumes du *Nouvel Observateur*), l'enlèvement de Ben Barka en plein Paris, le 29 octobre. Je fais profiter aussitôt François de mes informations exclusives sur Figon et le réseau de barbouzes chargées de l'opération.

Révélée par *Combat* et reprise par *Minute*, l'affaire est lancée. Figon devient l'homme le plus recherché de France. Je sais sa vie menacée et entreprends secrètement de le retrouver, par l'intermédiaire d'amis communs. Directeur artistique, chez Vogue, du chanteur Antoine, puis de Jacques Dutronc (alors son jeune et timide assistant), le regretté Jacques Wolfson, ami de Figon depuis la Libération, a accepté de prendre le risque de me le faire rencontrer dans des circonstances extravagantes. Rendez-vous m'est fixé à l'Olympia, pour la première du chanteur Sacha Distel. Wolfson a chargé Dutronc et un de nos amis de me remettre, à l'entrée, le carton d'invitation. Jacques est un garçon terriblement sympathique, réservé, pince-sans-rire en diable, dont j'apprécie l'élégante décontraction, la fidélité en amitié et le côté Titi parisien. Alors totalement inconnu, il est le boute-en-train d'un petit groupe de copains : la bande de la rue d'Antin. Je suis à mille lieues d'imaginer que sa nonchalante bonhomie cache un talent immense et qu'il va vite devenir l'une des stars de la chanson et du cinéma français. Comme Wolfson, qui rit sous cape, Dutronc s'amuse de la surprise qui m'attend, au premier rang des fauteuils d'orchestre. A l'oreille, il me susurre, retenant mal son envie de rire :

« Va t'asseoir. Quelqu'un t'attend. Nous dînons tous ensemble après le spectacle, au Bar Romain. »

Incrédule, je m'installe. A ma droite, un fauteuil vide. Et tout autour, le gotha du show-business. A proximité, l'air enjoué, mais quelque peu tendu, Jacques Wolfson me salue. Tandis que les lumières s'éteignent, chapeau sur la tête, un homme s'approche. Dans la pénombre, j'ai du mal à distinguer son visage. Lorsqu'il se découvre et me tend la main, mon sang se glace : c'est Figon !

Sur les côtés, des photographes de presse mitraillent le début du spectacle. Inquiet pour lui, je recommande à Figon de ne pas retirer ses lunettes. A l'entracte, son visage étant encore alors inconnu, nul ne le remarque. En costume gris, il s'est laissé pousser la moustache. Avec son chapeau et ses gants en feutre gris, il a l'aspect d'un notaire suisse. Les confidences qu'il me fait vont, dans peu de temps, créer l'événement, provoquer la rupture des relations diplomatiques entre la France et le Maroc, impliquer les dirigeants de la police et des services secrets français, dans l'une des plus graves affaires criminelles de l'après-guerre. Le gouvernement du général de Gaulle est éclaboussé, son ministre de l'Intérieur, Roger Frey, mis en cause, son conseiller, Jacques Foccart, directement compromis.

A l'issue du spectacle, quand Sacha Distel en a fini avec ses *Scoubidous-bidous*, Figon s'éclipse, avant que la lumière ne revienne. Escorté par l'équipe de Wolfson, il va prendre place au Bar Romain, à quelques pas, rue Caumartin. Je l'y retrouve en compagnie de nos amis communs, de la chanteuse anglaise Petula Clark et son mari Claude Wolf, attaché de presse chez Vogue, un autre vieux copain de Georges Figon. Toujours discrètement armé, « Jojo » est au mieux de sa forme. Pour nous impressionner, il nous narre dans un argot parfait l'histoire, terriblement romancée, de ses dernières pérégrinations, celles qui l'avaient obligé à prendre la fuite. Enfin, la fête terminée à une heure avancée de la nuit, nous convenons de nous revoir, de ne plus nous quitter. A charge pour moi de prouver que la police et la justice s'acharnent à ne pas vouloir arrêter « l'homme le plus recherché de France ».

Dans les semaines qui suivent, je publie son emploi du temps dans le rectangle d'or de Paris, entre la place des Ternes, le Rond-Point des Champs-Elysées, la place Victor-Hugo et le pont de l'Alma. Nous allons ensemble voir le premier James Bond au cinéma Normandy, sur les Champs-Elysées ; je l'accompagne ensuite pour une séance d'entraînement au stand de tir dans les sous-sols de Gastine-Renette, le célèbre armurier de l'avenue Franklin-Roosevelt ; nous prenons nos petits déjeuners au Scossa de l'avenue Victor-Hugo ou au bar-tabac du bas de l'avenue de Wagram, sur le comptoir duquel Figon ne se prive pas de déposer son pistolet, ce qui provoque le courroux de mes photographes, François Roboth et Philippe Letellier, persuadés — ils n'ont pas tort ! — que l'aventure ne va pas tarder à se terminer dans un bain de sang.

Photos à Ville-d'Avray pour *Minute*, puis pour *Paris-Match* — qui m'a contacté par l'intermédiaire du jeune et intrépide photographe Marc Francelet —, sous les fenêtres du commissaire Bouvier, le chef de la Brigade criminelle chargé d'arrêter Figon. Et, au Palais de Justice, devant la porte du juge d'instruction Zollinger censé avoir tout mis en œuvre pour expédier Figon au dépôt.

Espiègle et canaille, risque-tout, Figon propose que nous fassions ensemble la démonstration que tout est fait pour qu'il ne soit pas pris. C'est grâce à moi que mon ancien rédacteur en chef à *Minute*, Jean Marvier, ex-gendre de l'écrivain et directeur de *Paris-Match* Gaston Bonheur, obtient pour *L'Express* la première interview exclusive de Figon en cavale, malheureusement réécrite... par Jean-Jacques Servan-Schreiber. Ce qui vaut à Marvier de risquer de perdre la vie. Fou furieux, Figon s'en est allé l'attendre en vain dans l'escalier de son immeuble, à quelques mètres du Palais de Justice.

Cette tragi-comédie va durer jusqu'au jour où l'ordre est enfin donné de le neutraliser. Figon est retrouvé mort, « suicidé », dans son appartement de la rue des Renaudes, après que son immeuble eut été encerclé par la police. Dans les semaines qui suivent, je m'emploie à faire savoir dans quelles conditions Figon et les autres truands de sa bande, mauvais garçons au service des polices parallèles de l'Etat, ont commis la folie d'enlever et d'éliminer Ben Barka, moins pour remplir un contrat commandé par le général Oufkir, le puissant ministre de l'Intérieur du roi du Maroc dont Mehdi Ben Barka était le premier opposant, que pour faire chanter les responsables français dont ils étaient les bras armés.

Jamais le corps de l'opposant marocain ne sera retrouvé. Aujourd'hui encore, le mystère demeure et différentes hypothèses sont avancées. Mais peu avant de mourir, l'acteur principal du crime, Georges Figon, m'a assuré que, mort accidentellement des suites de brutalités dans la voiture de l'enlèvement, ils avaient jeté son corps au-dessus de la Manche, depuis le petit avion de tourisme d'un second rôle du cinéma français. Invérifiable alors à mon modeste niveau, je donne ici cette indication, trente-six ans après les faits et pour l'histoire... après qu'au printemps 1967, la Cour d'assises chargée de juger l'affaire eut refusé de m'entendre. Sous le contrôle de nombreux observateurs (au premier rang desquels l'écrivain de gauche Maurice Clavel, dont le jeune Gérard Miller fut le chauffeur) et celui de plusieurs avocats des parties civiles, je m'étais présenté spontanément à la porte du tribunal, sollicitant d'être entendu comme témoin. Après plusieurs heures d'attente dans la salle des pas perdus du Palais de Justice, la Cour finit par me signifier que mon témoignage ne l'intéressait pas. Ni lui ni les documents et enregistrements que je lui proposais, tous contenus dans la valise que je tenais en main, ne lui semblaient « nécessaires à la manifestation de la vérité ». Justice sourde et aveugle ! Comme à l'accoutumée, je ne manquai pas de faire savoir à mes lecteurs, à l'opinion, ce que cachait cette étrange cécité.

Ah ! le dangereux « fasciste » et « antisémite » que voilà !

A *Minute*, à l'exception de cette affaire Ben Barka, puis de la retentissante affaire Markovic — lors de laquelle je fais la démonstration que la police politique et les barbouzes des gaullistes de gauche ont organisé un sordide complot pour déshonorer le futur président de la République Georges Pompidou —, jamais je ne participe aux activités des rubriques politiques du journal. Nombre de leurs collaborateurs pigent également au *Canard enchaîné* (je parle évidemment des années 60 que j'ai connues et non de la période postérieure) et dans d'autres journaux.

Certes, jusqu'en 1968, le journal est souvent antigaulliste, ce qui ne choque pas le jeune pied-noir rapatrié que je suis. Mais jamais je n'accepte de cautionner une expression raciste, antisémite, fasciste ou nazie.

Certes, encore tout frais, les événements d'Algérie ont laissé des traces et plaies profondes. Il arrive que la presse parisienne, dont *Minute*, se laisse aller à des dérapages sur le douloureux dossier de l'immigration noire et nord-africaine en France, alors que les pays dont ces populations sont originaires viennent d'accéder à l'indépendance. Toutefois, je peux attester que, dans les rédactions, les journalistes natifs d'Algérie — dont je suis — font alors l'impossible pour faire entendre raison à ceux de leurs confrères exprimant des sentiments de rejet. Comme de nombreux Français, beaucoup de journalistes ne veulent pas se pencher sur les causes de ce mouvement migratoire et de la misère de ces exilés, nos frères d'infortune dont nous avions partagé la destinée pendant cent trente années.

Mais qui nous entend ? Désespérés, coupés de nos racines, affectés par la détresse de nos mères et pères, nous n'avons qu'un peu plus de vingt ans. Loin de notre terre natale, du théâtre de notre histoire et de nos morts, dont nous savions déjà les tombes profanées — ce qui achevait de nous accabler —, nous vivions avec le sentiment de n'avoir plus qu'un droit : accepter, dans la soumission, l'humiliation des vaincus.

Ah ! le dangereux « fasciste » et « antisémite » que voilà !

Un jour de mai 1971, j'ai la surprise de voir deux collaborateurs du service politique intérieure de *Minute* remettre, non loin de moi, à l'ombre d'un platane de l'avenue Marceau, un exemplaire tout chaud du journal à celui qu'ils m'avouent ensuite être l'un de leurs bons informateurs. C'est François Mitterrand, en passe de prendre le pouvoir au Parti socialiste. Ancien journaliste à *L'Echo d'Alger* et démocrate-chrétien, René Saive, le chef de ce service, s'est entouré de journalistes à peu près tous issus du MRP, le parti catholique et centriste de la IVe République. Opposé aux gaullistes, le journal n'est, pour autant, lié à aucun mouvement politique. En parfait accord avec Devay — ainsi que celui-ci le raconte dans *Trois mois pour mourir*[1], son livre-testament dicté sur son lit de souffrances —, le journal a fait campagne pour Jean Lecanuet, quand le sénateur-maire centriste de Rouen est candidat contre le général de Gaulle à la présidentielle de 1965, « parce qu'il était bon, à cette époque, que Lecanuet devînt président de la République ». Et Devay ajoute : en 1969, contre Georges Pompidou, « nous avons ensuite soutenu Poher [*le président centriste du Sénat*] pour les mêmes raisons ».

Mes lointaines aventures de Tintin reporter à *Minute* prennent fin avec la mort prématurée de Devay, à l'âge de quarante-cinq ans, le 25 juillet 1971. Je démissionne peu après, en 1972, sans bruit, sans indemnités, une fois accompli mon préavis légal[2]. Ainsi se termine

1. Jean-François Devay, *Trois mois pour mourir*, La Table Ronde, 1972.

2. Pour me faire une mauvaise querelle, Gérard Miller affirme que j'aurais menti et que mon départ de *Minute* serait intervenu longtemps après la mort (juillet 1971) de son fondateur, Jean-François Devay. Or, comme je l'ai toujours indiqué dans ma notice du *Who's Who,* j'ai démissionné de ce journal et l'ai quitté l'année suivante, en décembre 1972.

cette courte expérience de jeunesse — sept ans sur un total de quarante et une années de métier —, bien avant donc que le *Minute* de mes débuts ne se perde dans un extrémisme coupable, injustifiable, contraire à l'idée d'indépendance qui habitait Devay, son fondateur, un résistant de la première heure — l'un des plus jeunes de France —, monté sur le char du Compagnon de la Libération Raymond Dronne, lequel fut le premier à entrer dans Paris.

Ancien chef de la rubrique des spectacles de *Combat*, ex-bras droit de Pierre Lazareff à *France-Soir* et *Paris-Presse-l'Intransigeant*, ancien cofondateur, concepteur et rédacteur en chef de *Télé 7 Jours*, Devay fut aussi, à *Jours de France*, le rédacteur en chef de Marcel Dassault, rescapé du camp de concentration de Buchenwald. Avec le général Edouard Corniglion-Molinier, le restaurateur Claude Terrail, propriétaire de la célèbre Tour d'Argent, le producteur de films Raoul Lévy, son ami Dassault faisait partie des actionnaires fondateurs de *Minute* en 1962, aux côtés d'un brillant parterre d'artistes et de personnalités, tous amis de Devay, parmi lesquels Juliette Gréco, Françoise Sagan, Eddie Barclay, Gilbert Bécaud, Fernand Raynaud, le patron de l'Olympia Bruno Coquatrix ou le banquier Edmond de Rothschild [1].

Ah ! les dangereux « fascistes », « antisémites » et « collabos » que voilà !

En 1962, trois ans avant que je ne les rejoigne, comment ces personnalités au-dessus de tout soupçon auraient-elles pu s'associer à la création d'un journal « fasciste » et « antisémite », à, comme dit Miller, « l'un des titres les plus proches de l'esprit de la collaboration » ?

1. Voir annexe 1, pp. 310-311.

La dérive bien réelle de *Minute* — son contenu l'atteste — n'intervient que plus tard, longtemps après la disparition de son fondateur et mon départ. Dès lors, ce n'était plus mon affaire. Après ma démission, je n'y mets plus jamais les pieds.

Par la suite, je collabore à diverses publications, de toutes tendances, excluant toujours les organes d'opinion.

Pigiste, à l'occasion, au *Canard enchaîné*, je travaille aussi pour les plus grands journaux : *Paris-Match*, sous le patronage de Gaston Bonheur (l'écrivain, poète et ami de Marcel Pagnol, qui me fait entrer dans le groupe de Jean Prouvost) ; *L'Aurore* de Marcel Boussac, Francine et Robert Lazurick (le quotidien centriste où Devay a recruté ses meilleurs journalistes au début des années 60, dont feu mon autre complice, Philippe Bernert, est le rédacteur en chef) ; *Le Quotidien de Paris* du fidèle Philippe Tesson. Patron de presse brillant, attachant et courageux, ce phare de l'avant et après 1981 a, plus que tout autre, le don de s'entourer de jeunes talents toujours renouvelés et de toutes tendances. Affable, l'esprit toujours en éveil, Tesson est alors l'infatigable chef d'orchestre d'un journal en déficit chronique d'argent, mais jamais d'idées, d'un journal indépendant qui enrage les sirènes de la société de connivence parisienne... où l'invincible gauche caviar exerce déjà sa pesante dictature.

Au *Canard*, c'est mon premier livre, *Les Corrompus*, publié en 1971 aux Editions La Table Ronde de Roland Laudenbach, qui me fait connaître Claude Angeli, un excellent professionnel, le seul à m'avoir efficacement épaulé dans la révélation de « l'affaire des policiers corrompus de Lyon ». Cette enquête au long cours se solde par la chute des commissaires Javilley et Tonnot, respectivement chefs de la Brigade antigang et de celle des mœurs, tous deux finalement arrêtés en raison des protections qu'ils ont accordées (en échange d'avantages) à un vaste réseau de prostitution, de traite des blanches et du grand banditisme. Les articles d'Angeli m'aident grandement à faire éclater le scandale, en 1972. Encore une fois le gouvernement est touché.

Début 1973 : journaliste indépendant, je quitte Paris pour Lyon, afin d'y terminer en apothéose ma campagne anticorruption. Policiers et proxénètes sont incarcérés, des dizaines de bordels d'abattage fermés, le « gang des Lyonnais » en passe d'être défait. Mais le vieux député gaulliste de la Croix-Rousse — celui que je sais être le parrain du système et dont j'ai révélé le rôle dans une nouvelle édition des *Corrompus* parue en septembre 1972 — est candidat à sa propre succession, aux élections législatives de mars 1973. A la dernière minute, je lui fais la surprise de me présenter contre lui. Lors d'une réunion publique à la salle Rameau, je lui signifie la raison de ma candidature :

« Je ne me présente pas pour être élu, mais pour vous faire battre. Je suis le seul candidat en France à demander que l'on ne vote pas pour lui. Je suis là pour informer les électeurs, leur dire que la justice ne remplit pas vraiment sa mission, leur demander de voter pour le candidat de leur choix, mais en aucune manière pour le député sortant qui — je l'ai prouvé ! — a failli aux devoirs de sa charge et que j'accuse d'être un député corrompu ! »

A Lyon, ville accueillante, je vis dans une villa isolée, sous la garde d'un irascible doberman. Lors de cette campagne, il me faut prendre les risques les plus insensés, défiant les commandos du redoutable SAC, le Service d'action civique du parti gaulliste. Toujours accompagné de journalistes — ma meilleure protection —, je suis suivi pas à pas par l'écrivain Marc

Kuntslé, une vieille connaissance de *Paris-Match*. Persuadé que je vais y passer, Marc s'est attelé à l'écriture d'un livre dont le titre générique *Montaldo, mort violente* nous fait beaucoup rire. Heureusement, faute de cadavre et de ma disparition prématurée, cet ouvrage ne verra jamais le jour. Cette campagne se termine comme je l'ai souhaité : je parviens à mes fins, faisant battre, à plates coutures, ce parlementaire dont la carrière s'arrête là, sans toutefois devoir rendre des comptes à la justice.

Ah ! le dangereux « fasciste » et « antisémite » que voilà !

Durant cette épopée lyonnaise, je suis aussi présent à Toulouse. A trente et un ans, je viens de publier, aux Editions Alain Moreau, ma seconde bombe : *S... comme Sanguinetti*, premier livre d'une collection devenue célèbre, avec le compte rendu d'une affaire d'Etat exemplaire. Elle met en cause le candidat des gaullistes dans la ville rose : Alexandre Sanguinetti. Plusieurs années auparavant, il a été inculpé de « banqueroute, escroquerie, carambouillage et infraction à la législation sur les sociétés anonymes ». Dans ce livre je raconte comment le général de Gaulle, son ancien Premier ministre Michel Debré, les anciens ministres Roger Frey et Edmond Michelet l'ont soustrait à la justice, pour lui éviter d'être jugé et lui garantir une carrière gouvernementale. Plus grave, je révèle que les plus hauts magistrats de France sont impliqués dans cet enterrement en grande pompe, ayant fini par céder à la volonté du prince.

Ancien ministre et futur secrétaire général du parti gaulliste, Alexandre Sanguinetti n'est pas un médiocre. Dans les 156 pages de mon ouvrage, je rappelle son ancienne appartenance à l'Action française de Charles Maurras, puis à la section la plus dure des Camelots du roi, la 27. « Sangui » était alors la « terreur des communistes, des juifs, des *“métèques”* et des francs-maçons », selon le saisissant portrait de mon confrère François Caviglioli de *Combat*, qui a narré ses exploits d'avant-guerre au quartier Latin. Dans mon livre, je mentionne de même son passage en Tunisie, en 1941, où son passé de militant « national » lui avait « valu d'obtenir une responsabilité dans l'administration des biens israélites » : « Une couverture », affirmait-il (comme Mitterrand lorsqu'on l'interrogeait sur son passage à Vichy), qui lui avait permis de rendre de grands services à la France libre.

Tribun redouté, anticommuniste fervent — ce qui, à l'époque, n'était pas une mince qualité —, Sanguinetti tente de conserver à Toulouse son siège de député. Mais lui aussi va mordre la poussière.

Mon livre, dont il demande la saisie, contribue grandement à cette défaite. Les documents secrets que j'y publie démontrent, une fois de plus, l'inacceptable intrusion du pouvoir exécutif et de la majorité gouvernementale dans les attributions du pouvoir judiciaire. Poursuivi en justice par Alexandre Sanguinetti — on m'affirmera après sa mort qu'il avait fait contacter, par son avocat Antoine L., un ancien policier agent de l'organisation secrète La Main rouge pour m'envoyer (heureusement pour moi sans succès) « au paradis des prétentieux » —, je lui réserve une surprise à ma façon. Au procès, comparaissant devant la première chambre du tribunal de grande instance de Paris, je suis défendu par le fidèle et brillant plaideur Patrick Devedjian. Nous créons l'événement quand une vieille connaissance de mon père — décédé depuis trois ans — se propose en renfort. C'est Mourad Oussedik, l'avocat des chefs historiques du FLN algérien, présent à tous les grands procès de la guerre d'Algérie. Un des enfants de l'Algérie française défendu par l'un des tenants de l'indépendance ! Mourad Oussedik, comme moi, fut le témoin de combien de souffrances inutiles, de dérisoires mensonges sur l'histoire délibérément salie de l'Algérie au temps de la présence française. Je devrais dire de l'amitié franco-musulmane que même une guerre fratricide n'a pu nous faire oublier. Mourad Oussedik fait sensation quand, sans s'être annoncé, il se présente à l'audience de l'austère président Jean Vassogne. Prenant la parole, il me rend hommage ainsi qu'à ma famille, interdisant par là à l'avocat d'Alexandre Sanguinetti, l'ancien « Monsieur anti-OAS » du général de Gaulle, d'utiliser, comme aujourd'hui Gérard Miller, l'arme facile du « racisme » et des heures les plus tragiques de l'Algérie française, pour me présenter comme un extrémiste revanchard, un militant en mission. Ce que je n'étais pas et qui lui valut d'être — merci Mourad, merci Patrick — débouté et condamné aux dépens.

Ah ! le dangereux « fasciste » et « antisémite » que voilà !

En 1974, Francis Esménard, le jeune président des Editions Albin Michel, est le seul à accepter de publier *Tous coupables. Dossier ORTF 1944-1974*, ma grande enquête sur les mafias de la radiotélévision d'Etat. Ainsi débute une nouvelle et longue aventure, avec un éditeur indépendant et courageux. Ensemble, nous serons parmi les premiers à développer en France un genre aujourd'hui florissant, qui va faire honneur à l'édition et à la démocratie françaises : le livre-document.

De 1977 à 1981, mes investigations portent sur le Parti communiste français, ses organisations de masse, son appendice, la CGT, son empire commercial et immobilier, son réseau de racket, son appareil tentaculaire, ses liens financiers et structurels avec Moscou, via la Banque commerciale pour l'Europe du Nord-Eurobank, l'hermétique banque soviétique de Paris.

Lors de mes investigations, il me faut prendre, cette fois encore, des risques considérables. Durant ces années, les communistes sont tout-puissants et les agents du KGB jamais très loin quand on s'intéresse de trop près aux secrets de l'Union soviétique, dont le parti de Georges Marchais est le sous-marin de surface. Premier de la série, mon livre, *Les Finances du PCF* devient immédiatement un best-seller. Sans une seule seconde de radio ou de télévision ! Pour protester contre cette censure, j'organise, en avril 1977, au journal télévisé de la première chaîne, présenté par Jean-Claude Bourret, une émission pirate, la première dans l'histoire de la télévision. Avec deux complices, techniciens hors pair, nous réussissons à piéger un reportage sur l'ouverture de la chasse à courre. A 20 h 13, alors que des millions de téléspectateurs admirent les images bucoliques de jeunes Dianes chasseresses, chevauchant en amazone, ma voix retentit à l'écran :

« Je suis le journaliste et écrivain Jean Montaldo. En tête des ventes françaises, mon livre, *Les Finances du PCF*, est interdit sur toutes les chaînes de la radio et de la télévision d'Etat. Secrétaire général du Parti communiste français, M. Georges Marchais ne proteste pas. Moi, oui ! Français, élevez-vous avec moi contre les censeurs. Lisez *Les Finances du PCF* ! Quant à vous, monsieur Jean-Louis Guillaud, président-directeur général de la première chaîne française, bonsoir et bonne nuit ! »

A ce message, frappé au coin du bon sens, j'ai ajouté, en écho longuement répété, ces mots qui donnaient l'impression de cris sur le plateau de télévision :

« Censure... censure ! Censure... censure ! Censure... censure ! »

Rue Cognacq-Jay, siège historique de la télé de

l'époque, le tumulte est considérable. Guillaud fulmine. D'autant qu'à Cannes, ce soir-là, se tient la soirée de gala du premier festival du Marché international des programmes de télévision. Tandis que le jury délibère pour sélectionner la Palme d'or, le président de la télévision canadienne détend l'atmosphère. Au micro, il a ce plaisant propos :

« Le prix revient incontestablement à ce Jean Montaldo, à cet inconnu qui, pour le prix d'un mètre de bande magnétique, vient de réaliser une première, le plus beau coup de l'année. »

Encore une fois, les rieurs sont de mon côté.

Sauf à la direction de la première chaîne et au Palais de Justice de Paris. Mauvais joueur, Jean-Louis Guillaud porte plainte. Je suis convoqué pour être inculpé de vol du matériel de l'Etat, devenant ainsi l'un des premiers clients d'un magistrat qui ne va pas tarder à se faire un nom (dans l'antiterrorisme !) : le juge Jean-Louis Bruguière. Mais mon alibi est en béton : le soir de la diffusion, je n'étais pas à Paris. Je participais, à Val-d'Isère, au banquet de la Coupe de ski des parlementaires européens, organisée par mon ami l'industriel et grand chasseur Jean Leducq. J'y festoyais en compagnie du ministre allemand de l'Agriculture photographié à mes côtés, flûte de champagne à la main. Le non-lieu arrivera quatre ans plus tard, en mai 1981, quarante-huit heures avant l'élection de François Mitterrand à la présidence de la République. Un signe du destin.

Quatre mois après l'émission pirate, le PCF organise comme chaque année sa fête de *L'Humanité*, l'organe du parti. Manifestation monstre : deux millions de personnes. Tout du moins à l'époque, avant que les effectifs militants ne s'évaporent. Albin Michel est démarché. Comme tous les éditeurs, comme toutes les entreprises. Car la fête de Georges Marchais sert de prétexte pour racketter les patrons capitalistes qui vendent leurs produits ou services aux mille huit cents villes à direction communiste. C'est la razzia, à la sicilienne, selon le bon vieux précepte du camarade Lénine : « Nous ferons tisser aux capitalistes la corde avec laquelle nous les pendrons. »

Francis Esménard m'interroge :

« Je suis embêté, ton livre, *Les Finances du PCF*, est cette année une de nos meilleures ventes. Le PC nous demande d'être présents à la cité du livre de la fête de *L'Huma*. Qu'en penses-tu ?

— Formidable, on y va ! C'est mon public, l'endroit idéal pour les dédicaces. »

Quand la direction du parti apprend ma venue, le veto tombe :

« Vous n'y pensez pas, c'est une provocation. »

Albin Michel ira donc sans moi. Mais je préviens le parti des camarades :

« Je serai tout de même de la fête ! »

Francis Esménard — qui ne me prend jamais au sérieux — croit à une vantardise. Pendant un mois, je consacre tout mon temps à trouver le moyen de lutter contre l'intolérable censure. Montgolfière ? Impossible ! La fête a lieu au bout des pistes de l'aéroport du Bourget. Hélicoptère ? L'engin ne convient pas pour mon plan. Sécurité mal assurée. Je choisis finalement l'avion. Un petit coucou loué, que nous peignons en blanc. Un avion fantôme, sans immatriculation ni signe distinctif. Avec deux amis pilotes, nous l'emplissons de deux cent mille tracts petit format dont j'ai bourré deux traversins transformés en bombes à papiers. Le jour venu, pendant les quatre heures de discours de Georges Marchais à la tribune du comité central, nous décollons d'une piste secrète, non loin de Paris. Un ancien aérodrome désaffecté de l'armée américaine, remis en état par nos soins. Vingt minutes de vol en rase-mottes, pour échapper aux radars de Paris dont le survol est interdit. A cause du sectarisme de Georges Marchais, le premier baron noir défie Paris. A un kilomètre de la fête, nous remontons et amorçons la grande boucle, pour un piqué spectaculaire. Contre la coque de l'avion mes deux traversins attendent que je les libère des milliers de petits papiers qu'ils contiennent. Je n'ai qu'à tirer deux gros fils de nylon pour qu'ils s'ouvrent et laissent s'éparpiller des gerbes de tracts, qui tombent en virevoltant sur la tribune de Georges Marchais et la foule des militants. Imprimé en rouge sur fond blanc, recto verso, leur texte ridiculise mes censeurs :

« Amis et camarades, NON À LA CENSURE ! Mon livre est interdit à la fois à la Radiotélévision d'Etat et à la fête de *L'Humanité*. Avec moi, protestez contre la "liste noire" que le PCF impose aux exposants de la fête. Lisez *Les Finances du PCF* (Editions Albin Michel), Jean Montaldo. »

Descendu de la tribune, Marchais est en colère. Face au journaliste de *RTL* qui lui tend le micro, le secrétaire général du Parti s'emporte :

« C'est une provocation ! Ce n'est pas Montaldo qui a jeté ces tracts. Il ne sait pas piloter. »

En direct au téléphone, je lui réponds par ondes interposées :

« Eh bien soit ! J'invite immédiatement Georges Marchais pour un baptême de l'air. Avec moi, ce sera moins dangereux que chez Messerschmitt. » Allusion à l'engagement du futur secrétaire général du PCF dans les usines d'armement du Reich où il s'était rendu volontairement (avant la création du Service du travail obligatoire, STO), ma réplique provoque un éclat de rire général. Je n'entendrai plus parler de Georges Marchais, mais l'impact de mon livre ne fera qu'augmenter !

Ah ! le dangereux « fasciste » et « antisémite » que voilà !

Un an après, déguisé tantôt en clochard, tantôt en éboueur, je passe d'interminables nuits à explorer les poubelles de la Banque commerciale pour l'Europe du Nord-Eurobank, cet établissement bancaire parisien, propriété de l'URSS, où les fonctionnaires soviétiques ont l'imprudence de jeter — sans les avoir ni déchirés ni broyés — des centaines de kilos de précieux papiers : relevés de comptes, listings, microfiches, lettres et rapports les plus confidentiels. Cette pénible mais hilarante cueillette dure quatre mois, d'octobre 1978 à janvier 1979. J'en reviens avec une moisson miraculeuse : cinq cents kilos de documents dont je tire un livre, *Les Secrets de la banque soviétique en France*. A *L'Express*, le directeur, Jean-François Revel, et Olivier Todd, son rédacteur en chef, ont accepté d'en être les parrains, d'en superviser secrètement la préparation, avant son explosive publication dans leur hebdomadaire, puis sa parution aux Editions Albin Michel, sous la responsabilité de Francis Esménard.

Sous la droite, comme sous la gauche, sentinelle jamais endormie de l'information et de la vérité, je n'ai jamais fait que mon métier. Avec passion et toujours ce même capital d'indignation : la formidable fontaine de jouvence du vrai journalisme, aujourd'hui trop souvent corrompu par le militantisme et le cynisme.

Aussi, les très graves mises en cause de Gérard Miller, son intention de me nuire, de porter atteinte non seulement à mon honneur et à ma réputation mais également à mon image, me causent un préjudice considérable. Il est des affronts qu'aucun homme bien né ne saurait supporter.

Le 31 mars 2001, je saisis donc la justice d'une plainte en diffamation, demandant à la première chambre du tribunal de grande instance de Paris de condamner Miller pour ses outrances. Dans son assignation, mon conseil, maître Pascal Dewynter, fait valoir que « celui qui n'a jamais été poursuivi et condamné pour incitations à la haine raciale, pour antisémitisme ou toute autre atteinte à la dignité de la personne (articles 225-1 et 225-2 du *Code pénal*) ne saurait se voir reprocher d'avoir épousé, par ses écrits et collaborations journalistiques ou littéraires, des orientations haineuses, racistes et antisémites qui y sont inexistantes ».

C'est parce que ces heureuses dispositions légales existent, pour protéger les citoyens, que je demande au tribunal de juger comme intolérables les imputations de Gérard Miller. Moi, dont la carrière, de même que tous les livres, confirme mon attachement sans faille à la démocratie et aux valeurs de la République, demande au tribunal de le condamner à la hauteur du dommage qu'il me cause.

Sans avoir fourni à la justice le plus infime élément étayant ses accusations à mon encontre, Miller tente d'allumer un contre-feu dérisoire.

Dès réception de mon assignation, il me poursuit à son tour devant la chambre de la presse du tribunal de grande instance en raison, prétend-il, de mes réponses dans *Le Figaro*. A son assignation il joint sa prétendue « offre de preuve », qui n'en comporte... aucune.

Sans avoir répondu devant nos juges de ses infâmes

accusations, Miller tente à nouveau de me diaboliser sur son terrain de prédilection : l'antisémitisme. Son discours favori, son arme de dissuasion, quand il n'a plus d'arguments à opposer à ses victimes.

Dans son assignation en diffamation, le procureur de France 2 et de Canal + estime ainsi « antisémites » mes légitimes propos dans *Le Figaro*, quand je manifeste publiquement mon indignation de le voir me jeter à la face ses « parents morts dans les camps d'extermination ». Et ce, alors que nous nous trouvions dans une émission de divertissement, pour laquelle mon accusateur était rémunéré[1]. Aussi, Gérard Miller vise-t-il cette déclaration que je fis au *Figaro,* le 11 janvier 2001 :

« Quand Goebbels torturait sa famille [*de Gérard Miller*], j'étais à peine né. Et il ose me traiter de "*collabo*" ! De plus, je trouve inacceptable qu'il fasse commerce de ses parents pour servir son idéologie... »

A en croire la plainte de mon accusateur, ces propos seraient une « allégation particulièrement intolérable en ce qu'elle consiste à prétendre que le deuil auquel la Shoah a contraint M. Gérard Miller ne serait pas la source d'une véritable souffrance, mais uniquement de faire du commerce ».

Miller ajoute, sans se rendre compte de la stupidité de son argumentation :

« Au surplus, l'assimilation du juif, victime, à un marchand qui ne pourrait s'empêcher de faire commerce de tout suffit à signer la parenté intellectuelle de M. Jean Montaldo avec les tenants les plus constants de l'antisémitisme le plus caractérisé, dont *Minute* a été l'un des porte-parole. »

Il arrive que l'hôpital se moque de la charité. Ce « professeur » Miller me traite de nazi devant des mil-

1. Cf. *infra*, p. 89.

lions de téléspectateurs, mais ne supporte pas que je me défende, avec les simples mots du cœur et du bon sens.

Et ce n'est pas tout !

Mon Robespierre aux petits pieds me reproche le passage suivant de l'article que j'ai publié dans *Le Figaro*, le 12 janvier 2001 :

« ... Gérard Miller se comporte avec moi comme la police de Vichy qui collait aux juifs de France l'étoile jaune, marque indélébile de ces pauvres êtres destinés aux camps de la mort[1]... »

Mais le « mao » des riches se garde de reproduire dans son entier la phrase d'où il extrait ce passage, ne conservant que le morceau nécessaire à ses nouvelles divagations. Cette phrase, la voici, dans son entier :

« Comment pourrais-je accepter qu'en voulant me coller au veston l'étoile du shérif d'extrême droite, shérif *"fasciste"*, *"petit-fils de Goebbels"*, le bras droit d'Adolf Hitler et son ministre de la Propagande, Gérard Miller se comporte avec moi comme la police de Vichy qui collait aux juifs de France l'étoile jaune,

1. Dans les jours qui suivent je reçois des cris indignés : « Non, la police de Vichy n'était pas responsable du port de l'étoile jaune ; elle ne fut pas portée par les juifs de la zone libre, où le gouvernement de Vichy exerçait pleinement ses pouvoirs. L'étoile jaune fut imposée aux juifs par les Allemands, dans la seule zone Nord qu'ils occupaient. » S'il est exact que Vichy avait refusé d'appliquer en zone libre l'ordonnance nazie qui imposait l'étoile aux juifs âgés de plus de six ans, en zone Nord c'est dans les commissariats de la police française, dépendant du ministère de l'Intérieur de Pétain, qu'ils devaient aller la chercher. Les 16 et 17 juillet 1942 la rafle du Vel' d'Hiv' fut réalisée par 4 500 policiers français :12 352 juifs arrêtés (3 118 hommes, 5 119 femmes, 4 115 enfants), destinés aux camps d'extermination. Le 15 août 1942, les juifs étrangers de la zone libre étaient remis aux Allemands et, le 11 décembre, tous les israélites de France devaient faire apposer le tampon « Juif » sur leurs pièces d'identité.

marque indélébile de ces pauvres êtres destinés aux camps de la mort ? Assez ! »

Evoquer les martyrs de la Shoah, dans les termes les plus respectueux, est pour Gérard Miller un autre symbole de mon prétendu antisémitisme. Dans sa plainte, il écrit :

« L'assimilation de M. Gérard Miller à la police de Vichy, alors que de nombreux membres de la *[sic]* famille sont morts victimes de la Shoah représente une injure (...). Cette allégation, classique d'un antisémitisme vivace, se double de l'ignominie qui consiste à revêtir la victime ou le fils des victimes des habits mêmes des bourreaux qui les ont exterminés. »

« Antisémitisme vivace » ? Pourtant, c'est Miller, ma « cocotte-*minute* », qui, le premier, s'est permis d'utiliser les victimes du nazisme, pour diaboliquement tenter de me maudire. Je ne l'avais pas provoqué. Et il n'avait rien de concret à me reprocher. Voilà comment, invité à la télévision pour débattre de la corruption et des dérives qui ont conduit le malheureux Jean-Christophe Mitterrand en prison, j'en ressors décoré de la Croix de fer (avec palmes !) et obligé d'aller me coucher avec le bonnet de nuit d'Adolf Hitler.

A l'Elysée, le Père Noël n'est pas une ordure

Samedi 28 avril 2001, émission *Tout le monde en parle* de Thierry Ardisson sur France 2 ; dimanche 29, *Vivement dimanche* de Michel Drucker, sur France 2 toujours ; lundi 30, *Rive droite, rive gauche* de Thierry Ardisson, plusieurs fois rediffusée sur Paris Première ; mardi 1er mai, *On a tout essayé* de Laurent Ruquier sur France 2 encore....

Omniprésent à la radio et sur les plateaux de télévision où il cumule les cachets, le « psy » chéri des médias, Gérard Miller, court les studios, pour continuer à me calomnier et faire son cinéma. Monsieur l'important va là où il est certain d'être accueilli, là où, multicarte de la figuration et du paraître, il est habituellement rémunéré (8 000 francs par émission chez Ruquier, 10 000 chez Drucker, soit l'équivalent de plus d'un Smic[1] par prestation !).

Le dernier des gardes rouges français est pressé. Il assure la promotion du petit livre noir, bien dans son style, qu'il vient de commettre.

Dans cet opuscule désordonné, écrit à la va-vite et

1. Smic : Salaire minimun interprofessionnel de croissance. En l'an 2000, son montant mensuel était de 7 101,38 francs, pour 169 heures de travail.

d'un ennui de plomb, Miller entreprend de me régler à nouveau mon compte. Courageux, mais pas téméraire, il se garde cependant d'y citer mon nom. Sauf une seule fois, en tout petit, dans les annexes, pour un commentaire sans rapport avec le sujet qu'il annonce : la France menacée par « le pétainisme, l'antisémitisme et le retour du fascisme ».

Mais devant les caméras de France 2 et Paris Première, Miller a fini par se dévoiler. C'est bien moi qui suis sa cible : ce « petit homme » *(sic)* qu'il évoque comme symbole de la « haine », de l'« intolérance », de l'« abjection » et du « fascisme à la française ».

Ces accusations mensongères, Miller les répète sur toutes les antennes. Il réitère et aggrave ses précédentes charges des 9 et 11 janvier 2001, quand il m'avait traîtreusement agressé, lors des émissions *On a tout essayé* sur France 2, puis *Nulle part ailleurs*, sur Canal +.

La violence de ces attaques préméditées et injustifiées, l'outrance et la stupidité de ses propos ont immédiatement valu à l'ancien chef maoïste de se ridiculiser, de se discréditer. Le lendemain, la presse, unanime, signale que, face à mon calme, « Miller a pété les plombs ! ».

Sa défaite, en gros plan devant les caméras, mon calomniateur n'a pu la supporter. Le « psycho-tendu » aux lèvres pincées, qui se croyait la star invincible des joutes télévisées, est mortifié d'avoir perdu la face.

Il fallait donc à Miller une vengeance. Ce sera ce soporifique petit livre noir, publié le 24 avril 2001, non pour être lu par un vaste public, mais pour justifier les nouvelles rafales de calomnies que ce stakhanoviste de la diffamation me sert maintenant tous les jours, sur les chaînes de télévision.

Indigeste, son ouvrage n'est qu'un patchwork de textes arides sur Vichy, le Commissariat général aux questions juives des Xavier Vallat et Darquier de Pellepoix, puis *Minute*, qui n'ont rien à voir les uns avec les autres. Rien — comment pourrait-il en être autrement ? — ne vient prouver ses attaques ad hominem, les graves accusations qu'il m'a lancées à la figure. Du remplissage laborieux où l'amalgame sert de ciment à la mauvaise foi. N'ayant trouvé aucun article un tant soit peu douteux portant ma signature, Miller veut m'assimiler à un journal où je n'ai jamais été qu'un chroniqueur de télévision, qui m'est devenu totalement étranger et dont la dérive extrémiste — que je ne me suis pas privé de condamner, après l'avoir quitté en 1972 — est bien postérieure à ma démission et à la disparition de son fondateur, le combattant de la France libre Jean-François Devay.

Perfide jusqu'au bout, tentant de m'associer à des citations sorties de leur contexte — que je n'ai ni écrites ni signées —, Miller aligne, les uns derrière les autres, des extraits de *Minute*, dans un pot-pourri, un « pot belge » savamment organisé. Il mêle, à plaisir, les périodes et les années. Mais, pour ne pas ruiner sa pseudo-démonstration, le magicien hertzien ne donne jamais les dates, qu'il faut aller chercher laborieusement en annexe. Faute de pouvoir m'épingler, voilà comment ce mandarin de nos facultés, expert de la manipulation des esprits, essaie de me diaboliser, de me déshonorer.

Le fascicule de Miller a toutefois un mérite. Il révèle la face cachée de cet avocat autoproclamé de la démocratie, de l'antifascisme et des droits de l'homme. Car ce psychanalyste, qui se présente aussi comme « maître de conférences en science politique » (au singulier), ose dans son ouvrage, d'entrée de jeu, falsifier les propos de Claude Sarraute, sa très honorable consœur parmi les chroniqueurs de Laurent Ruquier. Indigne, il va jusqu'à l'accuser, elle aussi, de « pétainisme », sous prétexte qu'elle a pris ma défense, le 9 janvier, lors de l'émission *On a tout essayé.* A en croire Miller, c'est cette intervention de Claude Sarraute qui l'aurait décidé à écrire son essai sur « tous ceux qui minimisent le fascisme à la française » *(sic)*.

Or les paroles de l'ancienne journaliste du *Monde*, citées par Miller entre guillemets aux pages 11 et 12 de ses 141 feuillets, sont inventées de toutes pièces. Nous voilà revenus aux pires moments du stalinisme, quand on vous fabriquait un dossier criminel, sur mesure, pour justifier votre exécution sommaire.

Au cours de ses trois interventions, Claude Sarraute s'etait contentée, sobrement et avec un courage qui l'honore, de rétablir la vérité. Sans jamais parler ni de l'extrême droite ni du fascisme. Pourtant, dans son libelle, Miller écrit sans se gêner :

« Et — surprise ! — j'ai aussitôt entendu la doyenne de mes petits camarades protester d'une voix vigoureuse contre mon "*obsession*" de l'extrême droite française. Résumé du réquisitoire : "*Le fascisme, et puis quoi encore !* Minute *! Les années 60 ! Les années 70 ! Mais arrête un peu avec tout ça ! C'était il y a si longtemps et c'était tellement insignifiant.*" »

Cette citation (entre guillemets) n'a absolument rien à voir avec les vrais propos de Claude Sarraute, que j'ai reproduits au début de ce *Premier carnet*. Miller y ajoute cet incroyable commentaire :

« Eh bien ! voilà, l'idée de ce livre est née sur ce plateau de télévision. Je me suis dit : décidément, le pétainisme n'est pas mort. Parce que c'était d'abord ça le pétainisme — une certaine façon de minimiser le pire. Une certaine façon, bien française, de le côtoyer, de le servir, de le reproduire... tout en le minimisant. »

Voilà comment la vérité est foulée aux pieds.

Voilà comment — pour imposer ses fantasmes et

tenter de gagner le mauvais procès qu'il me fait, à défaut de pouvoir présenter des preuves dans celui que je lui intente, ainsi qu'à Canal + — Gérard Miller se commet dans un ultime mauvais coup pour... gagner. Il n'hésite pas à salir, à accuser de complaisance avec le pétainisme une grande dame, une victime du nazisme qui porta l'étoile jaune.

Avec sa culture démesurée du Moi, Gérard Miller n'a aucune excuse.

Le faisan qui ose m'accuser des pires maux de la terre, pour mes articles de jeunesse dans *Minute* — je précise qu'il n'en a pas trouvé un seul, sous ma signature, qui puisse faire douter que je ne serais pas un vrai démocrate —, n'était pas aussi pointilleux et regardant, quand il se prosternait devant son grand timonier français : François Mitterrand.

Pour Miller, qui n'en est pas à un arrangement près avec l'histoire et la vérité, François Mitterrand était un « résistant courageux, antifasciste convaincu ». Derrière ces coups d'encensoir appuyés, se cache le petit marquis des années « tonton maniaques », l'aveugle courtisan qui, aujourd'hui encore, participe activement à la célébration de son idole. Membre du Comité pour la commémoration des vingt ans du 10 mai 1981, qui vit l'accession au pouvoir de François Mitterrand, Miller était au premier rang du rassemblement de ses affidés... auxquels il doit tant.

« Résistant courageux » ?

« Antifasciste convaincu » ?

Ces affirmations révèlent le vrai Gérard Miller : un faussaire et non un gardien de la « mémoire » et de la « vérité », ces belles valeurs dont le m'as-tu-vu de la gauche exhibitionniste se gave tel un dindon. Tout à sa dévotion, le marchand d'illusions fait mine d'oublier le trouble passé de l'ancien Président, ses écrits et ses fréquentations, ses tromperies et mystifications. Tous ces indices que Miller ne veut pas voir illustrent pourtant un réel passé d'extrême droite et une collaboration jamais reniée au régime antisémite de Vichy.

Moi qui n'ai jamais appartenu à aucun parti politique, ni d'extrême droite ni autre, moi qui n'ai jamais été condamné et dont aucun écrit ou déclaration n'attesterait la moindre connivence avec la « bête immonde », suis désigné à la vindicte populaire par Gérard Miller comme l'un des « symboles les plus identifiables de la haine et de l'intolérance », du « fascisme à la française ».

Mais à la différence de sa divinité François Mitterrand, je n'ai pas fricoté, moi, avec les militants des Camelots du roi et les extrémistes de droite de la Cagoule, avec le maréchal Pétain et l'auteur de crimes contre l'humanité René Bousquet, avec la fine fleur de la collaboration la plus haïssable — et qui n'était pas économique —, je veux parler de la collaboration active, politique et administrative avec les nazis...

Je n'ai pas davantage signé d'articles dans les revues qui cautionnaient fièrement les lois antisémites de Vichy, ni été décoré de la Francisque, la Légion d'honneur du maréchal Pétain et de son régime.

L'homme qui passe au tamis les états de service de ses interlocuteurs, qui voit des fascistes partout et croit devoir dénoncer chez moi de fantasmagoriques alliances avec un hitlérisme toujours en sommeil, n'est pourtant pas le moins du monde gêné d'avoir fait partie de la cour de François Mitterrand et de continuer à en être le thuriféraire.

A ce donneur de leçons, je poserai ici les questions que la télévision publique ne m'a pas permis d'exprimer, évitant de m'accorder le débat contradictoire que je lui réclamais pour répondre à ses infâmes mises en cause :

• Comment Gérard Miller peut-il se réclamer de François Mitterrand, l'homme qui a prêté serment au maréchal Pétain, le 16 août 1943, quand lui fut remise, « pour services rendus », la Francisque n° 2202, la médaille des meilleurs maréchalistes ?

Miller se présente en historien des institutions vichystes et du pétainisme. Il ne peut donc ignorer qu'en 1943 les lois antijuives de Vichy étaient depuis longtemps promulguées, datant des 3, 4 et 7 octobre 1940. Elles sont encore plus répressives que celles du Reich, leurs rédacteurs étant allés au-delà de ce que demandait l'occupant. Et c'est le 29 mars 1941 que le commissariat général aux Questions juives, de sinistre mémoire, a été créé. Je passe ici sur le second statut des juifs des 2 juin et 22 juillet 1941 qui a éliminé les juifs des professions libérales, commerciales et de l'enseignement supérieur, puis les a dépossédés de leurs biens (meubles et immeubles) en raison de l'« aryanisation économique » de la société française. Durant toutes ces années noires, après son évasion du stalag IX A, en décembre 1941, François Mitterrand fut un fonctionnaire zélé de Vichy, d'abord à la documentation de la très pétainiste Légion française des combattants du futur commissaire général aux Questions juives Xavier Vallat ! Puis au commissariat au Reclassement des prisonniers. Son entrée dans une résistance contestée[1] date de 1943, après la chute de

1. Neveu du général de Gaulle, Michel Cailliau, dit Charette, est l'auteur, en novembre 1987, d'un livre important demeuré confidentiel, car publié à compte d'auteur : *Histoire du MRPGD, le Mouvement de résistance des prisonniers de guerre et des déportés*. Cailliau y explique par le menu (pp. 227-287) que la résistance tardive de François Mitterrand et des « pétainistes » du groupe Pinot, dont il était membre, n'a jamais été qu'une mystification.

Stalingrad, quand la victoire des Alliés se dessine et que les résistants de la onzième heure commencent à sortir des caves.

• Comment Gérard Miller peut-il encore cautionner ce président de la République qui n'a jamais cessé, tout au long de sa vie, de se complaire dans la compagnie des figures les plus condamnables de l'extrême droite, puis de la collaboration ? Tout jeune, le 1er février 1935, il manifeste avec les Camelots du roi et les Jeunesses Patriotes aux cris de « Contre l'invasion métèque, faites grève ! », « A bas les métèques ! », « La France aux Français ! ». Le lendemain, sa photo figure à la une des journaux *Paris-Midi*, *L'Echo de Paris* et *Le Populaire*. Il se lie ensuite à plusieurs des dirigeants de la Cagoule, le mouvement d'extrême droite d'Eugène Deloncle, dont l'un de ses frères va épouser la nièce. Plus tard à Vichy, l'un de ses parrains pour l'attribution de la Francisque, Gabriel Jeantet, animateur des mouvements de jeunesse du Maréchal, est un cagoulard pur sucre. Comme d'autres vieux amis de Mitterrand : Jean Bouvyer, François Méténier ou Jacques Corrèze, qu'il n'abandonnera jamais, même après la Libération. Que dire, enfin, de René Bousquet, le sinistre secrétaire général à la police du gouvernement de Laval, celui qui organisa avec la Gestapo les rafles et la déportation vers l'Allemagne de dizaines de milliers de juifs ? Bousquet, que Mitterrand fréquentera jusqu'à son assassinat, en plein Paris, le 8 juin 1993, et à propos duquel il confie :

« Ce n'était pas un vichyste fanatique comme on l'a présenté... C'était un homme d'une carrure exceptionnelle. Je l'ai trouvé plutôt sympathique, direct, presque brutal. Je le voyais avec plaisir. Il n'avait rien à voir avec ce qu'on a pu dire de lui. Il a suscité un véritable culte de l'amitié autour de lui. Bousquet avait un gros rayonnement auprès du corps préfectoral[1]. »

Que j'aie été, à mes débuts, chroniqueur de télévision à *Minute* donne des ulcères et des crises d'hystérie à ce monsieur Miller. Ce serait, dit-il, sur toutes les ondes de France et de Navarre, la raison de sa « colère ». Emporté par son ire, ce professeur « èsnazisme » s'est même laborieusement fendu de l'opuscule dont j'ai déjà parlé, entièrement consacré à ma personne dont — courageux procureur — il n'ose même pas citer le nom et à un prétendu retour du pétainisme en France. Mais que Mitterrand, son grand homme, ait fréquenté, sans jamais les renier, les Deloncle, Corrèze, Jeantet, Méténier et l'auteur de crimes contre l'humanité René Bousquet, inculpé le 1er mars 1991..., alors là, circulez, il n'y a plus rien à voir.

Ainsi se construisent les légendes ! Ainsi se détruisent les réputations ! Ainsi se fabriquent les fausses gloires et... les plus grandes impostures !

Je dis « imposture » car l'homme qui salit mon nom et ma réputation en me jetant à la face ses morts et ses cimetières manipule jusqu'au bout l'histoire et la vérité. Dans les 49 pages qu'il consacre à ce qu'il appelle « L'abjection française » (l'action de ceux qui organisèrent, sous Pétain, les persécutions contre les juifs), Miller réussit l'exploit de ne jamais mentionner, même par allusion, le nom de René Bousquet, l'ami « un peu brutal » dont François Mitterrand appréciait tant la compagnie.

Ah ! le bel antifasciste et antinazi que voilà !

• Comment le vigilant Gérard Miller, professeur de l'Université française, appointé pour m'insulter avec les deniers de mes impôts et de ma redevance audiovi-

1. Pierre Péan, *Une jeunesse française*, Fayard, 1994, p. 315.

suelle, peut-il oser célébrer la mémoire de son cher François Mitterrand, sans avoir pris la peine d'éplucher ses œuvres complètes ? Il y aurait trouvé des écrits publiés dans l'une des revues les plus représentatives de la collaboration et de l'antisémitisme à Vichy. Et que Gérard Miller ne vienne pas nous dire qu'il ne pourrait l'avoir connue, lui qui, sur France 2, a prétendu avoir lu mon livre *Mitterrand et les 40 voleurs*... A la page 43, j'y présente l'article signé par François Mitterrand dans le numéro 5, en décembre 1942, de *France, la Revue de l'Etat nouveau*. Dirigé par Gabriel Jeantet, son parrain auprès du Maréchal, ce périodique doctrinal de l'Etat français accueille François Mitterrand à la rubrique « Variétés ». A l'intention de Gérard Miller et pour que personne ne puisse douter de ma réelle aversion à l'encontre des antisémites et des racistes de tous poils, je reproduis ici ce que déjà j'écrivais, en 1994, du vivant de François Mitterrand, toujours au pouvoir :

« En bonne place, son nom y figure à côté de celui du maréchal Philippe Pétain, lui-même signataire, en rubrique politique, d'un impérissable article : "Ordre du jour adressé aux armées de terre, de mer et de l'air." Le "papier" de François Mitterrand est intitulé "Pèlerinage en Thuringe", région orientale de l'Allemagne... à l'opposé de Londres ! Il paraît au-dessus d'une étude à forts relents antisémites sur "La condition des juifs à Rome sous la papauté", et au-dessous d'un autre mot doux intitulé : "Le Maréchal nous a dit" ! »

Ah ! le beau « résistant, courageux et antifasciste convaincu » que voilà !

« Montaldo fasciste, ancien de l'extrême droite ! »

Même dans l'insulte, Gérard Miller n'a pas inventé la poudre. Ces accusations calomnieuses — torrents de boue déversés pour tenter de me décrédibiliser — ne sont pas nouvelles. Je dus y faire face, pour la première fois, en avril 1994, peu après le suicide, dans son bureau de l'Elysée, de mon ami François de Grossouvre. Bouleversé par cette fin tragique, j'avais alors entrepris de rédiger *Mitterrand et les 40 voleurs...*, qui devait devenir le livre référence sur les turpitudes des années Mitterrand : un million d'exemplaires vendus, l'un des plus grands tirages en librairie depuis la dernière guerre.

Il est des succès qui vous valent des haines tenaces...

La garde rapprochée de François Mitterrand avait tout à craindre des « mémoires » et confidences sur les coulisses de l'Etat PS que Grossouvre était censé avoir confiés, avant sa mort, à certains de ses amis, dont j'étais. Ordre fut aussitôt donné de distiller dans l'opinion de savantes calomnies. Il fallait disqualifier, par avance, ces éventuelles révélations. Posthumes. La vile besogne incomba à *Globe*, le resplendissant magazine en quadrichromie de la gauche servile, dont le bailleur de fonds était officiellement le parfumeur et compagnon de promenade du Président : Pierre Bergé, P-DG d'Yves Saint Laurent. Mais en réalité, c'est l'argent des contribuables, via nos grandes entreprises publiques, qui coulait à flots dans les caisses de cet organe de propagande mitterrandienne, chroniquement déficitaire.

Le 13 avril 1994, le jour même de l'enterrement de François de Grossouvre, sans attendre la fin de la période de deuil, *Globe* sonnait la charge pour salir le confident défunt du Président. Sous le titre « La dernière nuit du chasseur », l'un des plumitifs du journal noircit trois pages pour cette entreprise de désinformation. Tout d'un coup, le ministre de la maison privée du roi, le conseiller chargé des affaires réservées et de la vie parallèle du Président avec sa maîtresse et leur fille cachée, devient un vieillard sénile, un fou furieux, un dangereux paranoïaque, « le conseiller que François Mitterrand n'écoutait plus ».

Ce n'était pas assez ! Pour mieux enterrer Grossouvre, ruiner à l'avance les écrits qu'il aurait pu laisser et les confidences qu'il m'avait faites, le porte-plume élyséen de *Globe* écrit :

« On le sait en cheville pour de nébuleux *Mémoires* avec un Jean Montaldo, ex-flic [*sic*] d'extrême droite [re*sic*] reconverti dans l'édition chez Albin Michel, d'où, avec Thierry Pfister, se déclenchent les contre-batteries de l'antimitterrandisme. »

Je n'évoque pas par hasard cet épisode, typique des méthodes mitterrandiennes de l'époque. Miller est alors l'une des plumes vedettes de *Globe*. Le lecteur remarquera que, huit ans après, les attaques sont les mêmes et les procédés tout aussi déloyaux et staliniens.

Puisque Gérard Miller m'y contraint, je m'attarderai ici sur l'un des aspects les plus secrets de l'ère Mitterrand : le financement frauduleux des organes de presse qui assuraient la promotion de son image, de sa légende. Il fallait au baron du Morvan des médias et des journalistes à sa botte pour célébrer son culte, sculpter dans la pierre de Solutré la statue du grand homme qu'il disait être.

Membre de la rédaction de *Globe*, Gérard Miller fait alors partie de la bande. Lui comme les autres collaborateurs de cet organe engagé dans l'hagiographie mitterrandienne sont payés avec l'argent de la fausse facture et de la corruption. Certes, il ne connaît pas la provenance des fonds. Mais, suivant son subtil raisonnement, je lui retournerai ici son fin et injuste compliment : « Qui se ressemble s'assemble. »

J'ai déjà raconté dans *Mitterrand et les 40 voleurs...* comment le *Globe* première version — éphémère mensuel publié, entre 1985 et mai 1992, par le journaliste

Georges-Marc Benamou et sept autres associés — fut financé par deux des plus sulfureuses officines de racket du Parti socialiste : Urba-Gracco et Multiservices. Dans mon livre, je produisais les preuves indiscutables de ces méfaits, trois magnifiques fausses factures, fleurons de ma collection, pour les montants de : 896 616 ; 462 540 ; 188 574 francs. Informée de tout, la justice n'a pas bougé.

Simple galop d'essai. Pour le *Globe* seconde formule — dont le complexe et opaque montage financier sera bouclé entre avril et décembre 1992, bien après l'adoption au Parlement des lois sur le financement de la vie politique —, à l'Elysée, on voit les choses en bien plus grand. Les plus puissants groupes publics sont mobilisés. Ils alimentent le journal avec des tombereaux de millions inavouables.

Nous sommes à la fin de l'ère Mitterrand, à la veille des élections législatives de 1993 et deux ans avant la présidentielle de 1995. Réunies dans le *Globe* nouveau, les belles consciences de la gauche ne se préoccupent pas de la couleur de l'argent. Tout du moins officiellement. A l'Elysée, autour de Mitterrand, un petit quarteron de fidèles organise le drainage des fonds nécessaires. Un savant Meccano financier est échafaudé. Dans ce dossier ultra-secret en ma possession — que la justice, là encore, a décidé d'étouffer —, je retrouve les quatre grands groupes nationalisés (ou sous tutelle de l'Etat) au centre, quelques mois plus tard, des plus dévastateurs scandales financiers des années Mitterrand.

Au jeu de « Qui veut gagner des millions » sans mettre un sou — et en faisant payer les autres —, les compères de *Globe* s'entendent comme larrons en foire. Qu'ont-ils à craindre puisque le président de la République, son état-major et les présidents des plus grands groupes publics sont là pour leur ouvrir les coffres de la France, dans une parfaite impunité ?

L'épais dossier que j'ai sous les yeux comporte des notes, documents et actes officiels (ou internes) sur le financement de *Globe*. Ils nous révèlent comment, partis d'un modeste capital de **50 000 francs** et d'un titre en déconfiture, celui du défunt premier *Globe*, ses fondateurs vont pouvoir récolter la bagatelle de **60 millions de francs** de fonds. Grâce à la baguette magique du Président prestidigitateur, dont ils sont les faire-valoir. Ces fonds — pourquoi se gêner ? — sont prélevés, en parfaite illégalité (mais toute impunité) dans des entreprises contrôlées par l'Etat. Pour lui permettre de diffuser la bonne parole en pleine période préélectorale, les associés de *Globe* reçoivent une manne tombée du ciel. A l'occasion, le mensuel devient hebdomadaire, sous le nom de *Globe Hebdo*. Rien n'est assez dispendieux pour faire grandir dans les esprits l'image et la gloire de François Mitterrand, en rétribuant au passage une tribu d'obligés, dont l'obsessionnel et narcissique Gérard Miller, peu soucieux (comme tous ses camarades) de connaître l'origine des fonds qu'il encaisse.

Ultra-secrets, les documents dont il s'agit se présentent comme le plan d'une fusée à trois étages, destinée à mettre sur orbite le futur journal officiel des « tontonmaniaques ». Celui dont on aura besoin pour allumer des contre-feux : insulter la mémoire de François de Grossouvre et, accessoirement, instiller dans les esprits, huit ans avant la charge de Gérard Miller, l'idée que je serais un dangereux « flic d'extrême droite ».

Jamais dévoilé, le montage de la fusée *Globe* est une mécanique de précision. De toute évidence, il n'a pu être imaginé que par des financiers émérites, spécialistes patentés du financement occulte et de l'abus de biens sociaux. Dans un savant système de poupées russes, une dizaine de sociétés de droits français et étrangers s'enchevêtrent, dont le gotha de nos entreprises — Crédit lyonnais, GAN et Comptoir des Entrepreneurs — en plus d'une structure opaque, basée en Israël. En prime, soigneusement dissimulée derrière un prêt paravent, je retrouve, comme par hasard, l'incontournable Elf-Aquitaine International, la filiale des coups tordus du géant pétrolier, que dirige alors, à Genève, l'un de mes plus fidèles lecteurs, Alfred Sirven, l'homme de tous les services !

• **Le premier étage de la fusée** du financement de *Globe Hebdo* est constitué de la société à responsabilité limitée **Modernes Associés**, au capital de 100 000 francs, installée rue Pascal, à Paris, dans le 13e arrondissement. Enregistrée en juillet 1985, c'est elle qui a créé le premier *Globe*, sous la houlette de deux de ses associés : le journaliste Georges-Marc Benamou et l'un de ses vieux amis, l'écrivain et nouveau philosophe Bernard-Henri Lévy. Depuis la déconfiture du titre et l'arrêt de sa publication, en mai 1992, cette coquille n'est riche que de ses dettes, du fichier de ses 1 315 abonnés (autant dire rien !) et de la propriété de la marque *Globe*, déposée à l'Institut national de la propriété industrielle, le 11 janvier 1988, et à l'Organisation mondiale de la propriété intellectuelle, un an plus tard, le 18 janvier 1989 [1].

• **Le second étage** du vaisseau spatial porte un nom voisin du premier : **Contemporains Associés**. Avec un capital lui encore insignifiant de 50 000 francs, cette

1. Les dirigeants de *Globe* ont déposé leur marque (classes 16, 35, 38 et 41) pour l'Allemagne, l'Autriche, le Benelux, l'Espagne, l'Italie, le Liechtenstein, Monaco, le Portugal, Saint-Marin et la Suisse !

Sarl est créée, à dessein, le 10 avril 1992, par Modernes Associés qui en détient l'essentiel des parts (98 %). Les 2 % restants appartiennent à Régie 90, une autre entité de la galaxie Globe. Entre octobre 1992 et avril 1993, grâce à une miraculeuse et météorique augmentation du capital de Contemporains Associés, ainsi porté à 25,19 millions de francs, l'exsangue Modernes Associés (la société historique des fondateurs de *Globe*) réussit l'exploit de mobiliser 15 millions d'argent frais et de conserver 86,7 % du capital de l'affaire... Sans avoir à sortir un seul centime de ses caisses, totalement vides !

Sous Mitterrand, le Père Noël de l'Elysée n'est pas une ordure.

Qui règle la différence ? Deux nouveaux, discrets et riches actionnaires. Ils entrent dans Contemporains Associés à l'occasion de cette augmentation de capital sur mesure.

Premier de cordée, l'inévitable **Comptoir des Entrepreneurs**. Il est alors l'un de nos plus prestigieux établissements financiers, dirigé par le très socialiste Jean-Jacques Piette. Cet ami intime de Lionel Jospin ambitionne alors de faire une carrière politique. Une participation dans *Globe* lui paraît un bon tremplin : rendre service aux amis de Mitterrand est un bon investissement. Pour l'heure, le financier Piette n'est que le fils de l'ancien résistant et Compagnon de la Libération Jacques Piette, ancien député et membre du comité directeur du PS, vieux compagnon de route de François Mitterrand. Quelques mois plus tard, à l'hiver 1993, le Comptoir est en état de quasi-faillite, au centre d'un immense scandale financier.

Second de corvée, une structure ad hoc, comme on les aime dans l'entourage du Président, discrète et sans histoire : **Loncom Limited**. De droit israélien, cette société écran se singularise par une parfaite opacité. Domiciliée à Tel-Aviv, elle est, selon les statuts de Contemporains Associés, « représentée par la société Pro-Il Trust Company Limited, représentée par Maître Alon K..., administrateur de Loncom, elle-même représentée par Maître H... ». A ce stade, impossible donc de savoir qui porte les intérêts de qui. Toutefois, le rapport du commissaire aux apports nous éclaire. Il précise que « Loncom Limited intervient en lieu et place de M. Pierre Bergé ». Personnage emblématique du chiffon et de la gauche caviar, le patron de la maison de couture Yves Saint Laurent et de ses parfums est officiellement le mécène numéro un de *Globe*. Tout est fait pour que l'attention se focalise sur lui. Cependant, ses apports restent raisonnables, à la mesure de ses moyens. En réalité, l'essentiel des fonds provient d'entreprises contrôlées par l'Etat.

Selon l'épais dossier exhumé par mes soins, les trois entités que je viens de citer — Comptoir des Entrepreneurs de Jean-Jacques Piette, Loncom Limited (qui « intervient » pour Pierre Bergé) et la société fondatrice de *Globe* Modernes Associés — ont versé chacune 3 millions de francs en numéraires (dont 1 714 300 francs en capital, plus 1 285 700 en prime d'émission), auxquels s'ajoute, pour toutes, une rallonge de 2 millions de francs. Résultat des courses : une injection de 15 millions d'argent frais, partagée entre les trois partenaires. Mais les fondateurs de *Globe* et leur Sarl désargentée Modernes Associés n'ont pas payé eux-mêmes leur part de la rallonge. C'est Pierre Bergé et sa société Berlys Investissements qui, à leur place, ont apporté les 5 millions de francs dont ils étaient redevables.

Mais comment permettre aux fondateurs de *Globe* de conserver le contrôle de l'opération, alors que ce sont des bailleurs de fonds extérieurs — le Comptoir des Entrepreneurs et le dévoué Pierre Bergé — qui crachent au bassinet ? Le tour de passe-passe utilisé est typique des montages alambiqués de l'époque. Il repose sur une surévaluation phénoménale du titre *Globe*, le seul actif que Modernes Associés — sa société fondatrice — est en mesure, tant soit peu, de monnayer. Disparu depuis plusieurs mois, le mensuel ne vendait que 56 202 exemplaires par numéro en 1990, lors des derniers contrôles de l'OJD (Office de justification de la diffusion des supports de publicité). Le titre *Globe* n'a plus qu'une valeur symbolique. Aucun investisseur sérieux n'en donnerait plus de 100 000 francs. N'empêche, en décembre 1992, lors de la finalisation de l'augmentation de capital de Contemporains Associés, les prestidigitateurs chargés du montage l'évaluent à 20 millions de francs. Sans que personne n'y trouve rien à redire car tout se fait dans la coulisse. Formidable coup de casino ! Il permet aux dirigeants socialo-capitalistes de *Globe* de relancer à grands frais leur magazine. Non pas avec leurs propres deniers. Mais avec l'argent des autres !

Le capital de Contemporains Associés est ainsi porté à 25,19 millions de francs, dont 20 millions pour la valeur du titre. Les « prestidigitateurs » détiennent désormais 86,7 % du capital, sans avoir déboursé un centime. Le tour est joué grâce à la magie des primes d'émission et de virements complémentaires, pour un montant de 6 millions de francs, qui sont considérés comme des dettes et dont le remboursement n'est même pas envisagé.

• Pour atteindre la stratosphère, là où les billets de banque sont en apesanteur, le propulseur de la pensée mitterrandienne a encore besoin d'un **troisième étage**. Car, pour fonctionner, ces engins-là ont besoin de beaucoup de carburant. Pourquoi changer une formule où l'on gagne à tous les coups ? Amélioré et nourri au blé d'or, le schéma précédent est réutilisé presque tel quel : une troisième structure, la société anonyme **Européens Associés**, est créée, dans laquelle on fait entrer trois nouveaux donateurs. Et pas n'importe lesquels :

1. Le **Crédit lyonnais**, via sa filiale d'affaires **Clinvest**. Dirigé par Jean-Yves Haberer, le Lyonnais, alors nationalisé, est la première banque française. Il sera bientôt ravagé par le plus grand scandale financier de tous les temps.

2. Le groupe d'assurances **GAN**, par l'intermédiaire de sa société **Cofintex** que mène d'une main habile Dominique Vastel, le directeur de la communication de la compagnie présidée par François Heilbronner. Comme la plupart des grands établissements financiers nationalisés, le GAN va se faire remarquer, en cette fin de mandat de François Mitterrand, par des pertes abyssales sur le marché de l'immobilier, à travers sa sulfureuse filiale UIC-SOFAL.

3. L'**Union normande d'investissement (UNI)**, holding financière de la famille Vuilleme et principal actionnaire (83 %) de la **BCP (Banque commerciale privée)**, dont Pierre Bergé a détenu, un temps, 10 % du capital. Cet établissement huppé de la rue du Faubourg-Saint-Honoré — celle de l'Elysée — est alors chéri par les grandes fortunes, les antiquaires et les galeristes. En novembre 1994, la BCP sombre dans une monumentale faillite. Des centaines de déposants sont spoliés. Son président, Jacques Vuilleme, est incarcéré, en avril 1995, pour « abus de biens sociaux et banqueroute ». Le monde étant tout petit, je ne suis pas surpris de retrouver le GAN, ainsi que sa filiale UIC-SOFAL parmi les actionnaires de référence de l'Union normande d'investissement, appelée au secours de *Globe*.

Dans ce subtil écheveau tissé pour oxygéner l'organe central de la Mitterrandie, la nouvelle société Européens Associés est la partie émergée de l'iceberg. Son rôle ? Elle doit devenir la société éditrice du nouveau *Globe Hebdo*. Aussi, ce n'est pas une simple Sarl, mais une société anonyme à directoire. Et à côté des généreux bienfaiteurs que sont le Crédit lyonnais, le GAN et l'Union normande d'investissement, plusieurs personnes privées de renom figurent parmi les associés. Aux côtés de Georges-Marc Benamou se côtoient : la figure de proue de l'opération, Pierre Bergé, qui, cette fois, se présente à visage découvert ; l'avocat Pierre Benoliel, aujourd'hui le conseil, dans l'affaire Elf, d'André Tarallo, l'ex-« Monsieur Afrique » du groupe pétrolier ; la sympathique Dominique Danic-Careil, « éditeur » de *Globe-Hebdo,* une ancienne du cabinet d'Edith Cresson, ministre de l'Agriculture, et épouse du socialiste Patrick Careil, le président de la banque Hervet, ancien collaborateur de Pierre Bérégovoy, ministre des Finances.

Sous l'intitulé « Pouvoirs du conseil de surveillance », l'article 14 des statuts d'Européens Associés indique que nous sommes bien dans une entreprise de presse militante qui entend tout de même se prémunir contre d'éventuelles pressions ou interventions extérieures. On est journaliste ou on ne l'est pas. Dans ce type d'affaire, l'essentiel est de savoir ménager les apparences :

« Compte tenu de la spécificité de la présente société, qui a notamment pour objet le lancement d'un hebdomadaire d'opinion, il est expressément reconnu et réaffirmé la liberté de la presse et donc la nécessaire indépendance de la rédaction du futur hebdomadaire, sans laquelle la présente société n'aurait pas été constituée. »

En d'autres termes, on accepte de prendre l'argent de grands groupes publics, mais on ne veut pas avoir de comptes à rendre. Ce qui est explicitement indiqué dans ce qui suit :

« Il est dès lors expressément interdit au conseil de surveillance de s'immiscer dans la gestion exercée par le directoire qui aura une totale liberté d'action (...). Il est en outre expressément interdit au conseil de surveillance [1] de proposer la révocation des membres du directoire ou de porter atteinte à leur éventuelle rémunération pour les motifs précédemment indiqués. »

Reste maintenant à organiser l'irrigation des fonds. Avec leurs deux sociétés gigognes, Modernes Associés et Contemporains Associés, dont ils ont réussi à conserver le contrôle sur fonds publics et sans avoir à mettre la main à la poche, les fondateurs de *Globe* sortent, à nouveau, leur martingale magique. En aggravant une fois de plus leur évaluation surréaliste, la valeur du titre *Globe* qu'ils apportent à la SA Européens Associés, le dernier étage de leur fusée, ils ramassent sur le tapis 60,25 millions de francs, cette fois encore en regardant les étoiles, mais en s'octroyant toujours, dans la nouvelle société, une position dominante : 81,6 % d'un capital qui ne leur aura rien coûté.

Pour réussir cette prouesse, les stratèges de la presse militante socialiste et leurs banquiers font assaut de créativité :

• Le titre *Globe* ne vaut rien, mais figure pour un montant de 20 millions de francs dans les comptes de la société Contemporains Associés. Pour la même

1. Les premiers membres du conseil de surveillance d'Européens Associés sont rassemblés dans un trio de pierres précieuses : Pierre Bergé, Pierre Benoliel et Pierre Corbin.

valeur, il est apporté à la fin de 1992 à Européens Associés, la société qui éditera *Globe-Hebdo*. Mais la répartition des versements de tous les associés est faite à raison d'une valorisation du titre à hauteur de 35 millions de francs, soit presque le double. C'est ce jeu d'écritures qui permet aux propriétaires d'un titre en faillite de détenir 81,6 % du capital de la nouvelle société, sans encore avoir à débourser un seul centime. Les fondateurs de *Globe* peuvent ainsi justifier le maintien, au même niveau, de leur participation dans l'affaire.

• Les groupes mis à contribution se fendent de 26,25 millions de francs, versés « cash » à Européens Associés, la dernière structure, celle qui a besoin des fonds pour publier le journal. Le Crédit lyonnais cotise ainsi pour 3,75 millions de francs, le GAN (via Cofintex) pour 2,5 millions, et GAN et Union normande d'investissement pour 5 millions. Les 15 millions de francs restants sont apportés par Contemporains Associés, le second étage de la fusée *Globe* : on retrouve là les fonds qui lui ont été initialement versés par le Comptoir des Entrepreneurs et les diverses entités de Pierre Bergé.

• Un journal coûte cher. Malgré ces dons princiers, les stupéfiants fondateurs de *Globe* en veulent toujours davantage. Les savants ingénieurs du Crédit lyonnais, ceux qui, selon les propres confidences de Georges-Marc Benamou, ont élaboré cette alchimie, dénichent 33,75 millions de francs supplémentaires, sous la forme de « prêts participatifs ». Ils sont offerts à la SA Européens Associés, selon le décompte suivant : 11,25 millions de francs par le Crédit lyonnais ; 7,5 millions par la Banque commerciale privée (BCP), la filiale de l'Union normande d'investissement (UNI) ; 15 millions par l'UNI elle-même. En réalité, ces 33,75 millions de francs ont été versés à fonds perdus par le Lyonnais, la BCP et l'UNI [1].

Bilan ? Malgré cette multitude d'intervenants et de sommes mirobolantes, il se résume en quelques mots : 60 millions de francs ont été récoltés par les amis de Gérard Miller auprès d'entreprises publiques complices... contre du vent ! Un plan de financement totalement hors normes, pour ne pas dire illégal, qu'aucun chef d'entreprise ordinaire ne pourrait obtenir de ses banques.

Ainsi, l'équipe des fondateurs de *Globe* apporte dans la corbeille de la monnaie de singe : un titre de journal en déconfiture qui ne vaut pas un clou. Mais qui est pourtant estimé à 20 millions, puis 35 millions de francs, lors de la cascade d'augmentations de capital. De leur côté, les « investisseurs » complaisants — Comptoir des Entrepreneurs, Crédit lyonnais, GAN, Loncom (Pierre Bergé), Union normande d'investissement, Banque commerciale privée — ont accepté, sur ordre de l'Elysée, de doter *Globe-Hebdo* de quelque 60 millions de francs de capitaux frais. Sans recevoir, en contrepartie, dans les différentes sociétés créées lors du montage, les participations correspondant à leur apport en capital.

Le stratagème permet à Modernes Associés, la société de tête des mitterrandolâtres de *Globe*, de se faire offrir, pour prix de leur dévotion à la cause, 81,6 % du capital de leur journal. Montant de leur

1. Qualifiés par les « experts » de « quasi-fonds propres », ces prêts participatifs ne sont remboursables, en cas de faillite de la société, qu'après toutes les autres créances, autant dire jamais. Ils représentent pourtant la plus grande part des apports d'argent frais des groupes que je viens de citer, sans rentrer dans le décompte des participations en capital.

propre investissement en dehors de l'apport du titre *Globe* : **0** franc, **0** centime.

Sous François Mitterrand, le Père Noël de l'Elysée n'est vraiment pas une ordure !

Inutile de dire que l'aspect farceur, je devrais dire frauduleux, du montage n'est pas passé inaperçu dans les états-majors des grands groupes impliqués. Chargé de présenter un rapport sur l'appréciation des actifs apportés par les fondateurs de *Globe* à la SA Européens Associés, c'est le « commissaire aux apports » Maurice Nussenbaum qui a évalué le titre *Globe* à 20, puis 35 millions de francs, alors que — nous l'avons vu — sa valeur réelle était plutôt voisine de zéro. Toutefois, cet expert a veillé à sauvegarder les apparences et à ne pas se mettre en infraction avec la loi. Grâce à d'élégantes « réserves » qui concluent son rapport, Ponce Pilate se lave les mains et dégage sa responsabilité. Il reste donc les 16 pages de son « rapport à l'assemblée générale extraordinaire » du 22 décembre 1992, sur les apports effectués par la Sarl Contemporains Associés à la SA Européens Associés.

Ayant passé en revue quatre « scénarios » pour la relance de *Globe* — du plus optimiste (une diffusion moyenne de 250 000 exemplaires) au plus noir (l'arrêt après 24 numéros, avec une diffusion de 47 500 unités) —, Maurice Nussenbaum fait le grand écart. La valeur qu'il donne au titre est comprise « entre 5 et 37 millions de francs », selon les différents scénarios. Puis il prévient :

« La valeur conventionnelle de 35 millions de francs retenue par les investisseurs, qui correspond à la borne supérieure des estimations, constitue un pari volontariste sur le succès de l'opération, alors que la valeur de 20 millions de francs retenue dans le projet de contrat d'apport correspond, selon Modernes Associés et

Contemporains Associés, à une valeur moyenne tenant compte d'une hypothèse raisonnable de succès. »

En d'autres termes, Maurice Nussenbaum prévient élégamment les groupes donateurs des risques qu'ils encourent. Il ne se prive pas, à plusieurs reprises, d'émettre des « réserves » et des appréciations particulièrement alarmistes. Dans sa conclusion, le « commissaire aux apports » réitère sa « réserve » et, ouvrant tout grand son parapluie, il écrit :

« Ces prévisions concernent une entreprise nouvelle, dont le succès reste aléatoire et ne découle pas de l'historique de *Globe* mensuel. En particulier on ne peut exclure totalement le risque d'échec du magazine. »

L'expert du tribunal de commerce avait du flair. Après avoir englouti à la vitesse de l'éclair les dizaines de millions de ses peu regardants donateurs publics, le journal va cesser de paraître, cette fois définitivement, en juillet 1994 ; quelques mois seulement après sa relance, début 1993, deux mois avant la défaite des socialistes et des communistes aux élections législatives de mars. La mise en garde du « commissaire aux apports » Maurice Nussenbaum ne rend que plus grave la responsabilité des généreux financiers de *Globe* : les dirigeants du Comptoir des Entrepreneurs, du Crédit lyonnais, du GAN, de l'UNI, de la BCP et Pierre Bergé lui-même. Au vu de la « réserve » notifiée par Maurice Nussenbaum dans son rapport, ils avaient le devoir d'arrêter tout net l'opération et de se retirer. Pour faire plaisir à l'Elysée, c'est le contraire qui s'est produit !

Pour répondre aux demandes pressantes des amis de *Globe*, dont François Mitterrand a tant besoin en ces temps de tempêtes politiques et judiciaires — je rappelle qu'à cette époque les affaires Urba-Gracco, Roger-Patrice Pelat et Bérégovoy sont vécues à la présidence de la République comme un séisme[1] —, les conseillers de l'Elysée et Matignon n'ont pas négligé de recourir aussi aux compétences du docteur honoris causa du blanchiment d'argent, le seul à pouvoir exécuter les meilleurs coups de Jarnac sans jamais rater son coup, je veux parler de l'incontournable et généreux... Alfred Sirven !

Dans cette bien pénible affaire, il ne manquait plus que cet homme de confiance, alors directeur chargé des « affaires générales » d'Elf-Aquitaine. Toujours au garde-à-vous pour les bonnes causes, l'éminence grise « capable de faire sauter vingt fois la République » se cache derrière les 20 millions de francs consentis à *Globe-Hebdo* par la discrète Union normande d'investissement et sa filiale, la BCP, sous la forme de l'apport en capital de 5 millions et du prêt participatif de 15 millions de francs. Car la petite banque privée et sa société mère servaient de faux nez au groupe pétrolier nationalisé, alors présidé par le socialiste Loïk Le Floch-Prigent. Et, pour brouiller les pistes, c'est Elf-Aquitaine International (EAI), la sulfureuse filiale dirigée, à Genève, par Alfred Sirven, qui a été chargée d'assurer cette opération frauduleuse.

J'ai sous les yeux la preuve, annotée, paraphée et signée, de l'« acte sous seing privé » du 20 mai 1992 par lequel la société de droit suisse Elf-Aquitaine International se porte « caution solidaire, à hauteur de 20 millions de francs, en principal plus intérêts, frais et accessoires » de toutes sommes que la société Européens Associés (qui édite Globe-Hebdo) pourra devoir à la société Union normande d'investissement, à raison

1. Cf. Jean Montaldo, *Lettre ouverte d'un "chien" à François Mitterrand au nom de la liberté d'aboyer*, Albin Michel, juin 1993 (pp. 25-132) ; et, en totalité, Jean Montaldo, *Mitterrand et les 40 voleurs...*, Albin Michel, juin 1994.

d'un prêt de 15 millions de francs et d'un protocole d'accord limitant à 5 millions de francs l'apport en numéraire d'Union normande d'investissement à Européens Associés [1].

Quand, en mars 1993, le Parti socialiste essuie une cuisante défaite aux élections législatives, le nouveau gouvernement de droite d'Edouard Balladur ne tarde pas à remplacer chez Elf le mitterrandien Le Floch-Prigent par l'énarque Philippe Jaffré. A Genève, dans la filiale des coups tordus EAI, Sirven est lui aussi remercié. En juillet, il cède son fauteuil à Bernard Polge de Combret, aujourd'hui vice-président du nouveau géant TotalFinaElf (privatisé).

Quelques mois après, la nouvelle direction genevoise s'inquiète de la nature du mystérieux financement de *Globe*. Chargé de faire le ménage à Elf-Aquitaine International, Polge de Combret est, le 18 novembre 1993, le destinataire d'un document « personnel et confidentiel » intitulé « Note a/s opération "*Globe*" », jusqu'ici inédit. Dans cette note, que je produis en annexe [2], tout y est : le schéma de l'opération ; les sommes en jeu ; le rôle exact d'Elf, etc. Il ne fait aucun doute que, par l'utilisation du maquis suisse d'Elf et d'Alfred Sirven, le président Mitterrand a ordonné le financement de ses amis de *Globe*. Mais, pour deux ans, Mitterrand est encore à l'Elysée. Et *Globe-Hebdo*, jusqu'à la mi-1994, toujours dans les kiosques. Chez Elf, on préfère éviter les vagues. Les engagements pris par la précédente direction seront tenus. Et les 20 millions immobilisés pour *Globe* débloqués comme prévu.

Toutefois, en 1994, quand le patron de *Globe*, Geor-

1. Voir annexe 2, pp. 313-314.
2. Cf. annexe 2, p. 315.

ges-Marc Benamou — meilleur journaliste et écrivain que gestionnaire de presse — vient solliciter, au siège d'Elf, un second prêt de 20 millions de francs pour tenter de sauver son journal, le président Philippe Jaffré et sa collaboratrice Geneviève Gomez lui opposent un refus catégorique. Bientôt, le nouveau P-DG saisira la justice de l'ensemble des turpitudes de ses prédécesseurs, découvertes après son arrivée.

Interrogé par le journal *Le Monde*, le 5 juillet 1997, le mécène de *Globe*, Pierre Bergé, a beau jeu de déclarer :

« Je ne suis au courant de rien, mais solidaire de tout. J'ignore tout d'Elf et du tour de table. Je les ai aidés au maximum. Il a fallu combler des trous, je l'ai fait, pour que l'histoire se termine convenablement, proprement, sans que personne ne soit lésé. »

De son côté, Georges-Marc Benamou assure :

« Je n'ai connu François Mitterrand qu'en 1994. »

C'est-à-dire postérieurement au montage financier dont je viens de révéler la teneur.

Pourquoi ce tortueux cheminement passant par Alfred Sirven et sa filiale d'Elf à Genève ? Pourquoi l'utilisation de l'obscure Union normande d'investissement en guise de paravent ? Pourquoi le groupe Elf n'a-t-il pas investi, au grand jour, dans le capital de *Globe-Hebdo* ? Parce qu'il s'agissait d'un cadeau sur fonds publics et qu'il convenait de le dissimuler. Déjà deux grands groupes de l'Etat — le Crédit lyonnais et le GAN — étaient apparus officiellement parmi les nouveaux actionnaires de *Globe*. En pleine période électorale, l'arrivée d'un troisième, de la taille d'Elf-Aquitaine, aurait attiré les soupçons et fini par faire scandale. D'où l'idée d'utiliser un petit groupe privé et sa banque pour faire croire à un concours financier normal et « blanchir » le don occulte d'Elf. Sans trop embarrasser le parrain de la banque : le président François Mitterrand. Celui dont Gérard Miller, à l'heure où j'écris ces lignes (le 10 mai 2001), célèbre la générosité et la gloire, dans une grande cérémonie commémorative, place de la Bastille.

Prévenue de tous les aspects du dossier *Globe* — car chez Elf, comme au Crédit lyonnais, à la Banque commerciale privée ou au Comptoir des Entrepreneurs, les comptes ont été épluchés lors de multiples informations judiciaires —, la justice, elle, est aux abonnés absents. Et l'ancien collaborateur de *Globe* Gérard Miller se multiplie sur les antennes de radio et de télévision pour faire la morale et donner des leçons d'éthique à la terre entière !

Pour ce qui est de la déontologie des affaires, François Mitterrand et son ami Pierre Bergé n'ont pas besoin de professeur. Dans la construction occulte du financement de *Globe*, Elf n'est pas mis par hasard à l'abri des regards, derrière la façade en trompe-l'œil de l'Union normande d'investissement et sa filiale, la BCP. Car, bien plus énorme, une autre affaire doit être quelque peu dissimulée. En décembre 1992 et janvier 1993, au moment où se concrétisent le tour de table de *Globe* et son retour dans les kiosques, une opération financière d'une tout autre envergure est annoncée, le 20 janvier 1993. La célèbre maison de couture et de parfums Yves Saint Laurent est rachetée par Elf-Sanofi, la filiale pharmaceutique du groupe pétrolier nationalisé, sur fonds publics. Or, cette transaction — la presse ne manque pas de le remarquer — est une générosité faite aux deux copropriétaires de la société absorbée : le couturier Yves Saint Laurent et son ami Pierre Bergé.

Dès le lendemain 21 janvier, dans *Le Quotidien de Paris* de Philippe Tesson, le journaliste François Labrouillère met l'accent sur la « disproportion entre la valeur boursière des titres Yves Saint Laurent avant la transaction et les conditions de l'opération menée par Elf-Sanofi ». Surnommé « le Suisse », en raison de son teint pâle et de son aptitude à vous décrypter les comptes chiffrés les plus opaques, Labrouillère rappelle que Pierre Bergé — par ailleurs directeur de l'Opéra de Paris — est un intime du président de la République. Et il ajoute, fort à propos et de façon prémonitoire :

« Que ce soit par son soutien à SOS Racisme ou en finançant *Globe*, le luxueux magazine de la gauche branchée, Pierre Bergé n'a jamais ménagé ni son temps, ni son argent, pour se faire le défenseur des grandes causes élyséennes. Aujourd'hui, le rachat, au prix fort, d'Yves Saint Laurent par Sanofi prend des allures de renvoi d'ascenseur. La fameuse "économie mixte" n'en sort pas grandie et la proximité de la prochaine échéance électorale ne fait rien pour clarifier la situation. Loïk Le Floch-Prigent, le P-DG d'Elf-Aquitaine, eût été mieux inspiré d'attendre les législatives de mars prochain s'il avait voulu couper court aux interrogations légitimes concernant ce cadeau royal fait à l'ami du Président. »

Un an plus tard, le 7 janvier 1994, le quotidien *Les Echos* — bible des milieux de l'économie, de la finance et de la Bourse — fustige l'opération :

« On accuse Loïk Le Floch-Prigent, alors patron d'Elf, la maison mère de Sanofi, d'avoir fait jouer ses sympathies socialistes pour "*faire une fleur*" à Pierre Bergé, un autre proche de François Mitterrand. Chez L'Oréal, qui guignait l'affaire, mais qui n'est pas parvenu à conclure (...), on parlera alors de nationalisation rampante. »

François Labrouillère puis *Les Echos* — à un an de distance — ne croient pas si bien dire. Quand ces lignes sont écrites, en janvier 1993 puis 1994, l'un et l'autre ignorent — comme nous tous ! — le montage secret concocté dans les arrière-cuisines mitterrandiennes, pour assurer la survie du journal « tontonmaniaque » *Globe-Hebdo*. Ils ne peuvent savoir davantage qu'en aidant *Globe*, le bien élevé Pierre Bergé ne se fend que d'un simple pourboire.

Qu'est-ce qu'une dizaine de millions de francs — et, un peu plus tard, à la fin de 1994, un autre petit sacrifice financier pour écluser les dettes de *Globe* — quand on obtient d'une entreprise publique qu'elle vous rachète, au prix fort, votre affaire en difficulté ?

Lors de son rachat par Elf-Sanofi, la société Yves Saint Laurent — dont Pierre Bergé détient 41 % du capital avec le grand couturier — est valorisée 3,7 milliards de francs. Ce qui fait ressortir une coquette prime de 38 % par rapport aux derniers cours de bourse de l'entreprise. Ils encaissent ainsi un petit pactole de 1,51 milliard de franc, au lieu de moins de 934 millions de francs si l'opération s'était faite sur la base du cours. Grâce à la bienveillance des dirigeants d'Elf, la différence est de 576 millions de francs...

Une goutte d'eau.

Elf-Sanofi n'a rien à refuser au monarque. Sous la haute surveillance de Dominique Strauss-Kahn, ministre de l'Industrie et du Commerce extérieur, ministre de tutelle du groupe pétrolier, le P-DG d'Elf Loïk Le Floch-Prigent consent une rallonge de 298 millions de francs. Une broutille ! Ce cadeau complémentaire est censé rémunérer le changement de statut d'Yves Saint Laurent qui, de société en commandite, se transforme en société anonyme.

Le coup parfait ! Ni vu ni connu. Une première dans l'histoire du droit des sociétés.

Pour faire avaliser l'opération, on en appelle à des artistes, comme les aime la nouvelle vague socialo-capitaliste : deux « commissaires aux avantages particuliers » *(sic)* et un « commissaire à la transformation » *(resic)*.

Au théâtre d'Elf, la créativité n'a déjà plus de limite.

Cependant, à l'instar de leur collègue « commissaire aux apports » de *Globe*, les « commissaires aux avantages particuliers » mandatés chez Yves Saint Laurent sont gênés aux entournures. Ignorant de quoi demain sera fait, ils ouvrent le parapluie. Dans leur rapport, ils notent que ce fumeux changement de statut — qui, sur deniers publics, va enrichir de 298 millions de francs supplémentaires les duettistes de la haute couture française — est une opération « extrêmement rare » pour laquelle on ne peut se référer à « aucun calcul particulier ». Jésuites, ils concluent tout en finesse, habile manière de se couvrir, sans heurter personne :

« Cette quote-part [*298 millions de francs*] constitue de ce fait une valorisation de type transactionnel qui échappe donc à toute détermination objective, mais n'appelle pas d'observation de notre part. »

Que ces choses-là sont bien dites dans le langage châtié des « commissaires aux avantages particuliers » ! En français courant — celui de Michel Audiard et du contribuable qui, dans cette juteuse affaire, est le cochon de payant —, cette appréciation peut se traduire ainsi :

« 298 millions, c'est tout de même du pognon. Rien de concret ne justifie cette rallonge dont, nous, les "*commissaires aux apports particuliers*", nous lavons les mains, non sans avoir manqué de le signaler comme un privilège octroyé par le roi à deux de ses bouffons enturbannés. »

De son côté, la Commission des opérations de bourse (COB) n'est pas moins hypocrite. Elle fait précéder son feu vert d'un « avertissement » de pure forme, alertant simplement les actionnaires du caractère complexe du montage, en vue de ce qui est présenté par les chargés de la communication d'Elf-Sanofi et Saint Laurent comme le « mariage de l'année 1993 ».

Le 17 mai 1993, lors de l'assemblée générale des actionnaires, Pierre Bergé répond, avec aplomb, aux petits porteurs d'actions Yves Saint Laurent, qui s'inquiètent du sort qui leur est réservé et qui s'interrogent sur le cadeau de 298 millions de francs qui lui est fait :

« Dans la vie, dit-il, ce qui est important, ce n'est pas l'argent, mais le pouvoir. Et, aujourd'hui, je perds le contrôle de cette société, fondée il y a trente-deux ans. »

Lors de cette fusion-absorption, le couple Pierre Bergé-Yves Saint Laurent est rémunéré en actions Elf-Sanofi. Du papier solide, monnayable à tout moment à la Bourse de Paris. Une fois dans le giron d'Elf, Saint Laurent sera loin d'être une bonne affaire et va continuer d'accumuler les mauvais résultats.

Néanmoins, chacun remarque que l'accord conclu avec Elf lui laisse le contrôle et la direction de la branche haute couture. Celle qui, traditionnellement, perd de l'argent, mais qui fait le renom de la marque. Avec maintien de leurs salaires, notes de frais, chauffeur et éléments de train de vie. Les nouveaux propriétaires ont beau jeu d'expliquer qu'ils ne peuvent se passer du talent du fondateur, il est vrai fort apprécié.

Yves Saint Laurent continuera à dessiner les collections.

Ce rachat à prix d'or arrive à point nommé. Début 1993, Pierre Bergé et Yves Saint Laurent ont le couteau sous la gorge. Depuis la guerre du Golfe et la crise économique qui a suivi en 1991, le marché du luxe bat de l'aile. Chez Saint Laurent, les résultats sont en chute libre. En outre, les deux dirigeants ont d'énormes dettes. Ils n'arrivent plus à faire face aux très lourdes échéances de l'emprunt de 850 millions de francs qu'ils ont contracté fin 1991, quand leur ancien allié Cerus — la société de Carlo De Benedetti et Alain Minc — s'était retrouvé en difficulté, obligé de mettre en vente les 15 % qu'il détenait dans Saint Laurent.

Certes, Saint Laurent est une belle affaire, l'une des griffes les plus prestigieuses du luxe français. Tous les grands du secteur sont intéressés. Mais pas au prix demandé. Reste Elf-Sanofi qui possède déjà les parfums Nina Ricci, Van Cleef et Arpels, Roger & Gallet, Oscar de La Renta, Stendhal, Yves Rocher... mais qui, le plus souvent, comme Nina Ricci ou Yves Rocher, se contente de participations minoritaires.

Non content de bénéficier des largesses de l'Etat et de son ami, le président Mitterrand, Pierre Bergé se distingue dans une peu reluisante affaire d'initiés qui va lui valoir les foudres de la COB, puis de la justice. Entre juillet et septembre 1992, alors qu'il est en train de négocier avec Elf-Aquitaine le rachat de son affaire (tout en s'occupant accessoirement du financement de *Globe* par la filiale helvétique du groupe pétrolier), Bergé vend massivement, à d'anonymes acheteurs, un gros paquet d'actions de sa société, cotée au second marché de la Bourse de Paris. La transaction porte sur 120 000 titres Yves Saint Laurent (près de 4 % du capital), soit plus de 100 millions de francs. Effectuée par l'intermédiaire de la banque Neuflize-Schlumberger-Mallet, elle est réalisée de « gré à gré », à un cours supérieur à celui du marché, auprès d'établissements suisses, sans passer par une société de bourse française, comme l'impose l'article 1 de la loi boursière du 22 janvier 1988.

Cette vente secrète a lieu quelques semaines avant l'annonce, le 21 septembre 1992, de la chute des résultats d'Yves Saint Laurent pour le premier semestre 1992. Ce qui va entraîner un vif repli du cours.

A la demande d'actionnaires minoritaires, la COB ouvre une enquête, puis transmet le dossier à la justice, qui ordonne une information judiciaire, le 30 novembre 1993. Les investigations confirment que, lorsqu'il vendait ses titres en Suisse durant l'été 1992, le patron de Saint Laurent savait déjà que les résultats de sa société seraient catastrophiques. Le 30 mai 1994, Pierre Bergé, de même que son directeur financier, Jean-Francis Bretelle, sont mis en examen pour « violation du monopole des sociétés de bourse et délit d'initiés » par le juge d'instruction David Peyron. Entendu seulement comme « témoin assisté », le couturier Yves Saint Laurent échappe aux poursuites.

Cette fois encore, la montagne va accoucher d'une souris. Après que la COB eut infligé à Pierre Bergé une sanction de 3 millions de francs, un arrêt de la cour d'appel de Paris, le 16 mars 1994, a tôt fait de la ramener à 1 million de francs. La cour confirme le délit d'initié de Pierre Bergé pour avoir, en 1992, cédé personnellement 32 000 actions Yves Saint Laurent et 85 000 pour le compte du couturier, « à la veille de l'annonce des résultats semestriels catastrophiques ». Mais la cour lui accorde des circonstances atténuantes : il aurait été l'objet de « pressions » de la part de sa banque, la Neuflize-Schlumberger-Mallet, pour « réduire son découvert bancaire » et un « endettement devenu préoccupant », atteignant, à la date du 30 juin 1992, la somme, pharaonique pour un particulier, de 70 millions de francs.

Voilà comment certains de nos magistrats, intraitables avec le Français moyen, savent prendre des gants avec les milliardaires, surtout quand il s'agit d'un ami du président de la République... toujours en fonctions !

Quant à la justice pénale proprement dite, sa clémence va se révéler exemplaire. D'abord, il faut attendre le 30 mai 1994, soit deux ans après les faits et surtout un mois et demi après que le délit d'initié signalé par la COB eut été confirmé par la cour d'appel, pour que Pierre Bergé et son ancien directeur financier soient enfin mis en examen par le juge David Peyron. Un an et demi plus tard, le 16 octobre 1995, les deux prévenus se voient honorés d'un non-lieu par le magistrat. Le juge David Peyron estime que le délit d'initié n'est pas constitué car, selon lui, les titres vendus par Pierre Bergé l'ont été en dehors du marché boursier. De plus, de façon « non anonyme ». Curieuse manière de lire la loi, quand on sait que les ventes hors marché ne sont pas autorisées. En outre, le juge d'instruction considère comme « non anonymes » les cessions des titres de Pierre Bergé à des banques suisses. Pour justifier son non-lieu, il omet de préciser qu'il n'est pas allé voir à qui appartiennent les comptes sur lesquels les titres ont abouti. A la lecture de ce non-lieu, le procureur de la République de Paris manifeste sa « méchante humeur » et interjette immédiatement appel. Extraordinaire justice française où la COB établit et sanctionne l'existence d'un délit d'initié, confirmé par la cour d'appel et la Cour de cassation, tandis que, par la suite, quand il s'agit de pousser plus avant les investigations, un juge d'instruction nie l'existence de ce même délit d'initié.

Dysfonctionnement judiciaire patent ! Enterrement sur mesure, sans tambour ni trompette ! Il intervient cinq mois après l'élection de Jacques Chirac à la présidence de la République, pour lequel Pierre Bergé — avec un sens des vents portants digne du regretté Edgar Faure — a appelé publiquement à voter. Ce non-lieu est révélé par le journaliste Gilles Gaetner de l'hebdomadaire *L'Express*[1], un mois après avoir été prononcé. Contre l'avis de la COB et celui du parquet qui fait immédiatement appel, le 25 mai 1993, le juge Peyron a pris tout son temps pour conclure que « l'infraction est insuffisamment caractérisée ».

Ben voyons !

Ainsi, grâce à cette étonnante mansuétude et le talent de son brillant avocat Jean-Michel Darrois, Pierre Bergé échappe à une sévère punition. Et les investigations de la Police judiciaire ne seront pas poussées plus avant. A quoi bon savoir qui se cache derrière les comptes ouverts en Suisse, dans les banques Morval, Julius Baer et Rothschild qui ont acheté les 120 000 titres Saint Laurent cédés par Pierre Bergé et son ami couturier, avant l'annonce des mauvais résultats de leur société et, surtout, celle, quatre mois plus tard, du rachat de leur groupe par Elf-Sanofi ?

La curiosité est un vilain défaut.

Durant l'été 1992, lorsqu'il l'a cédé, en Suisse, à des acheteurs masqués, ce paquet d'actions a dégagé une plus-value de 100 millions de francs. Et les mêmes 120 000 titres vaudront 38 % plus cher, c'est-à-dire 138 millions de francs de plus, le 19 janvier suivant, quand les bans du mariage Saint Laurent-Elf seront publiés.

1. *L'Express*, n° 2316, p. 43.

Du cousu main !

Qui a profité de cette plus-value record ? S'agit-il d'une opération ordinaire ? D'une vente réelle ou fictive ? D'une astuce fiscale pour ne pas payer, en France, l'impôt sur les plus-values boursières ? D'un renvoi d'ascenseur à un ami dévoué ? D'un cadeau aux Samaritains qui se sont mis en quatre pour assurer le bon déroulement de toutes ces opérations en période de crise ? L'opacité de l'opération permet toutes les supputations.

A ce stade, faute d'une justice diligente et efficace, toutes les hypothèses restent possibles.

Quand je découvre l'ensemble des exploits de Pierre Bergé, chez Saint Laurent et dans *Globe*, j'ai l'idée de rouvrir le dossier Crédit lyonnais, l'un des bienfaiteurs du journal de la Mitterrandie. J'ai le souvenir d'un document confidentiel, jamais publié, qui explique bien des choses. Il me fut remis (authentifié) en 1995 par une haute personnalité gouvernementale, qui fut priée de ne surtout pas en faire état :

« Il vous permettra, me disait-elle, de comprendre pourquoi cet établissement considéré comme un joyau de la couronne s'est mis à confondre son statut de banque avec celui d'un dispensateur de fonds secrets et de privilèges, sous forme de financements indus. »

Insolite mais hautement instructive, cette pièce est une photocopie, annotée de la main même du ministre de l'Economie et des Finances, Pierre Bérégovoy, d'un article publié le 19 septembre 1991 dans *Le Nouvel Observateur*. Sous le titre « Crédit lyonnais, banque tous risques », cet hebdomadaire est alors l'un des premiers à se faire l'écho des dérives de la grande banque nationalisée. Rachats d'entreprises tous azimuts, prêts d'argent à tort et à travers, prises de participations souvent inconsidérées : depuis trois ans, le président du

Lyonnais Jean-Yves Haberer mène sa maison à un train d'enfer, au risque de dérailler. Entre 1986 et 1990, le montant des crédits distribués par la banque de la rue des Italiens a augmenté de 80 %. Au *Nouvel Observateur*, un banquier de la place livre ce commentaire, devenu « leitmotiv dans la nomenklatura française » :

« Jean-Yves Haberer a une ligne directe avec Pierre Bérégovoy. Il ne traite qu'avec lui. Le Trésor ne peut lui adresser aucune critique et n'a aucun moyen de le contrôler. Pourtant, les autorités de tutelle sont de plus en plus inquiètes des risques qu'il fait courir à sa banque. »

Dans un journal dont nul ne peut contester le sérieux, l'avertissement est sévère. « Quand on prête beaucoup, écrit-il, on multiplie les risques d'ardoises coûteuses. Le Lyonnais s'est déjà retrouvé en première ligne sur les grands sinistres industriels... » Et *Le Nouvel Observateur* ajoute cette phrase, qui va motiver les annotations du ministre des Finances : « Pour le moment, Pierre Bérégovoy fait toujours une très grande confiance à Haberer, même si les autorités de tutelle — Trésor et Banque de France — en sont à tirer la sonnette d'alarme... »

Aux Finances, ce cri d'alarme du *Nouvel Obs* enflamme les esprits. Comment un journal ami peut-il oser s'en prendre au gouvernement et à son grand argentier ? Epluchés par les conseillers du ministre, les passages de l'article dont je viens de faire état sont soulignés. Transmis à Pierre Bérégovoy personnellement, le ministre d'Etat y appose, le 25 septembre, cet ordre manuscrit en sept petites lignes en marge, signées et datées :

« Je considère que le *Trésor*[1] et les banquiers doi-

1. Je reproduis ici fidèlement la note manuscrite du Premier ministre Pierre Bérégovoy. Le passage en italiques est souligné par lui. Voir le fac-similé du document, en annexe, p. 317.

vent cesser de diffuser des informations malveillantes sur le Crédit lyonnais.

» P B, 25 / 9 / 91 »

Cette photocopie de l'article iconoclaste du *Nouvel Obs*, avec ces annotations du ministre des Finances, est communiquée à son directeur de cabinet, qui y appose son cachet, le 30 septembre 1991.

Plus d'un an après, quand l'Elysée a besoin de lui pour financer *Globe-Hebdo*, le Crédit lyonnais reconnaissant va encore une fois ouvrir ses coffres. Au regard des ponctions qui y sont faites régulièrement par tous les aventuriers de la finance et de l'industrie — les Bernard Tapie, Robert Maxwell, Giancarlo Parretti, et j'en passe..., autorisés à y remplir à ras bord leur caddie, sur deniers publics —, les quelques millions investis dans *Globe* à fonds perdus ne sont que goutte d'eau. La petite goutte qui ne risque pas de faire déborder le vase.

10 mai 2001 : vingt ans déjà ! Quelle tristesse ! Place de la Bastille, à Paris, le dernier carré des mitterrandiens s'est donné rendez-vous pour la célébration du vingtième anniversaire de l'élection de François Mitterrand à la présidence de la République. Quelques milliers de nostalgiques, beaucoup de curieux et une dizaine de têtes connues. Président de l'Association des amis de l'Institut François Mitterrand, l'inusable et fidèle Pierre Bergé est l'un des organisateurs de la cérémonie. Sur l'estrade, dans le rôle de militant qui lui sied tant, Gérard Miller est, micro en main, l'animateur vedette de la cérémonie.

Réfugiées au Café des Phares, les grandes figures de la génération Mitterrand évitent de trop se montrer. Danielle (l'épouse), Michel Charasse, Elisabeth Guigou ou Pierre Mauroy y côtoient Robert Badinter, Jack Lang, le nouveau maire de Paris, Bertrand Delanoë...

et même Roland Dumas, jugé dans l'affaire Elf et condamné en première instance, le 29 mai 2001, à six mois de prison ferme (pour lesquels il a fait appel). Nostalgique des années d'or, Pierre Bergé s'écarte du groupe. Ame en peine, passé en l'espace de quelques mois du mitterrandisme le plus intransigeant au chiraquisme opportuniste, puis au jospinisme de façade, le milliardaire erre seul au milieu de la foule. Sur scène, Gérard Miller essuie quelques sifflets pendant qu'il célèbre, à grands coups d'encensoir, la gloire de son sauveur et de son dieu : François Mitterrand.

Cette fois, pas de déclaration préliminaire. Le psychanalyste de la gauche vertueuse est frappé d'amnésie. Celui qui, dans ses fantasmes télévisés, m'invente un passé d'extrême droite, une filiation avec Vichy, le fascisme et les nazis, n'est pas le moins du monde gêné de prêter sa voix au culte de François Mitterrand, détenteur de la Francisque n° 2202 du maréchal Pétain.

Sur le podium de la grand-messe mitterrandienne, le paon Miller devient — s'en rend-il compte ? — le complice de ce « pétainisme à la française » qu'il dénonce. Sans s'émouvoir, comme s'il ne savait rien, comme s'il n'avait rien retenu de ses lectures [1], Gérard Miller s'enflamme dans l'éloge de François Mitterrand, le dernier ami de René Bousquet, organisateur de la rafle du Vel' d'Hiv' et des déportations des juifs de France, entre avril 1942 et la fin de 1943.

1. Dans l'après-midi de ce 10 mai 2001, *Le Monde des livres* publie la fameuse photo de Manuel Bidermanas du *Point* représentant Danielle Mitterrand et « François Mitterrand à Latché en 1974, en compagnie de René Bousquet » et — la légende ne l'ayant jamais précisé — de Jean-Paul Martin (en bout de table), entre Danielle Mitterrand et René Bousquet. Jean-Paul Martin (mort le 12 décembre 1986), un ancien collaborateur de Bousquet pendant la guerre et de Mitterrand, ministre de l'Intérieur durant la IVe République, en 1954.

Ce soir-là, place de la Bastille, au bal des tartufes Gérard Miller est le chef d'orchestre...

Et puisque Gérard Miller aime à se divertir au petit jeu des citations, je lui renverrai ici, mot à mot, ses propos, pour lui dire, moi aussi :

« Décidément le pétainisme n'est pas mort. Parce que c'était d'abord ça le pétainisme — une certaine façon de minimiser le pire. Une certaine façon, bien française, de le côtoyer, de le servir, de le reproduire... tout en le minimisant [1]. »

1. Gérard Miller, *Après la colère*, Stock, avril 2001, p. 12.

DEUXIEME CARNET

MARS 2001

L'homme que les barbouzes de Mitterrand voulaient abattre

Asunción, 5 mars 2001 : chaleur étouffante, malgré l'heure avancée de la nuit. Discrète surveillance policière et contrôles sommaires : l'aéroport est typique des capitales de l'Amérique du Sud. La route qui conduit à la ville traverse des banlieues pauvres, souvent délabrées. Au centre de la cité, peu de circulation et encore moins de piétons. Avec leurs rues défoncées, des quartiers entiers de la capitale du Paraguay semblent à l'abandon. Entourées de hauts murs d'enceinte, protégées par des gardes et d'efficaces systèmes de surveillance, d'élégantes résidences ressemblent à des citadelles assiégées. A l'hôtel Excelsior, m'attend Dominique Erulin, l'homme que, pendant quatorze ans, les barbouzes de François Mitterrand ont pourchassé dans le monde entier pour l'abattre.

Extraordinaire personnage, formidable aventure ! Semblant sortir tout droit d'un roman de Frederick Forsyth, Erulin est un rescapé de l'impossible dont on n'arrive pas à croire qu'il ait pu survivre à tant d'intrigues, de coups fourrés. Qu'il ait aussi réussi à sortir vivant du « Palais de la terreur », les geôles de la police politique du général Alfredo Stroessner, l'ex-dictateur du Paraguay, déchu en 1989.

Je n'ai plus revu Dominique Erulin depuis la fin des années 60, quand, un jour de l'hiver 1996, il m'appelle sur mon téléphone mobile, sans donner son nom. Il est des mots, des voix, des intonations, que le journaliste n'oublie pas :

« Bonjour petit père, j'ai besoin de vous voir. Vous êtes libre ?

— Où étiez-vous passé ? Je vous croyais mort. Vous êtes à Paris ?

— Oui, je suis là. J'aimerais que l'on se parle d'urgence.

— Je vous attends chez moi. Passez immédiatement. »

Avant de le recevoir, je prends quelques renseignements. A la chasse, je viens justement d'apprendre, par un parent de Dominique Erulin, qu'il a eu de graves ennuis peu après l'accession de François Mitterrand à la magistrature suprême, le 10 mai 1981. Et qu'à plusieurs reprises, il a échappé aux balles de tueurs d'Etat lancés à ses trousses. La vague histoire qui m'est contée m'a paru rocambolesque. Au bout du fil, le cousin d'Erulin n'en sait pas plus. Il me confirme seulement qu'il vient à peine de refaire surface, après des années de silence.

Quand j'ouvre la porte, je suis heureusement étonné. Malgré les années, l'homme n'a pas vieilli : même fin collier de barbe, même corpulence, même forte poignée de main, même visage massif... L'histoire que j'entends me laisse pantois. Comme d'ordinaire, j'évite de trop prendre de notes, pour ne pas gêner le récit. Erulin me raconte ses années d'enfer, ses quatorze ans de cavale qui viennent de se terminer par un court séjour à l'hôpital de la prison de Fresnes :

« Le temps d'attendre la mort de François Mitterrand. »

Le revenant me remet suffisamment d'éléments pour que je puisse vérifier ses dires.

Il me faudra plusieurs mois pour remonter les fils, retrouver les acteurs du complot, réunir les pièces constitutives de cette affaire d'Etat où s'alignent les noms du président François Mitterrand, de sa garde rapprochée à l'Elysée, de plusieurs hauts fonctionnaires de police et magistrats.

Dans les années qui ont suivi, nous nous sommes épisodiquement revus, pour faire le point. Ancien militaire, homme d'action efficace, toujours ponctuel et méthodique, Dominique Erulin est peu loquace. Lui arracher des souvenirs, tous ces petits détails qui aident à reconstituer les puzzles les plus compliqués, me prend des heures. En outre, j'ai vite compris à la lecture de certains rapports confidentiels des services les plus secrets de l'Etat que ce n'est pas par hasard s'il a finalement réussi à échapper à ses poursuivants.

Quand je prends la décision d'écrire ce livre, je décide d'y faire figurer, en bonne place, l'incroyable histoire de Dominique Erulin. Pour d'ultimes vérifications, il me faut d'urgence le revoir. Je lui propose de le retrouver à Asunción, là où il vit désormais, avec le grade de colonel de la *Fuerza aérea paraguaya*, chargé de la formation des unités spéciales de l'armée de l'air du Paraguay.

A l'Excelsior, l'un des rares hôtels encore convenables de ce pays ruiné par l'alternance de la dictature et d'une démocratie non moins corrompue, Erulin arrive en civil. Durant tout le temps de mon séjour, jamais je ne le verrai en uniforme. Nous partons pour une visite guidée. De nuit, en plein été subtropical, Asunción est aussi joyeuse que Nantua l'hiver. Insécurité maximale. Ici, pour un étranger, impossible de sortir trop loin sans accompagnateur. Nous parvenons enfin à notre premier lieu d'entretien : le restaurant Paparazzi. Pendant de longues heures, Dominique Erulin me relate ses pérégrinations et commente les pièces confidentielles que je lui présente, une à une. Il y découvre les noms des agents doubles qui furent chargés de le pister et de le faire tomber. Je l'observe. Aucune réaction. A soixante-trois ans, ce guerrier est resté l'homme que je connus quand il en avait vingt-trois : 1,90 mètre, massif mais toujours svelte, énigmatique, formé — à moins que ce ne soit un don naturel — pour ne jamais extérioriser ses sentiments, ses douleurs. L'âme est vulnérable, mais le cœur d'acier.

Né le 26 janvier 1938, à Saint-Dié, dans les Vosges, Dominique est l'héritier d'une famille de valeureux militaires, colonels de père en fils. Son grand-père, le colonel Louis Erulin, est mort à Verdun, pendant la Première Guerre mondiale. Il est lui-même le fils cadet du colonel André Erulin, un compagnon du maréchal de Lattre de Tassigny, tombé au combat en 1951, durant la guerre d'Indochine. Ancien frère d'armes de Jacques Chirac en Algérie, son frère, le colonel Philippe Erulin, est lui aussi une figure légendaire de l'armée française. Le 19 mai 1978, à la tête des bérets verts du 2e régiment étranger de parachutistes et à la demande du président Giscard d'Estaing, le colonel Erulin sauta sur Kolwezi, au Zaïre, pour sauver les ressortissants belges et français qui s'y trouvaient menacés. Exploit historique !

« Mon frère et moi étions très proches, me dit Dominique. Curieusement, mes malheurs n'interviendront qu'après sa subite disparition, victime, en 1980, d'une crise cardiaque, lors d'un entraînement en forêt de Fontainebleau. »

Je connus Dominique Erulin à son retour d'Algérie,

où il fut un soldat, un baroudeur — lieutenant au 6e régiment parachutiste d'infanterie de marine —, et moi un jeune reporter. Nous ne nous y étions jamais croisés. A Paris, nous ne nous fréquentions guère, mais il m'arrivait de le rencontrer dans les bars et restaurants du quartier Latin ou de Saint-Germain-des-Prés, souvent en compagnie de stars du cinéma (Bourvil, Delon, de Funès, Lino Ventura) ou de la télévision, dont il était tantôt la doublure, tantôt le cascadeur. Au Montana, rue Saint-Benoît, je l'avais vu en conversation avec Jean-Paul Belmondo, quand il tournait à ses côtés, en 1970, dans le succès de l'époque, *Borsalino*.

Champion du monde de parachutisme en 1968, pilote d'essai, pionnier de l'aile delta, il était capable des plus grandes prouesses. Je n'ignorais pas — car, bien qu'il ne le sût pas, je connaissais aussi certains de ses contacts — qu'il était lié aux services secrets de l'armée. Mais était-il lui-même un agent ? En ces temps de guerre froide, ces questions ne se posaient pas. Il ne serait venu à l'idée de personne de l'interroger à propos d'activités secrètes dont, par définition — à supposer qu'il fût membre d'un service action —, il avait interdiction de parler. Notre groupe de journalistes — où les grands reporters de *Paris-Match* et de la télévision rivalisaient dans la préparation des reportages les plus risqués, en Afrique et bientôt en Asie (Vietnam, Laos, Cambodge) — connaissait tout ce que la France comptait comme aventuriers ou mercenaires, soldats perdus ou commandos d'élite. Erulin appartenait à cette dernière catégorie : ancien para, croix de la valeur militaire, il avait officiellement rompu avec l'armée à la fin de la guerre d'Algérie. Passé dans le civil, il y avait cependant conservé de solides amitiés, vouant à son frère une franche admiration. A la différence de beaucoup, Dominique Erulin ne vendait pas ses compétences reconnues aux professionnels des coups d'Etat qui couraient alors le monde. Athlétique et beau gosse, aussi gentil et calme que doué de surprenantes aptitudes physiques, on s'étonnait de le voir accepter de bonne grâce de périlleuses opérations pour des reportages télévisés et pour le cinéma. Plongeur de combat et de grande profondeur, Dominique Erulin était un cameraman de choc, en chute libre et en deltaplane, qui initiait journalistes, acteurs, policiers et super-gendarmes à tous les sports où il était champion. De droite par sa famille, sa culture, son passé et ses fréquentations, il n'était cependant pas un militant.

Depuis *Borsalino* et la grande époque de Saint-Germain-des-Prés, nos chemins ne s'étaient plus rencontrés.

Pour que je puisse comprendre son extravagante histoire, Dominique m'explique son parcours de ces trente dernières années. Garde du corps du célèbre avocat Jean-Louis Tixier-Vignancour, candidat à l'élection présidentielle de 1965 contre le général de Gaulle et François Mitterrand, il tient à ne rien occulter :

« Cascadeur ? Oui, à l'occasion. Ce n'était pas, loin s'en faut, ma principale activité. En 1969, lors de la campagne présidentielle contre Georges Pompidou, j'assure la protection rapprochée du candidat centriste Alain Poher, président du Sénat et président de la République par intérim, qui vient de remplacer de Gaulle à l'Elysée. Puis, en 1974, je suis le responsable de la sécurité du candidat Valéry Giscard d'Estaing. J'ai servi toutes les droites, non comme militant, mais comme un professionnel de la sécurité. Dans ce secteur, je gagne alors très bien ma vie, travaillant pour des entreprises privées, avec, si nécessaire, d'importants effectifs. »

En 1981, quand la gauche arrive au pouvoir, Dominique Erulin est le prospère dirigeant d'une petite affaire de sécurité, louant ses services, ici et là, recevant en contrepartie d'importants émoluments. Il est dans son secteur l'un des seuls à pouvoir rassembler, en quelques heures, des centaines d'hommes. C'est l'époque des grands conflits sociaux, des campagnes électorales agitées, parfois violentes. Efficace et discret, Erulin ne se fait jamais prier dans l'exécution des missions délicates. En dehors de ses activités officielles, il est aussi — mais qui le sait ? — un agent très spécial.

Le 9 décembre 1981, subite, violente, la foudre lui tombe sur la tête :

« A mon domicile, dans l'île de la Jatte à Neuilly, je suis prévenu à temps que, dans quelques heures, je dois être arrêté. Et que je risque d'être tué. »

Quand effectivement la police débarque, Dominique Erulin prend instantanément la fuite, abandonnant tout : femme, enfants, travail. Pendu à un câble, réfugié dans la machinerie de l'ascenseur de son immeuble, il y reste pendant des heures, échappant in extremis à ses poursuivants. Il n'est déjà plus qu'un fugitif... qui ne reverra jamais les siens avant la mort de François Mitterrand, en janvier 1996 :

« Je quitte alors la France, mais sans savoir exactement pourquoi. Je sais seulement que ma vie est en danger. Désormais, il me faut vivre comme un Indien sur le sentier de la guerre : Italie, Suisse, Italie, Madrid, l'Afrique, les îles Canaries et bientôt l'Amérique du Sud, l'Uruguay, l'Argentine, le Paraguay, où le meilleur et le pire m'attendent. Je n'y comprends rien. Je me retrouve, tout à coup, au centre d'un vaste complot qui me dépasse totalement. Au départ, je sais seulement que je dois être révolvérisé. Je ne suis informé que d'une seule obligation : fuir, partir vite, sans regarder derrière moi. Ma vie ne tient plus qu'à un fil.

“*L'ordre*, m'a-t-on dit, *a été donné de t'abattre.*” Par qui ? Je l'ignore. Je ne le sais toujours pas. On m'a seulement vivement conseillé de prendre le large. Il ne fallait surtout pas m'en dire davantage. »

Montés de Marseille pour l'arrêter, les policiers du commissaire Paulant interviennent à l'initiative du juge d'instruction Chantal Coux, dans le cadre d'une information pour « complicité pour faux et usage de faux en écriture privée et menaces de mort ».

En réalité, dans la faillite frauduleuse d'un vendeur marseillais de hors-bord, Dominique Erulin est intervenu à la demande de l'administrateur judiciaire pour tenter de récupérer ce qui pouvait l'être. Mais l'escroc, patron de l'affaire, fils d'une grande famille de la capitale des Bouches-du-Rhône, en passe de devenir celle de la Sicile, a déposé plainte et fait jouer ses influences. Député-maire de Marseille et nouveau ministre de l'Intérieur, Gaston Defferre a immédiatement activé ses services. En ces premiers mois du socialisme triomphant, tout est permis. Et, dans les palais de justice, trop de juges serviles sont disposés à orienter leurs instructions dans le sens souhaité.

A Paris, pour justifier l'échec de leur interpellation, les policiers en rajoutent plusieurs couches :

« Erulin s'est sauvé par le toit de l'immeuble. Il était armé d'un revolver et avait à sa disposition plusieurs bâtons de dynamite. » Mieux encore : « Il aurait été prêt à tout faire sauter pour s'échapper. » Et s'il a pris la fuite, c'est qu'« il a beaucoup plus à craindre qu'une banale affaire de faux dans le midi de la France ».

Dès lors, tout au long de l'affaire, le conditionnel et le flou artistique seront toujours utilisés dans ce qui devient secrètement le « dossier Erulin ».

En quelques semaines, à quarante-trois ans, l'ancien lieutenant parachutiste se retrouve, sans le savoir, accusé de tous les péchés du monde. Considéré comme aussi dangereux que l'ex-ennemi numéro un Jacques Mesrine, aussi fanatique que les membres des Brigades rouges, il est suspecté des pires crimes.

En mars 1982, le voici maintenant soupçonné d'avoir activement participé à une attaque à main armée, avec prise d'otage, chez un bijoutier parisien : ce que l'on nommerait aujourd'hui un « saucissonnage ». Les faits sont bien réels. Mais son implication ne repose que sur des déclarations fantaisistes, plus tard démenties. L'affaire remonte au 29 septembre 1981, vers 20 h 30, quand quatre hommes armés et cagoulés se présentent chez le diamantaire Henri S., avenue de la République, à Paris, dans l'appartement situé au-dessus de la rédaction du *Quotidien de Paris* de Philippe Tesson. Le commerçant, sa femme et ses deux fils sont prestement ligotés et bâillonnés avec du sparadrap. Un coup de feu est tiré, des coups de crosse distribués et le bijoutier contraint d'ouvrir ses coffres-forts bien garnis. Rapidement transféré dans des sacs et valises, le butin est de 2 millions de francs, montant important pour l'époque.

Fin janvier 1982, deux des auteurs sont arrêtés : sans trop se faire prier Jean-Louis Chaillot et Philippe B. [1] accusent Dominique Erulin et l'un de ses amis, Ante Gotovina, ancien légionnaire de choc du colonel Philippe Erulin, d'être les co-auteurs du hold-up.

Ces aveux tombent à pic : Chaillot, Philippe B. et Gotovina ont travaillé pour la société de gardiennage d'Erulin. Et ce dernier n'est plus là pour se défendre, puisqu'il a pris le large. Conséquence : en mars 1982, un nouveau mandat d'arrêt, bientôt international, est lancé contre lui, pour « vol avec arme, avec usage de violences ».

1. C'est volontairement que je n'identifie pas cet homme, considérant que faute payée est pardonnée.

La coupe ne serait pas pleine si on n'y ajoutait du trafic d'armes ! Sous prétexte qu'un trafiquant, Yves Cramblin, a approvisionné l'équipe Philippe B.-Chaillot — ainsi que des dizaines d'autres clients « collectionneurs » — en revolvers calibre 38 Smith & Wesson, armes achetées clandestinement en Belgique dont une au moins a été utilisée lors de l'attaque du bijoutier, Dominique Erulin se retrouve à son tour visé, le 15 avril 1982, par un troisième mandat d'arrêt. Son cas s'aggrave. Le voilà maintenant activement recherché pour « vol avec port d'arme, infraction à la législation sur les armes et munitions ».

Cette belle carte de visite est assortie d'un mandat d'arrêt délivré par un juge du Var, pour « coup et blessures volontaires, arrestation et détention arbitraire ». Car, en juillet 1981, Erulin et son équipe ont débarqué, le plus légalement du monde, à La Seyne-sur-Mer, à côté de Toulon, pour déménager le matériel et les ordinateurs d'une grosse entreprise de vente par correspondance, occupée par les gros bras de la CGT. Réglée comme une opération militaire, avec l'autorisation du tribunal de commerce, l'expulsion des militants de la CGT a eu lieu sans bavure. Rien de bien méchant. Mais pour les socialistes de la bande à Defferre et leurs alliés communistes, l'affront est terrible. D'autant qu'à La Seyne-sur-Mer, l'intervention d'Erulin et de ses voltigeurs de pointe survient le soir même de l'intronisation du ministre d'Etat, ministre de l'Intérieur, Gaston Defferre.

Le camouflet nécessite une réponse musclée. CRS et gendarmes sont mobilisés. Les frontières sont fermées. Les gares surveillées. Réputé socialiste de droite, le maire de Marseille doit donner des gages au PCF et à sa CGT. Furieux, les syndicalistes ont obtenu de la direction du Parti communiste et des socialistes que des poursuites judiciaires soient engagées contre Erulin, et que le patron de l'entreprise soit arrêté. Alors qu'eux-mêmes agissaient en toute illégalité ! La France restera toujours la France !

Pour parfaire son portrait de bandit de grand chemin, communiqué à toutes les polices, Erulin est également ciblé dans un « Télégramme de recherches » lancé par la Brigade criminelle de Paris. Motif ?

« Dominique Erulin serait témoin d'un homicide volontaire commis le 18 janvier 1980, à Paris 17ᵉ. »

Témoin, certes, mais tout de même suspect. Avec toujours l'utilisation de l'indispensable conditionnel... Quand il s'agit de vous confectionner une réputation « catégorie soie-soie », les couturiers du ministère de l'Intérieur savent s'y prendre. Mais taillé sur mesure, ce costume trois pièces, avec chaussures à clous, est considéré comme encore trop étriqué. Aussi, voilà maintenant que, du côté de la « tour pointue », Dominique Erulin est désigné par la « rumeur » comme « le cerveau et le chef du commando qui, le 22 novembre 1981, a attaqué la caserne Clozel, à Foix, dans l'Ariège ». Une centaine de pistolets-mitrailleurs ainsi que des mitrailleuses 12,7 — redoutables engins de guerre — y ont été dérobés. Rapidement, le bruit circule que des missiles Milan, une arme capable de détruire un hélicoptère ou un avion en vol, feraient partie du lot emporté. Sueur froide sous les képis ! Selon les policiers, qui ne se privent pas de le mentionner dans leurs « blancs » — des rapports anonymes, sans en-tête ni signature —, ce serait la bande des quatre agresseurs du diamantaire qui aurait monté le coup du dépôt d'armes de Foix, pour se constituer un arsenal, dans la perspective d'actions anticommunistes, voire d'un coup d'Etat contre la personne du nouveau président de la République, François Mitterrand !

« Je n'ai rien à voir avec cette affaire, et pour cause, me dit Erulin. A l'heure où cette garnison était attaquée, je dînais à l'autre bout de la France, chez le général commandant la place de Nancy. J'ignore d'ailleurs, à l'époque, que ce crime m'est imputé. Mais, dès lors, mon sort est scellé. Cette affaire déclenche tous mes malheurs. C'est elle qui sert de détonateur. »

Ajoutées au reste, ces dernières inventions vont rendre fébriles ministres, magistrats, gendarmes et fonctionnaires de police. Tous ceux qui ont ordre de traquer le fugitif.

Au Palais de Justice de Paris, le juge Jean-Louis Debré — le futur dirigeant du RPR et ministre de l'Intérieur d'Alain Juppé — n'y voit que du feu. De même que ses collègues à la Chancellerie et en province. A ce stade, comment croire à un coup monté ?

Dans cette paranoïa ambiante, aucun ragot n'est négligé. Voilà maintenant qu'un ancien légionnaire affirme aux enquêteurs — sans aucune preuve ! — qu'il sait où sont les armes dérobées à Foix. Il les aurait vues dans la chapelle de La Faisanderie, une propriété de la région de Toulon appartenant à une autre relation d'Erulin. Là où, l'été précédent, il s'était réuni avec plusieurs de ses amis des équipes de sécurité.

A ces mots, c'est le branle-bas de combat. Dans les premiers jours de décembre 1981, en même temps que se prépare, à Paris, l'interpellation avortée de Dominique Erulin, une vaste opération est décidée par la Direction de la gendarmerie nationale. Ordre est donné de prendre d'assaut La Faisanderie. Plusieurs hélicoptères, une dizaine d'escadrons de pandores sont mobilisés. C'est la guerre ! Charles Hernu, le nouveau ministre socialiste de la Défense, tient à être de la partie. L'ami de Mitterrand ne s'est pas encore déconsidéré dans l'affaire du dynamitage du *Rainbow*

Warrior, le navire de Greenpeace coulé par nos infortunés agents secrets en Nouvelle-Zélande, dans le port d'Auckland. Un avion spécial le transporte sur place : Hernu est à la tête de la troupe des gendarmes quand la propriété est encerclée, puis investie. Echec sur toute la ligne. Fouillée de fond en comble, La Faisanderie est vide des armes de Foix. Et pour cause ! Le bilan est ridicule : seules sont saisies deux armes déclarées à la gendarmerie locale. Ce que l'on évite de vérifier auprès de celle-ci, qui n'a d'ailleurs pas été tenue informée de l'opération projetée.

Cette déferlante de mises en cause désordonnées, de mandats d'arrêt internationaux et avis de recherche, déclenche une chasse à l'homme qui va durer tout le temps des deux septennats de François Mitterrand.

Au Palais de Justice de Paris, les magistrats déclenchent le feu judiciaire. Le 3 mars 1982, dès le lendemain de la délivrance de commissions rogatoires internationales, le juge chargé de l'instruction du hold-up chez le bijoutier envoie une équipe de gendarmes, à Pietrasanta, près de Pise, pour tenter de débusquer Erulin. Sa photo est montrée dans tous les bureaux de tabac, car il serait un gros « consommateur de cigarettes Gauloise ». Or, Erulin n'a jamais fumé ! Avec l'aide des carabiniers, différentes résidences sont mises sous surveillance. Là encore en vain. Erulin est bien passé par là. Mais il s'est envolé... Le maréchal des logis-chef Maurice Blancheteau — futur agent du capitaine Barril au GIGN, puis de la cellule des barbouzes de l'Elysée — revient bredouille. Non sans noter, à la page 3 de son rapport :

« Dès notre arrivée en Italie, nous avons appris et remarqué les choses suivantes : le 3 mars 1982, une note de recherches concernant les nommés Erulin et Gotovina, signalés comme des "*anarchistes ou terro-*

ristes d'extrême droite", avait été diffusée (semble-t-il à la demande du ministère de l'Intérieur français) à toutes les unités de police italienne. »

En conclusion de son compte rendu, le sous-officier de gendarmerie croit bon d'ajouter :

« Mentionnons que, dès notre retour, nous avons appris que Erulin Dominique et Gotovina Ante étaient recherchés dans le cadre d'une affaire d'homicide volontaire (message nº 513 du 8 mars 1982 du SRPJ [*Service régional de Police judiciaire*] de Versailles). »

Fertile imagination de la maréchaussée ! Seulement cités comme témoin dans cette affaire, Erulin et Gotovina deviennent maintenant, sous la plume elliptique du chef Blancheteau, deux criminels en fuite. Mais, heureusement, partout où il va, partout où il se réfugie, Erulin est prévenu à temps des mauvais coups qui se préparent. A Paris, de bonnes fées veillent sur lui. Ainsi peut-il échapper à ses poursuivants. Le même scénario se répète en Belgique, en Suisse de nouveau, puis en Italie, en Côte-d'Ivoire, en Espagne, aux Canaries, et bientôt de l'autre côté de l'Atlantique : en Uruguay, en Argentine et enfin au Paraguay, là où il est contraint de s'installer définitivement, à partir de 1984. A cette époque, Erulin envisage de rentrer pour enfin pouvoir se défendre. Mais un éminent magistrat, conseiller du ministre socialiste de la Justice, l'avise discrètement que s'il se constituait prisonnier, il ne serait pas en mesure de lui garantir une totale sécurité.

Douze ans plus tard, toujours en fuite lorsque l'affaire du vol à main armée chez le bijoutier est jugée devant la Cour d'assises de Paris, Dominique Erulin est condamné par contumace, le 1er juin 1994 : il écope de vingt ans de réclusion criminelle.

Même si, entre-temps, ses prétendus accusateurs se sont spontanément rétractés. Tous deux par écrit : Jean-

Louis Chaillot le premier, le 19 octobre 1987 ; et Philippe B., le 3 décembre suivant. Remis en liberté, Chaillot « atteste » que le prétendu « braqueur » Dominique Erulin est victime de fausses accusations. Dans un français peu académique, mais sans ambiguïté, il déclare :

« M. Dominique Erulin, mis en cause comme ayant été l'un des auteurs de l'agression [*du diamantaire Henri S., le 29 septembre 1981*], n'a pas participé à cette agression. Contrairement à ce qui a été déclaré à la police, je n'ai pas cherché à détromper celle-ci, suite aux différentes dépositions qui devaient être faites par différentes personnes, telles que mon épouse, Mme Nicole B., Mlle Sandrine L. et son ami M. Philippe B., cette solution m'ayant semblé plus simple, à l'époque, sachant par ailleurs, par la police, que M. Dominique Erulin était en fuite à ce moment-là pour d'autres causes. Je ne fréquente d'ailleurs pas M. Dominique Erulin de manière intime. Ce dernier n'a effectué aucune opération en Afrique avec moi. Je n'ai jamais eu avec lui aucun lien d'amitié. Lors de mon audition par la Cour d'assises au cours du procès en cours, j'ai essayé de donner une précision exacte des faits. Malheureusement, il ne semble pas que ma déposition ait été entendue par cette juridiction. La déclaration faite par Nicole B., indiquant qu'il y avait avec moi un nommé Dominique, l'a été pour des raisons que j'ignore totalement. Je suis prêt à confirmer la présente déposition devant telle juridiction ou tel magistrat instructeur, lorsque ce sera nécessaire. »

On apprend au passage que Chaillot était alors en conflit avec son épouse, en raison d'une infidélité. Il avait eu la fâcheuse idée de la tromper avec une voisine. Ancienne prostituée, Nicole B. avait entrepris de se venger en devenant la maîtresse d'un policier. C'est à lui qu'elle avait confié ce qu'elle savait du hold-up chez le diamantaire. Mais sans mentionner le nom d'Erulin, qu'elle ne connaissait pas et qui n'avait jamais été prononcé. Interrogée un peu plus tard, Nicole B. parle d'un « Dominique » à cheveux « gris », avec un « accent arabe », dont elle disait avoir peur, l'individu la menaçant au téléphone pour la faire taire. Or, ce portrait ne correspond en rien à celui d'Erulin, dont les cheveux sont noirs et le phrasé martial, dans la tradition des officiers français.

Calligraphié, le témoignage de Philippe B. est, lui encore, l'aveu de l'injuste incrimination d'Erulin :

« Je déclare sur l'honneur que M. Dominique Erulin, mis en cause à plusieurs reprises par moi-même et mon ami Jean-Louis Chaillot, dans l'agression commise au domicile de M. S. le 29 septembre 1981, n'a jamais participé à celle-ci, que ce soit directement ou indirectement. Le nom de M. Dominique Erulin m'avait été indiqué par Jean-Louis Chaillot, peu après son arrestation, afin que ce dernier soit dégagé de toute responsabilité concernant cette agression. Je n'ai d'ailleurs rencontré M. Erulin qu'une seule fois, bien avant les faits pour lesquels j'ai été condamné. Je ne le connaissais pas particulièrement et ne l'ai jamais revu. »

Certes, Chaillot et Philippe B. se sont bel et bien rétractés. Totalement ! Et toutes les autres procédures se sont enlisées, faute de charges. Mais l'absence d'Erulin devant la Cour d'assises plaide contre lui.

En mai 1995, il faut l'élection de Jacques Chirac à la présidence de la République pour qu'enfin le cauchemar s'arrête. A Paris, ses anges gardiens interviennent en haut lieu pour préparer son retour. Les patrons des services secrets sont consultés. Gravement blessé au Paraguay lors d'un accident de parachute, le fugitif doit être soigné d'urgence. Mitterrand parti de l'Elysée, plus rien ne s'oppose à son retour. Le 28 novembre

1995, quinze ans après son départ précipité du 9 décembre 1981, Dominique Erulin débarque à l'aéroport de Roissy, à 8 h 20 du matin :

« Il est prévu qu'une escorte avec une ambulance me prendra en charge. Et que je serai transféré à l'hôpital du Val-de-Grâce pour y être opéré. Ma jambe droite est brisée. Et j'ai deux vertèbres fracturées. Au lieu de cela, j'ai droit à un comité d'accueil digne d'un parrain de la French Connection. Avant même que les passagers soient sortis de l'avion, une nuée de policiers se précipitent. Malgré mon état et mes plâtres, je dois attendre pendant des heures sur une chaise roulante. Douleurs atroces. Mais, toujours à proximité, un témoin veille. »

Transporté sous bonne garde à l'hôpital de la prison de Fresnes, Dominique Erulin y est incarcéré. Pour la forme ? Le temps, en tout cas, de l'opérer, de soigner ses blessures durant tout le mois de décembre. Et d'attendre la mort du président Mitterrand.

Quand, au matin du lundi 8 janvier 1996, les radios annoncent le décès de l'ancien chef de l'Etat, Dominique Erulin est sur son lit d'hôpital. Pendant la consultation du matin, la doctoresse est priée de s'effacer devant un austère fonctionnaire de l'administration pénitentiaire qui porte un énorme registre :

« Je viens, annonce-t-il à Dominique Erulin interloqué, vous délivrer une convocation à comparaître devant la Cour d'assises de Paris. Vous avez trois jours pour vous préparer. L'audience est fixée pour ce jeudi. »

Le 11 janvier, les gendarmes se présentent au médecin-chef :

« Nous venons chercher Dominique Erulin pour le conduire au Palais de Justice.

— Mais il ne peut se déplacer ! Vous avez une civière ?

— Non !

— Trouvez-en une. Et vous ne pouvez le transporter autrement qu'en ambulance. »

Pendant que la télévision continue de retransmettre en direct les obsèques nationales de François Mitterrand, en présence des deux familles — l'officielle et la parallèle, récemment sortie de l'ombre —, les pourparlers s'éternisent. Enfin, le cortège s'ébranle, sirènes hurlantes et voitures d'escorte garnies de policiers et gendarmes. Les médecins sont inquiets. Les souffrances de leur patient nécessitent l'administration de puissants calmants. Comment dans ces conditions pourrait-il répondre aux questions de la Cour ? On évite donc de lui donner son traitement.

Parvenu au Palais de Justice, devant la troisième section de la Cour d'assises, le prisonnier fait sensation. On ne juge pas tous les jours une ambulance menottée. Compatissants, gênés aux entournures, le président Wacogne et le brillant avocat général Laudet s'empressent de signifier à Dominique Erulin que, comme le prévoit le *Code de procédure pénale*, l'arrêt par contumace de 1994 est annulé. Et ils ordonnent — décision rarissime — de le remettre immédiatement en liberté. Selon la loi, s'étant rendu à la justice, il devra être jugé à nouveau par la Cour d'Assises.

Mais Erulin n'entendra plus parler de rien, après qu'un juge l'a brièvement interrogé, dans la perspective d'un nouveau procès... impossible.

Difficile, en effet, de convoquer un jury populaire pour le dossier vide d'une attaque à main armée, alors que Dominique Erulin se trouvait à dîner chez une princesse, avec des amis qu'à l'époque des faits on avait refusé d'entendre. Devant l'absence de charges, il est laissé libre d'aller et venir où bon lui semble. Jusqu'aux Amériques, où il a refait sa vie et où, pour une petite semaine, je suis venu le retrouver pour interroger sa mémoire.

Aujourd'hui, cinq ans après, la justice ne lui a plus donné signe de vie. Seuls quelques témoins ont été entendus. Tous ont confirmé ses déclarations. Lors de nos précédents entretiens, je n'ai pu obtenir d'Erulin un récit vraiment circonstancié de sa fuite. A Asunción, je profite de nos retrouvailles pour retracer avec lui tout son trajet, connaître, maintenant que le temps s'est écoulé, ce qui s'est réellement passé. Questions brutales, pour un parcours hors normes.

Comment un quidam qui n'a jamais comploté contre quiconque peut-il, subitement, à quarante-deux ans, endosser le pedigree d'un bandit de grand chemin, d'un des plus dangereux terroristes du monde ? Comment, quinze années durant, a-t-il pu vivre traqué par un corps d'élite, directement rattaché à la personne du chef de l'Etat ? Par des juges qui, s'ils avaient pris la peine de faire normalement leur travail, auraient dû voir que les faits reprochés à Dominique Erulin n'étaient que pures fabulations et élucubrations ?

A ces questions qui l'ont taraudé pendant des années, Erulin, longtemps, n'a pas su répondre :

« Gibier, je n'avais qu'un droit, qu'une seule issue : fuir, courir, me sauver. Au fil des ans, le voile s'est levé. Petit à petit. »

Au restaurant Paparazzi d'Asunción, sous une photo d'Alain Delon, il me livre, pour la première fois, ces secrets d'Etat qui ont brisé sa vie et qu'il ne veut plus garder pour lui :

« Je détiens la preuve indiscutable, me dit-il d'un ton étrangement calme, qu'à l'Elysée la consigne fut donnée de ne surtout pas m'arrêter, mais de me flinguer. »

Avec Erulin, nous reprenons une à une les pièces du dossier. Victime exemplaire des turpitudes du régime mitterrandien, il a fallu que soient découverts les inavouables secrets de la cellule des super-gendarmes installés par l'ancien président à l'Elysée pour qu'enfin Dominique Erulin comprenne les circonstances qui l'obligèrent à quitter la France en catastrophe. Et pour qu'il puisse envisager de réclamer des comptes. Ce retour en arrière est indispensable. Comment comprendre la conjuration élyséenne sans en démonter la mécanique ? Devant nous, les pièces du dossier désignent les auteurs du complot dont il n'aurait pas dû sortir vivant. Elles permettent de reconstituer le scénario d'une mort programmée, d'une intrigue criminelle aujourd'hui portée à la connaissance d'une justice étrangement silencieuse, faisant mine de ne rien y comprendre.

A bâtons rompus, notre conversation n'exclut aucune question. Erulin ne lève jamais la voix. Courtes et précises, ses réponses balaient toutes les charges fabriquées pour justifier son « arrestation-exécution ».

Conversation surréaliste, dont mon interlocuteur paraphera plus tard la sténotypie, assortie des pièces sur lesquelles repose son effrayant témoignage. J'engage le feu :

« Prétendre que dans les hautes sphères du pouvoir on aurait voulu vous éliminer est une accusation très grave...

— Moins que ce qui m'est arrivé, et que tout ce qu'ils m'ont fait subir. Je suis le rescapé d'une conspiration criminelle qui a brisé ma vie. Je connais maintenant l'identité des belles âmes qui, sous les ordres de François Mitterrand, à l'Elysée même, ont fabriqué mon dossier dans l'intention de me transformer en bouc émissaire de leurs combines.

— Qui fabrique quoi ? Quelles combines ? Bouc émissaire de qui ?

— Il a fallu l'affaire dite des « écoutes téléphoniques de l'Elysée », pour que je comprenne enfin. Dans ce dossier d'instruction, je suis partie civile, ce qui me donne accès aux milliers de pièces de cette machination, sans être tenu au secret. Les rôles sont maintenant renversés.

— Les pièces qu'il recèle vous visent-elles personnellement ?

— Elles sont édifiantes. Elles mettent en cause le président Mitterrand lui-même et le chef de ses gros bras, Christian Prouteau. C'est lui qui commande alors la prétendue « cellule antiterroriste » installée à l'Elysée. Elle est surtout composée de gendarmes. Ancien adjoint de Prouteau, le capitaine Paul Barril est le seul à les avoir tous mis en garde, après avoir été lui-même accusé de faire partie de mon réseau. A peine arrivés au pouvoir, ils étaient devenus fous. Confiée aujourd'hui au juge Jean-Paul Valat, l'information judiciaire fait apparaître que, durant toute cette période, le recours systématique à l'espionnage des conversations téléphoniques de centaines de personnes du Tout-Paris (journalistes, hommes politiques, artistes et j'en passe) n'a d'autre objet que de s'informer sur ceux qui sont susceptibles de gêner le chef de l'Etat, en révélant sa face cachée. En bonne place, sous le nom de code « Dodo », je suis là, en tête de liste. Mon nom et mon rôle d'assassin aux aguets sont la pièce maîtresse du vaste dispositif d'écoutes mis en place par la cellule dirigée par Prouteau.

— Que venez-vous faire au milieu de ce beau monde ? Qu'avez-vous en commun avec l'écrivain Jean-

Edern Hallier, le journaliste du *Monde* Edwy Plenel ou la comédienne Carole Bouquet ?

— Rien. Sauf que c'est pour légaliser leurs écoutes illégales que le terroriste et tueur à gages Dominique Erulin est artificiellement créé. On m'a doté, pour les besoins de la cause, d'un imaginaire et puissant réseau de comploteurs, d'un trésor de guerre volé, revolver au poing, d'un arsenal impressionnant et d'une troupe recrutée dans les bas-fonds. Bref, avec la logistique d'un vrai chef de guerre, je suis l'homme à abattre. Mais tout est bidon. Aussi, après la mort de Mitterrand, quand tout est enfin découvert, le cynique Prouteau a beau jeu de sortir son atout maître, opposant au juge sa botte secrète, ses sempiternels "*Secret Défense !*", "*Confidentiel Défense !*" qui n'ont rien à voir avec ces crapuleries. Jusqu'au bout, l'Elysée et ses hommes ont nourri le dessein de m'éliminer. Il fallait m'empêcher de me défendre. Vivant, je risquais de confondre en justice les auteurs du dossier monté pour faire de moi l'assassin aux aguets du Président. »

L'aventure tragique de Dominique Erulin relève du roman noir. Ensemble, documents sur la table, nous reconstituons le montage rocambolesque, et à bien des égards diabolique, qui aurait pu aboutir à sa liquidation.

Ajoutées aux souvenirs d'Erulin et au dossier des écoutes téléphoniques, les pièces que j'ai retrouvées à Paris nous aident à démêler l'écheveau. Ce que nous découvrons dépasse de très loin tout ce que l'on a déjà raconté, tout ce que l'on croyait savoir sur les « James Bond » de l'Elysée.

Pour comprendre l'origine de l'affaire, les énormes risques pris par les hommes de main de Mitterrand, nous devons nous replacer dans le contexte de l'époque. Mitterrand est au pouvoir depuis à peine sept mois. Sa victoire à l'élection présidentielle puis aux législatives a grisé les esprits. Au Parti socialiste, lors du congrès de Valence, Paul Quilès réclame « des têtes », à la télévision et dans les administrations. C'est « la chasse aux sorcières ». A l'Assemblée nationale, le député trésorier du PS André Laignel vitupère la droite qui a « juridiquement tort parce que politiquement minoritaire ».

« C'est à cette époque, ajoute Erulin, que, du côté de la place Beauvau puis de l'Elysée, un quarteron de policiers et de gendarmes mythomanes a profité de la douce euphorie de la victoire pour dresser le portrait-robot de l'assassin idéal du Président.

— En utilisant les hommes de la Criminelle, la Gendarmerie et les archives des RG ?

— Oui, tous sont mis à contribution. Très vite, je suis choisi et deviens, dans un scénario qui ne me quittera plus, la super-star, involontaire, d'un complot impliquant toutes les droites : la majorité modérée sortante de Giscard et Chirac, que j'ai servie à l'occasion, grossièrement associée à une pseudo-extrême droite paramilitaire, soi-disant réfugiée dans des sociétés de sécurité, dont je deviens, bien malgré moi, le Généralissimo. »

Sous le nom de code « opération Dodo », l'idée d'impliquer le frère du colonel Erulin dans le projet d'un faux attentat contre la personne du président de la République prend donc racine dès les premiers mois de l'arrivée à l'Elysée de François Mitterrand.

Le 10 mai 1981, l'avènement des socialistes et des communistes au pouvoir est un séisme. Pour les partisans de la droite, les bolcheviques sont là, le couteau entre les dents. La France de gauche est en liesse. Cotte de mailles et casque à pointe, la France de droite est aux abris, elle tremble. A Val-d'Isère, mon vieil ami

Alfred — un gaulliste alsacien comme on n'en fait plus — décide de tout vendre et de se réfugier en « zone libre » : aux Etats-Unis. Au Parlement, l'opposition est anéantie. Il lui faudra plusieurs années pour refaire surface. Au Parti socialiste, c'est le délire, les envolées lyriques et l'obsession (bien commode pour faire passer les excès d'un gouvernement dogmatique et inexpérimenté) d'hypothétiques complots de la droite, désireuse de reprendre le pouvoir par la force. La vieille antienne de François Mitterrand.

L'« opération Dodo » est de la même veine que le faux attentat de l'Observatoire que, sénateur de la Nièvre, le nouveau président avait monté contre lui-même vingt-deux ans auparavant, le 15 octobre 1959, et dont il s'était tiré sans trop de difficulté. Pourquoi changer les méthodes qui gagnent ? Pressés de se faire remarquer et de plaire, certains policiers à l'Intérieur, puis, à l'Elysée, les gendarmes chargés de sa sécurité connaissent les points faibles, les obsessions de leur client, le chef de l'Etat. Maintenant qu'il est parvenu au pouvoir suprême et que l'impunité est assurée, tout est permis. Il faut nourrir la légende d'un François Mitterrand, éternelle victime d'un fantomatique coup d'Etat fomenté du côté de la droite.

Voilà pourquoi Erulin devient subitement la cible de voyous de la République en uniforme, de hauts gradés en mission commandée dont les actes criminels vont le contraindre à l'exil, salir l'armée, déshonorer la France. Dans l'administration — justice et police comprises —, l'heure est aux retournements de veste. Beaucoup s'empressent de donner des gages au nouveau pouvoir. Autant pour faire oublier leur servilité à l'égard des gouvernements précédents que pour récupérer les places laissées libres par les premières victimes de la fameuse « chasse aux sorcières ».

Ainsi naît le mythe d'un complot qu'ourdiraient, dans l'ombre, les milieux disparates de l'opposition.

Dans la police et la gendarmerie — où l'on a beaucoup à se faire pardonner —, ces fantasmes ont vite fait de prendre corps. D'autant que les novices qui viennent de prendre les leviers de commande de la France sont inexpérimentés, incapables de séparer le bon grain de l'ivraie. Puisque les nouveaux gouvernants veulent du complot de droite (« liée à l'extrême droite »), on va leur en donner. Et du bon ! La prétendue menace d'une revanche de « ces messieurs du Château » — expression chère au Premier ministre Pierre Mauroy — devient le filon miracle des caméléons des Renseignements généraux, de la PJ et de la Gendarmerie nationale, en quête de promotions.

Ainsi, par la magie des rapports, des amalgames et de pures inventions, se propage le « syndrome Allende », du nom de l'ancien président chilien, dépossédé de sa victoire et renversé par le coup d'Etat du général Augusto Pinochet. Ce n'est pas pour déplaire à François Mitterrand. Délétère, ce climat est parfaitement décrit, dès 1984, par un homme de l'art qui connut ces événements de l'intérieur et m'en confirme la réalité : je veux parler du capitaine Paul Barril, l'adjoint du commandant Prouteau au Groupement d'intervention de la Gendarmerie nationale, le fameux GIGN.

Dans *Missions très spéciales*, ouvrage rédigé dès octobre 1984, c'est-à-dire bien avant que n'éclatent les scandales de la cellule élyséenne et a fortiori les découvertes de Dominique Erulin, Barril écrit pour l'histoire :

« (...) A cette époque, la France de droite rechignait à accepter l'alternance. Les militants de gauche redoutaient des complots d'extrême droite. Il y avait eu de nombreuses rumeurs d'attentats possibles contre le chef de l'Etat. Cela est même devenu très vite une hantise dans l'appareil d'Etat. (...) Certains policiers se sont vite adaptés au pouvoir de gauche. Ils ont changé de registre. C'était facile : ils disposaient sous le coude d'une réserve de pistes à suivre pour s'attirer la sympathie du régime. Ils surveillaient depuis toujours les activités des types d'extrême droite, les mercenaires, les membres du SAC[1]. Ils n'intervenaient pas trop, parce que ces nostalgiques trouvaient souvent de l'embauche dans les services d'ordre de Valéry Giscard d'Estaing et que, eux, les policiers sérieux, non politisés à droite je veux dire, ne voulaient pas s'attirer d'ennui. (...) Après l'élection de François Mitterrand, des policiers ressortent donc de vieux dossiers. Ils cherchent à se rendre utiles[2]. »

Point n'est besoin d'aller chercher plus loin : voilà comment, parce qu'il avait employé bon nombre d'entre eux dans ses activités de sécurité, Dominique Erulin, ancien chef des gros bras des campagnes électorales du président sortant Valéry Giscard d'Estaing, se retrouve — bien malgré lui et sans rien y comprendre — la vedette du délirant scénario qui va briser sa vie.

Dans la construction de cet échafaudage, tout se fait de bric et de broc. Le 14 avril 1981, un mois avant le 10 mai, le commissaire Jacques Genthial, alors responsable à la Police judiciaire de la « répression des menées subversives », informe la justice d'« achats d'armes effectués en Belgique par des milieux français évoluant dans une mouvance d'extrême droite, aux

1. SAC : le défunt Service d'action civique, créé au temps du général de Gaulle.

2. Voir son livre *Missions très spéciales*, Presses de la Cité, 1984, p. 141.

confins du banditisme et de la politique ». Des écoutes téléphoniques sont ordonnées. Elles permettent d'identifier le trafiquant Yves Cramblin et ses clients. La plupart sont des collectionneurs. Quelques-uns sont des baroudeurs, ex-militaires ou mercenaires, tel Olivier D. qui, deux ans, plus tard, sera embauché par le gouvernement de François Mitterrand pour aller faire le coup de feu au Tchad, contre les troupes de Kadhafi ! D'autres, proches de Dominique Erulin, sont des anciens du service d'ordre de Giscard ou employés par sa société de sécurité. Le 4 octobre 1981, Cramblin est appréhendé au péage de Senlis, sur l'autoroute du Nord. Dans le coup de filet qui suit, Olivier D. et plusieurs de ses compagnons d'armes sont aussi arrêtés.

Au ministère de l'Intérieur, les Hercule Poirot de la PJ croient tenir la belle affaire. Ils vont même jusqu'à suspecter le capitaine Barril, alors numéro deux du GIGN, de faire partie de la bande. Parce que l'un de ses amis de régiment, parfumeur et passionné d'armes, s'est approvisionné chez Cramblin. Tout comme Erulin, Barril est étranger à ce trafic. Son seul tort est d'avoir donné, deux ans auparavant, vingt-quatre détonateurs, une mèche lente et une centaine de munitions à son copain parfumeur qui voulait creuser une fosse de ball-trap dans son jardin. Pourtant, le 8 octobre 1981, Barril et son patron Prouteau sont convoqués par le directeur général de la Police nationale Charles Barbeau qui, plus tard, en 1992 et 1993, dirigera le cabinet du socialiste Michel Vauzelle, ministre de la Justice.

Dès le début de l'entretien, les deux figures de proue du GIGN ont le sentiment d'être interrogées par « un véritable tribunal ». Barbeau est flanqué de son adjoint et de deux généraux : l'inspecteur de la gendarmerie et le directeur du personnel.

« Ils me font asseoir en bout de table, seul, raconte

Barril. Je réalise soudain que c'est après moi qu'ils en ont. Cette mise en scène m'est destinée. J'ai déjà une tête de parfait coupable. »

Un véritable réquisitoire suit. Barril est accusé de trafic d'armes et d'« avoir fomenté un complot contre le chef de l'Etat français, François Mitterrand, avec un groupe de mercenaires d'extrême droite ».

Le numéro deux du GIGN ne se remettra jamais de cette affaire. Malgré le ferme soutien du commandant Prouteau qui lui évite, ce jour-là, la prison — ayant menacé ministres et dirigeants de la Gendarmerie d'en appeler à la presse, à l'opinion —, il lui faudra attendre cinq ans pour être jugé à Bobigny, le 31 janvier 1986, et lavé de ces stupides accusations.

Dès après sa mise en cause, le capitaine Barril s'interroge :

« Comment mon ministre, M. Hernu, la direction de la Gendarmerie et d'autres ont pu croire une telle absurdité ? C'était tellement énorme ! Tellement grotesque ! C'est la rumeur qui gouverne, en France. La rumeur la plus abjecte ! Tous mes supérieurs, sauf Christian Prouteau et quelques camarades, se sont laissé intoxiqués, pendant quelques semaines, sans rien vérifier. Eux qui sont censés protéger la démocratie des rumeurs, eux qui détiennent tous les moyens possibles de contrôle et de vérification, ils ont cru cette incroyable fable. »

Avant d'être obligé de démissionner pour jouer les paratonnerres dans l'affaire Greenpeace et permettre à Mitterrand de s'en sortir les yeux papillonnants et la tête haute, et avant de mourir, le ministre Charles Hernu est le seul à avoir un petit mot aimable à l'adresse du capitaine Barril. Témoignage de celui-ci :

« Un jour, il m'a dit, l'air affable : "*Quand je pense, mon capitaine, qu'on a voulu me faire croire que vous étiez d'extrême droite et que vous complotiez contre le chef de l'Etat !"* »

A la différence de Barril, Dominique Erulin n'a ni un Prouteau ni un Hernu pour le sauver de la prison et des accusations sans preuve. Son frère, le héros de Kolwezi, vient de mourir. Et les seuls appuis dont il dispose sont dans l'incapacité d'agir au grand jour. Dans les officines de basse police, les notes et rapports anonymes s'accumulent, pour former un tout cohérent. Toutes les relations d'Erulin deviennent motifs à enquêtes. Les informations les plus farfelues circulent. Elles viennent des bistrots où les anciens légionnaires du 2e REP refont habituellement le monde. A lire ces fadaises, il n'est pas nécessaire d'en appeler à un expert pour voir que la sécurité du chef de l'Etat ne serait menacée que par un commando Pastis :

• Le séjour estival d'Erulin et de ses copains au domaine de La Faisanderie, près de Toulon ? Dans les « notes blanches » des officines de basse police, il devient « un camp d'entraînement » en vue du futur putsch.

• Les pistolets achetés en Belgique, via Cramblin ? Ils deviennent les armes de poing des comploteurs.

• Le vol de Foix, auquel ni Erulin ni ses amis ne sont mêlés ? Cette opération leur a servi pour réunir l'arsenal qui, demain, permettra de prendre d'assaut l'Elysée et Matignon.

• Dominique Erulin ? Cerveau du réseau, c'est lui qui était « à la tête du commando et de l'attaque à mains armées de la garnison militaire de Foix », en Ariège, non loin de ce Pays basque espagnol où Erulin se divertirait dans des opérations punitives contre ses homologues terroristes de l'ETA militaire. Foix qui n'est pas très éloigné de Latché — suivez mon regard —, où se trouve la résidence secondaire du président Mitterrand, dans les Landes. Et il aurait passé tout son été à s'entraîner au fusil à lunette et au lancer de grenades, faisant une victime : « un chien » ! Sauf que, vérification faite chez le vétérinaire, le boxer en question n'est pas mort. Il a simplement subi un mal de dent.

• Quant à Jean-Louis Chaillot, alias « le Chacal », il se dit qu'il se préparerait à attaquer le président François Mitterrand et le ministre d'Etat, ministre de l'Intérieur et maire de Marseille, Gaston Defferre.

Bref, sans le savoir — tout du moins dans les rapports de police —, la France est en état de siège !

Ces « constructions » grossières — avec pour matière première des aveux de voyous manipulés, des ragots d'indicateurs, des divagations de policiers et de gendarmes soucieux de plaire au prince Machiavel dont ils sont les écuyers tranchants — font subitement entrer Erulin, à quarante-cinq ans, dans le *Who's Who* des premières gâchettes. Il faut impérativement l'isoler, le couper de ses bases arrière : l'armée et les services secrets où, manifestement, il conserve de solides appuis.

A l'automne 1981, les policiers d'élite de la Police judiciaire passent à l'offensive. Après l'arrestation d'Yves Cramblin (le 15 septembre) puis la mise aux arrêts de Paul Barril (le 8 octobre), le vol de Foix (le 22 novembre) alimente l'hystérie ambiante.

Il faut d'urgence sauver le nouveau chef de l'Etat du complot qui se trame contre lui.

D'où l'infructueuse descente (début décembre 1981) au château de La Faisanderie, en présence du ministre de la Défense spécialement venu de Paris. Puis, le 9 décembre, l'interpellation ratée de Dominique Erulin. Enfin, à la fin janvier 1982, l'arrestation de Philippe B. et Chaillot pour leur participation à l'attaque du bijoutier de l'avenue de la République (le 29 septembre) intervient à point nommé. Il ne reste plus qu'à leur arracher les noms de Dominique Erulin et de son garde du corps Ante Gotovina. Ce qu'ils s'empressent de faire, dans des déclarations que l'on évite de vérifier, mais qui seront bien plus tard démenties et sur lesquelles ils finiront eux-mêmes par revenir. Quant au fameux trafiquant Yves Cramblin, aucun tribunal ne pourra jamais l'entendre : il meurt « suicidé » (par pendaison) à la prison de Fleury-Mérogis, le 28 janvier 1982, emportant avec lui tous ses secrets.

Dans la chasse à l'homme dont il est la cible, Erulin garde malgré tout un avantage : il a toujours une longueur d'avance, il est chaque fois prévenu à temps des mauvais coups qui se préparent. Alors, la baraka ? Dominique sourit :

« La chance ? Elle fut ma meilleure compagne. Mais, c'est vrai, dans ma fuite éperdue je ne suis pas seul. Je garde le contact avec Paris, où de solides antennes ont décidé de m'aider, fût-ce au prix de risques considérables. A la DST et à la DGSE, mes amis se sont mobilisés. On m'y connaît suffisamment pour savoir que je ne peux être le traître et gangster décrit sur les chiffons de papier de la police, de la Gendarmerie et de l'Elysée. Il me faut vivre comme un paria. Partout où je vais, le meilleur et le pire m'attendent. Les fiches de police circulent, via Interpol. J'y suis plus noir qu'un corbeau, plus rusé et sanguinaire qu'une hyène. Ma seule faute est de ressembler, trait pour trait, au faux assassin que l'on a décidé d'offrir au président Mitterrand pour ses petits Noëls de 1981 et des années suivantes, afin qu'il puisse mieux nourrir sa gloire. Quoi de plus simple que de faire croire à un attentat organisé contre lui, en bande organisée par un escadron noir, et de me l'attribuer ? »

Commence alors une course poursuite dont les principales étapes sont indiquées dans des centaines de documents, les télégrammes top secret qui ont été envoyés de Paris aux quatre coins du monde. Fugitif, Dominique Erulin raconte ses années de calvaire comme s'il s'était agi d'une ballade à la foire du trône :

« Elles ne cesseront que le 8 janvier 1996, à l'heure précise de l'annonce de la mort du parrain : François Mitterrand. Incroyable, mais vrai ! Les charges rassemblées contre moi ? Tout est bidon ! La vérité ? Je ne la découvre que bien plus tard, quand les langues commencent à se délier, quand la cellule de Prouteau se retrouve au centre d'un immense scandale dont on n'aurait jamais connu l'existence sans les investigations persistantes de journalistes, victimes comme moi — mais, heureusement pour eux, à un degré moindre — des agissements, des méthodes lamentables des polices parallèles dont François Mitterrand s'était entouré pour se protéger. »

Opération « Homo » à l'Elysée

Au GIGN, le corps d'élite de la Gendarmerie nationale créé en septembre 1973 sous le président Georges Pompidou, le commandant Christian Prouteau et son adjoint, le capitaine Paul Barril, sont comme des frères jumeaux. Inséparables compagnons d'armes, ensemble ils ont vécu la gloire et les coups durs :

« J'avais pour lui l'indulgence d'un frère aîné pour son cadet ou d'un père pour son fils, raconte le commandant Prouteau (...). Nous étions devenus des amis inséparables. On nous voyait toujours ensemble. On parlait de nous comme des duettistes en nous surnommant "*Prouteau et Popaul*". Même à la direction de la Gendarmerie, on nous considérait un peu comme un tout, et l'on nous appelait "*le Grand et le Petit*"[1]. »

Le 8 octobre 1981, devant le directeur général de la Gendarmerie Charles Barbeau, puis devant le juge d'instruction Gilles Boulouque, c'est Prouteau qui, courageusement, prend la défense de son ami et lui évite in extremis d'aller dormir en prison. Le chef du GIGN est abasourdi par les attaques lancées contre son adjoint :

1. Christian Prouteau, *Mémoires d'Etat*, Editions Michel Lafon, février 1998.

« On l'accuse de s'être livré à un trafic d'armes et de préparer un coup d'Etat. C'est une histoire de fou, dit-il à Charles Barbeau. Si vous n'appelez pas le ministre de la Défense, moi j'appelle la presse. »

Le chef du GIGN est ulcéré. Il sait d'où vient le mauvais coup : de la Police judiciaire où de vilains canards ont cru détenir la « grosse affaire » et pouvoir se faire bien voir du nouveau gouvernement de gauche, en la présentant comme une tentative de putsch. Tout en éclaboussant au passage le fleuron de la Gendarmerie et ses deux figures de proue. Prouteau n'est pas dupe :

« Je ne sais pas si les policiers qui ont conduit l'enquête ont réellement cru à la préparation d'un coup d'Etat. C'est possible, encore que leur dossier fût des plus minces. »

Témoignage sincère et révélateur. A l'été 1982, une fois que les inventifs enquêteurs de la PJ se sont lassés de courir après des moulins à vent, c'est pourtant la cellule dirigée par Prouteau, dont les actes sont étroitement contrôlés par le président de la République, prévenu de tout, qui reprend à son compte le fantasmagorique complot contre François Mitterrand et relance, avec encore plus de vigueur et de moyens, la traque de son prétendu cerveau : Dominique Erulin.

Pourquoi ce revirement ? Que s'est-il passé ?

Quand Barril a été mis en cause, l'ensemble du GIGN, y compris Prouteau, s'est senti visé. Dans la presse, l'implication de Barril dans un « trafic d'armes » a fait grand bruit. Fidèle serviteur des différents gouvernements de Valéry Giscard d'Estaing, le GIGN et son chef sont jusqu'alors catalogués à droite. Certains dirigeants de la gauche rêvent de voir disparaître ce « symbole de la répression ». D'autant que, susceptible d'être appliqué à tout moment, le *Programme pour un gouvernement démocratique d'union popu-*

laire des Partis socialiste, communiste et des Radicaux de gauche envisage la dissolution des unités spécialisées dans le maintien de l'ordre. Déboussolé, le commandant Prouteau craint pour l'avenir de son groupe :

« Après l'inculpation de Paul, tout a changé, confesse-t-il. (...) Je ne connaissais personne au gouvernement, la plupart de mes relations se situant plutôt à droite... »

Pendant des semaines, Prouteau se bat comme un diable. Non pour sauver sa peau, mais celle du GIGN. Il a de bonnes raisons de redouter sa suppression. Elle causerait un préjudice considérable à la sécurité intérieure de la France. Un peu partout, des groupes terroristes nous menacent. Envié dans le monde entier, prêté au roi Fahd d'Arabie Saoudite pour mater une sanglante rébellion à La Mecque, le GIGN est le nec plus ultra des brigades d'intervention.

Pour convaincre le fils de gendarme et nouveau ministre de la Défense Charles Hernu de la nécessité de préserver l'unité d'élite, Christian Prouteau a l'idée, en mars 1982, d'organiser à son intention un grand show, à la caserne de Maisons-Alfort. Descente en rappel par hélicoptère, escalade d'une tour de cinquante mètres par les balcons, libération d'otages, ramassage de grenades dégoupillées, tirs de rapidité au 357 Magnum..., le ministre et les parlementaires qui l'accompagnent sont impressionnés. La partie est gagnée : le GIGN vivra.

Le vrai miracle survient quand, à la présidence de la République, François de Grossouvre, le conseiller et ami du Président chargé des problèmes de police et de sécurité, prie Prouteau de créer une unité de protection du chef de l'Etat. Peu après, le directeur de cabinet du président, André Rousselet, lui demande d'en prendre la tête. Prouteau commence par refuser. D'instinct. Il sait qu'il est risqué pour un militaire de se commettre avec les politiques. Mais Rousselet ne lui laisse pas le choix. C'est « oui » ou la porte. Et il finit par accepter. Enfin, arrive le grand jour : le 13 juillet 1982, à 16 h 30, Prouteau est convoqué par François Mitterrand pour un tête-à-tête dans son bureau de l'Elysée. Le patron du GIGN n'en revient pas :

« Moi, Christian Prouteau, simple commandant de gendarmerie, je quitte le bureau de François Mitterrand, président de la République ! Il vient de me confirmer que je suis, désormais, responsable de sa sécurité (...). Me voilà propulsé au sommet de l'Etat, pour une mission que je ne voulais pas [1] ! »

Obtenue aux forceps et officialisée au Conseil des ministres qui suit, le 17 juillet 1982, la nomination de Christian Prouteau fait l'événement. Pauvre Prouteau, embarqué sur une galère qui va le mener à sa perte.

Trois semaines après, le 9 août 1982, dans le quartier du Marais à Paris, la rue des Rosiers est ensanglantée par un attentat dirigé contre la communauté juive. Terrible bilan : six morts, vingt-deux blessés. Les Palestiniens frappent en plein Paris. Quatre jours plus tard, le 13 août, Prouteau prend l'initiative de communiquer au président de la République ses « propositions concrètes » pour la lutte antiterroriste. Message bref, où le « CE [*chef d'escadron*] Prouteau », à l'instar d'Alain Delon, parle à la troisième personne. Le pouvoir lui est déjà monté à la tête. Il propose la « mise sur pied d'une unité d'investigation antiterroriste » d'une quinzaine d'hommes, dont il pourrait prendre la tête.

Sur-le-champ, l'autre conseiller de Mitterrand pour

1. Christian Prouteau, *Au service du Président*, Editions Michel Lafon, juin 1999, pp. 9 et 16.

les affaires spéciales, le sénateur du Puy-de-Dôme Michel Charasse, installé à l'Elysée, somme Prouteau de venir le voir, dans les combles de l'Elysée. Interrogatoire préparatoire, en vue de l'élargissement du champ d'action du « super-gendarme ». Avec en ligne de mire une autre mission, bien plus secrète, que Mitterrand, pour l'heure, évite de lui exposer : la protection de sa vie parallèle et de sa seconde famille.

Le 16 août 1982, Christian Prouteau est chez lui, en Vendée. La secrétaire de François Mitterrand l'appelle :

« Le Président veut vous voir au plus vite. C'est urgent. On vous envoie un hélicoptère. »

On ne peut mieux faire pour impressionner celui que l'on vient d'élever à de si hautes fonctions. Dès lors, tout est entrepris pour obtenir qu'il s'implique, avec son équipe, dans la protection totale du Président. Dans son bureau, François Mitterrand annonce à Prouteau, à brûle-pourpoint, la décision qu'il s'apprête à annoncer aux Français, le lendemain, dans une allocution télévisée :

« La note que vous m'avez adressée sur le terrorisme m'a beaucoup intéressé. Vos suggestions sont bonnes. J'ai décidé de vous nommer pour une mission de coordination de la lutte antiterroriste. »

Instantanément et sans qu'il l'ait voulu, cette promotion fait du commandant Prouteau l'un des hommes les plus puissants de France. Le 24 août 1982, il est nommé « conseiller technique au cabinet du président de la République », par un arrêté publié, le lendemain, au *Journal officiel*. Ses pouvoirs sont étendus. Rien ne lui est refusé. Ni les effectifs, ni les crédits, ni les meilleurs matériels, ni les libertés, petites ou grandes, qu'il prend immédiatement avec le droit commun.

Désormais, Prouteau porte deux képis, qui vont s'avérer beaucoup trop larges pour lui. Chef du Groupe de sécurité de la présidence de la République (GSPR), la nouvelle unité responsable de la protection rapprochée du chef de l'Etat et de ses proches, il est aussi le coordinateur tout-puissant de la lutte antiterroriste, ne rendant compte qu'à François Mitterrand en personne. Pour l'assister dans cette mission, il en appelle aux compétences de Charles Pellegrini, le patron de l'Office central de répression du banditisme (OCRB), et à son copain de toujours, Paul Barril. Le brelan d'as du Président crée le Groupe d'action mixte (GAM), le « bras armé » de Prouteau pour les opérations « les plus pointues », capable de faire de la « recherche opérationnelle sur le terrain ». Cet escadron présidentiel est recruté à la fois dans la police et la gendarmerie. Cinq hommes, dirigés par Pellegrini, sont des policiers, issus de divers services. Sous l'autorité de Barril, les cinq autres proviennent du GIGN. Construction fragile. Elle favorise des conflits d'intérêt et de chapelle. Ce qui n'est pas pour déplaire au président Mitterrand dont le grand principe d'action est de diviser pour mieux régner. La « guerre des polices » fait rage : les deux clans, qui ne s'apprécient guère, opèrent chacun de leur côté. C'est cette troupe disparate mais dotée de tous les moyens qui, bientôt, va être mobilisée pour « neutraliser » Erulin.

Œcuménique, Prouteau recrute ses cadres là où bon lui semble, faisant son marché dans tous les services de renseignement de l'Etat. Les plus sérieux : Renseignements généraux ; Direction de la surveillance du territoire (DST) et même à la Direction générale des services extérieurs (DGSE), le service français d'espionnage. Bref, dans ce qui ne va pas tarder à devenir la fameuse « cellule élyséenne », Prouteau fait les choses en grand.

Rescapé de la rafle anti-extrême droite de septembre et octobre 1981, Paul Barril ne fait pas officiellement partie de la « cellule ». Mais il y a tout de même un bureau, un téléphone (numéro 604) et, depuis le 30 août 1982, un « laissez-passer » à l'Elysée (le n° 545). Car, en sa qualité de patron du GIGN, où il remplace Prouteau, Barril héberge à Satory, près de Versailles, le nouveau GAM. On compte sur lui pour assurer la logistique et la discrétion. C'est d'ailleurs Barril qui dirige la moitié de ses effectifs : les cinq gendarmes provenant du GIGN.

Pour ces anges gardiens triés sur le volet, rien n'est trop beau : voitures aux moteurs gonflés, armes ultra-modernes, équipements électroniques révolutionnaires, systèmes d'écoutes et d'interception ultra-performants. La maison Mitterrand sait s'y prendre pour flatter les ambitions et les enthousiasmes.

La suite n'est pas moins stupéfiante. Recherchant les raisons qui ont conduit la cellule dirigée par Prouteau et ses hommes à désigner Dominique Erulin comme « l'ennemi numéro un » du président Mitterrand, je découvre qu'en septembre 1982, quelques jours seulement après avoir fait de Prouteau son « Monsieur anti-terrorisme », François Mitterrand lui a donné ses consignes de base :

« Mes fils [*Jean-Christophe et Gilbert*] sont assez grands pour se protéger eux-mêmes. Je veux que vous assuriez la sécurité de mes petits-enfants et de leurs mères. Tenez-vous aussi informé des conditions de sécurité de ma sœur et de mon frère. »

Curieusement, pas un mot à propos de « Madame », Danielle Mitterrand. Prouteau s'en inquiète. Réponse laconique du prince :

« Je ne pense pas que vous ayez à vous en occuper. Mon épouse est habituée aux policiers du service des Voyages officiels. Elle ne souhaite aucun changement[1]. »

Quand Christian Prouteau le quitte, François Mitterrand murmure :

« Pour le reste, voyez avec Rousselet. »

Le reste ? Le directeur de cabinet s'en défausse sur l'homme à tout faire : François de Grossouvre, le « conseiller » qui, dans peu de temps, va devenir mon ami, remplissant toujours avec brio sa véritable fonction d'efficace ministre des biens et de la maison privée du Président, à l'exclusion toutefois de sa famille officielle... qu'il ne fréquente pas. Grossouvre qui, avant de mourir, me fera part de tous ces secrets qui lui pesaient tant sur le cœur...

Dans son petit bureau, au premier étage du palais, François de Grossouvre assène la nouvelle au militaire, qui tombe des nues :

« Bon, voilà mon commandant, vous devez savoir qu'il y a une deuxième famille. Une fille de huit ans et sa maman. Le Président souhaite qu'elles soient protégées, dans la plus grande discrétion. »

La raison de cette confidentialité m'est connue. Je l'ai déjà relatée dans *Mitterrand et les 40 voleurs...*, telle qu'elle me fut confiée par Grossouvre lui-même, lors de nos fréquents et secrets entretiens à l'Elysée :

• Les super-gendarmes du GSPR affectés en permanence à la surveillance et à la sécurité de « Madame bis », Anne Pingeot, et de la petite Mazarine, la fille qu'elle eut de François Mitterrand, en 1974, et dont lui, Grossouvre, était le parrain ;

• Les week-ends au château des Grossouvre, à Lusi-

1. Christian Prouteau, *Au service du Président, op. cit.*, p. 90.

gny, près de Moulins, dans l'Allier, où l'ami François avait fait aménager un petit pavillon spécialement réservé au Président et à sa vie cachée ;

• Les voitures, avions, hélicoptères et gardes du corps transformés en nounous, aux frais des contribuables ;

• La petite « Zaza » continuellement surveillée et accompagnée, avec compte rendu d'activité au père ;

• Le vaste appartement au premier étage du 11, quai Branly, dans les annexes de la présidence, juste au-dessus de celui de Grossouvre ;

• Le château présidentiel de Souzy-la-Briche, dans l'Essonne, non loin de Paris, restauré et réaménagé à grands frais, avec cheval et manège pour mademoiselle ;

• La vie de princesse d'Anne Pingeot et de la petite « Zaza », sur fonds publics, alors que le président de la République, si volontiers donneur de leçons, aurait dû en assurer personnellement les lourdes charges, de même que pour tout le reste.

Quand il accepte cette nouvelle mission, très éloignée des attributions normales d'un officier de gendarmerie, Prouteau a-t-il conscience de s'être fait piéger ? Il ne peut ignorer, lui le fondateur du GIGN, patron de nos gendarmes d'élite, que c'est surtout pour protéger des regards indiscrets la vie parallèle de François Mitterrand, avec sa maîtresse Anne Pingeot et la petite « Zaza », que l'on a fait appel à lui et à ses hommes. Ses gendarmes de l'Elysée ne sont-ils pas prévenus de l'identité, des activités et des allées et venues de « Monsieur le vice-président », Roger-Patrice Pelat, le copain sympathique mais affairiste de Mitterrand, qui s'est enrichi honteusement par l'utilisation de la fonction présidentielle de son ami ? Pelat qui, comme le bon François de Grossouvre, met la main à la pâte, chaque fois qu'il faut « aider » la famille secrète, en cachette de la famille officielle.

Dès lors, les barbouzes de la cellule vont ressortir des cartons le fantaisiste dossier du prétendu « complot contre François Mitterrand ». Entre leurs mains, la menace d'attentat refait surface et se renforce. Or Prouteau, dont le bras droit Paul Barril fut victime de la même cabale quelques mois auparavant, ne peut ignorer que ce projet d'attentat est totalement bidon, ce dont il témoignera plus tard. Complot d'opérette, certes, mais bien utile pour justifier son installation auprès de François Mitterrand avec cette garde prétorienne dont l'unique objet est de cacher, aux yeux des Français, l'existence de la seconde famille du Président.

Aidé par les investigations du juge Valat dans l'affaire des écoutes téléphoniques de l'Elysée, Dominique Erulin découvre peu à peu la vérité. La mission antiterroriste confiée à Prouteau ? Les imaginaires menaces contre Mitterrand ? Elles ont bon dos ! Ces prétextes sont avancés pour légitimer les moyens considérables consentis aux « baby-sitters » du président de la République et la mise en place de la cellule élyséenne, celle de tous les coups tordus...

Dans les semaines qui suivent, le chef d'escadron Christian Prouteau met son équipe en place. Les stages de formation débutent le 8 septembre 1982. Tout doit être prêt pour la fin de l'année. Les délires policiers et gendarmesques vont pouvoir recommencer. De plus belle !

Sans visiblement se rendre compte qu'ils enfreignent la loi et en cachette de la justice, les hommes du conseiller technique se lancent dans des opérations de recherches, de manipulations et d'espionnage, la plupart illégales.

Mis en examen dans l'affaire des écoutes téléphoniques, Gilles Ménage, l'ancien directeur adjoint de cabinet de François Mitterrand, confirme que Christian Prouteau, dès son arrivée à la présidence, exploite le dossier Erulin :

« Christian Prouteau avait passé en revue les informations qu'il avait rassemblées, et mis le doigt sur ce qu'il considérait comme un risque majeur : la personne à surveiller, déjà repérée par les Renseignements généraux, se dénommait Dominique Erulin. (...) Depuis le mois d'octobre 1982, Christian Prouteau avait multiplié les écoutes téléphoniques pour tenter de le localiser. Loin de le rassurer, les premières interceptions l'avaient conforté dans l'idée qu'il convenait de poursuivre les surveillances[1]. »

Le commandant Prouteau est un amateur de surgelés. Lorsqu'il quitte l'Elysée, il commet l'erreur d'emporter avec lui ses archives qu'il aurait dû laisser sur place. Ces centaines de documents relatent par le menu les vilenies de la cellule. Retrouvés cachés dans un garage par le juge Valat, lors de l'instruction judiciaire où Erulin est plaignant, les comptes rendus secrets de Prouteau, rédigés ou dictés par lui, sont révélateurs des méthodes employées. Dès ses premiers entretiens avec François Mitterrand, le dossier Erulin est mis sur la table. Dans une « Note à l'attention de Monsieur le Président de la République », en date du 7 avril 1983, le conseiller technique dresse, à l'intention du Président, un édifiant résumé de cette affaire d'Etat. Sous en-tête de la présidence et l'intitulé « Objet : Extrême droite », Christian Prouteau écrit :

« Comme je vous en ai parlé, il y a plusieurs mois [*sic*], sur l'ensemble des problèmes qui concernaient

1. Gilles Ménage, *L'Œil du pouvoir. Les affaires de l'Etat, 1981-1986*, Fayard, mai 1999, p. 208.

ma mission, j'ai apporté une attention particulière au cas de D. Erulin. Au moment où nous avons pris cette affaire, grâce à des complicités à l'intérieur de la police, la trace de D. Erulin avait été perdue. Après quatre mois de travail, le GAM l'a localisé précisément à l'étranger. Le juge d'instruction, chargé de l'affaire, a délivré un mandat d'arrestation internationale dans le plus grand secret [re*sic*]. L'information précise que nous avons laissé, sans aucun doute possible, penser que si des actions violentes sont organisées au niveau de l'extrême droite, elles le seront, à l'évidence, par Dominique Erulin [rere*sic*]. L'engagement qu'il avait eu sous le précédent gouvernement pour exécuter des basses besognes [rerere*sic*] lui assurait une protection à haut niveau. De ce fait, la présence de votre gouvernement lui interdit l'accès du territoire national. Comme il serait difficile de l'arrêter sous un prétexte activiste, compte tenu des répercussions que cela pourrait engendrer, nous nous sommes limités à son passé de droit commun. Ce passé étant assez chargé, il est évident que dès qu'il sera arrêté, son incarcération ne posera pas de problèmes (...). »

Avant de passer à la scandaleuse conclusion de cette communication officielle — où, à chaque paragraphe, apparaissent des allégations fausses, une explication de texte s'avère indispensable :

• Primo, le président François Mitterrand est prévenu depuis « plusieurs mois » ;

• Puis, Prouteau avoue des « complicités à l'intérieur de la police » ;

• C'est à partir d'une construction purement subjective — d'hypothétiques « actions violentes organisées au niveau de l'extrême droite » — qu'a été lancée la chasse à l'homme contre Erulin, l'homme des « basses besognes du précédent gouvernement », celui du président Valéry Giscard d'Estaing et de son Premier ministre Raymond Barre ;

• Encore plus subjectivement, Prouteau décrète, tout seul, assis à la place de Saint Louis, au pied de son chêne, que ces actions violentes, si elles étaient menées, « le seront à l'évidence par Dominique Erulin » ;

• Ecrire ensuite « la présence de votre gouvernement lui interdit l'accès du territoire national » signifie, en clair, qu'Erulin est, par le seul fait du prince, condamné à l'exil ;

• Prouteau reconnaît qu'il serait impossible d'arrêter Erulin « sous un prétexte activiste ». Le dossier étant totalement vide, cette arrestation arbitraire aurait forcément de fâcheuses conséquences ;

• C'est pourquoi la cellule de Christian Prouteau se charge, pour les besoins de la cause, de coller un « passé de droit commun » imaginaire au faux assassin du Président. Celui-ci « étant assez chargé, il est évident que dès qu'il sera arrêté, son incarcération ne posera pas de problèmes ».

CQFD !

Epouvantable logique ! Qui conduit Prouteau à s'exprimer dans cet incroyable paragraphe où il paraît suggérer, ni plus ni moins, l'élimination physique de Dominique Erulin. A condition que le feu vert lui soit donné par le président de la République, François Mitterrand :

« Etant donné la personnalité de D. Erulin, la décision de son arrestation est délicate. C'est pour cela que, tout en utilisant la voie légale dès que nous avons eu retrouvé D. Erulin, j'ai conservé la possibilité d'éviter l'arrestation. Si vous pensez que celle-ci n'est pas opportune ou qu'il serait préférable de neutraliser cet homme par un autre procédé, il sera fait selon votre volonté. »

En d'autres termes, vous pouvez, Monsieur le Président, donner l'autorisation de liquider Erulin, dans une opération bien comme il faut, une « opération Homo ». Et il sera fait « selon votre volonté » ? Questionné par le juge à propos de cette formule, Prouteau conteste cette interprétation. Pensez donc[1] !

Quand, le 7 avril 1983, cette note est adressée au président de la République, les envoyés spéciaux de Prouteau, les hommes du Groupe d'action mixte, ont, depuis la veille, 6 avril 1983, localisé Erulin aux Canaries. Pressé de pouvoir enfin décrocher un beau trophée pour sa cellule antiterroriste, Christian Prouteau a déjà tout préparé. Il ne lui manque que l'aval présidentiel. D'où cette note « n° 65 bis » au chef de l'Etat[2].

François Mitterrand ne se fait pas prier. Le 8 avril 1983, à la veille du week-end de Pâques, le Président est au repos. Il ordonne à Prouteau de le rejoindre dans sa résidence secondaire de Latché, à Soustons, dans les Landes. Et de se faire accompagner par Gilles Ménage.

Répété devant le juge d'instruction, le témoignage du directeur de cabinet de François Mitterrand a le mérite de la franchise et de la clarté :

« C'était la première fois que j'étais convoqué d'urgence à Latché et j'étais assez curieux de découvrir comment se traitaient les dossiers délicats dans ce cadre inhabituel. François Mitterrand fit d'abord remarquer que les explications que nous lui avions fournies étaient trop sommaires et qu'elles devaient être complétées. Christian Prouteau rappela ses entretiens précédents au cours desquels il avait déjà parlé au Président du cas Dominique Erulin. Il souligna qu'il le considérait comme l'un des membres de l'extrême

1. Voir *infra*, p. 194.
2. Voir annexe 4, p. 319

droite capable de mener des actions contre la personne du chef de l'Etat. Il expliqua pourquoi il avait dû recommencer de A à Z une enquête entamée depuis quatre mois, dans des conditions particulièrement discrètes, car naguère, chaque fois que Dominique Erulin avait failli être intercepté pour des délits de droit commun, il en avait été obligeamment et opportunément prévenu, ce qui avait été le cas en 1982 en Italie et en Suisse [1]. »

Tout comme Prouteau, Gilles Ménage est un homme précis. A le lire, on découvre qu'au lieu de s'occuper des affaires de la France, le président de la République passe son temps à jouer les Sherlock Holmes pour des complots imaginaires, comme il les aime :

« Le Président écouta attentivement, puis prit la parole pour souligner les dangers que représentaient les groupes divers qui, à l'extrême droite, étaient en train de se reconstituer. Il parlait moins, à l'évidence, de ce qui pouvait être une menace pour sa personne que d'un élément du jeu politique. (...) Mais, pour ce qui était de Dominique Erulin, François Mitterrand n'était visiblement pas convaincu qu'il fallait l'arrêter. Il préférait au contraire qu'on tentât de l'utiliser pour remonter les filières et qu'on se contentât dans un premier temps de le surveiller [2]... »

Et c'est là que les mots décisifs sont lâchés : il ne faut surtout pas prévenir les autorités judiciaires françaises. Si Dominique Erulin devait être neutralisé, l'opération devra être confiée aux « amis espagnols ».

Mais, encore une fois, la chance reste du côté du fugitif qui, miraculeusement, sort indemne du piège tendu par la cellule de l'Elysée et les policiers du Premier ministre espagnol, le socialiste Felipe González.

1. Gilles Ménage, *L'Œil du pouvoir*, *op. cit.*, p. 210.
2. *Ibid.*, pp. 210-211.

Pendant cette année 1983, les écoutes téléphoniques sont systématiquement utilisées comme moyen d'espionnage des journalistes et personnalités susceptibles de gêner le Président. L'écrivain et journaliste Jean-Edern Hallier n'est pas le seul branché. Au *Monde*, Edwy Plenel, dont les enquêtes agacent sérieusement le Président et son cabinet noir, fait l'objet d'une surveillance constante, voire maniaque.

L'actrice Carole Bouquet est aussi mise sur écoute avec pour motif : « Trafic d'armes » !

Le 11 janvier 1983, sous les noms de codes « Dodo » ou « Edredon » Dominique Erulin a l'honneur d'être l'un des tout premiers « branchés » par les grandes oreilles du Président. Il sera également l'un des plus écoutés. Toujours par des branchements de « longue durée ». Sous les noms les plus variés : « Bison », « Bougie », « Bougie I », « Bruit », « Coca », « Court », « Delta », « Dragon », « Edredon », « Edredon I », « Edredon II », « Eros », « Leguer », « Neveu », « Nord », « Verdure » et « Vitale ». Certains de ses proches et les établissements où il a ses habitudes mobilisent une vingtaine de lignes. En pure perte ! Le 20 octobre 1983, l'un des préposés aux écoutes, Gaël X., fonctionnaire un peu plus éclairé, signale dans son compte rendu concernant Dominique Erulin :

« De l'enquête effectuée jusqu'à ce jour, il ressort qu'aucun élément permettant d'infirmer ou d'affirmer le complot n'a été recueilli. »

N'empêche, la comédie va continuer. Jusqu'au bout...

Avant les Canaries, Erulin s'est longtemps arrêté en Côte-d'Ivoire. Quand, le 22 mai 1982, François Mitterrand se rend en visite officielle à Abidjan, reçu à l'aéroport par son vieil ami Félix Houphouët-Boigny, le président de la République française ignore que Dominique Erulin est logé dans une propriété officielle de la présidence ivoirienne. Sur l'avenue Valéry-Giscard-d'Estaing, qui conduit au pont Charles-de-Gaulle, Erulin observe, à la jumelle, le passage des deux hommes d'Etat, en véhicule découvert. François Mitterrand est en costume clair, panama et lunettes noires. Le parrain est aux Afriques :

« Ce jour-là, raconte Dominique, j'avais à portée de main ma carabine de chasse. Si j'avais été le tueur décrit dans les rapports de Prouteau, Mitterrand n'avait aucune chance de s'en sortir. Mais je suis un soldat, non un assassin. Je n'ai jamais été dangereux que dans les missions que j'accepte. Qui aurait pu me donner l'ordre d'abattre le chef de l'Etat ? Quelle idée stupide ! En outre, à Abidjan, je sers les Ivoiriens et, en même temps, les intérêts de la France. Je travaille avec le correspondant local de la DGSE. »

En mars 1984, Erulin est toujours en Côte-d'Ivoire. A Paris, l'équipe de la cellule élyséenne a fini par le localiser. Et les calomnies reprennent, relayées par tout de ce que la France compte d'agents doubles, d'indicateurs, de corbeaux, de policiers véreux...

Impossible de reproduire ici tous les télégrammes qui s'échangent alors, les rapports qui entretiennent l'excitation de François Mitterrand. Je ne m'arrêterai que sur quelques exemples, telle cette « Notice individuelle de renseignements » signée par Pierre M., un policier français des Renseignements généraux, alors en poste à Abidjan, au titre de la coopération. Pour accréditer la sempiternelle thèse de l'extrême droite, Erulin y est présenté comme « un militant dur du Front national, organisation dans laquelle il a eu la responsabilité de la sécurité de monsieur Jean-Marie Le Pen ». Or, s'il connaît bien Le Pen, depuis l'Algérie et ses jeunes années au quartier Latin, l'ancien parachutiste n'a jamais été un militant du Front national ni d'aucun autre parti d'ailleurs. Et jamais il n'a eu au Front national les fonctions que ce policier lui prête.

Erulin balaie le ragot :

« Ils craignent tous alors d'être trahis par leurs contradictions et imprécisions. Cela transparaît à la lecture des pages du dossier. Il leur faut affiner mon portrait. Voilà pourquoi le braqueur et assassin Erulin devient un "*extrémiste de droite, dangereux et armé*". Que vient faire Le Pen dans cette galère ? Le Pen ? Pour faire bonne mesure. Le citer dans mon dossier n'est pas moins scandaleux que tous les autres romans qui y figurent. Pour pouvoir légaliser la grande traque lancée contre moi, il faut me diaboliser, quitte à éclabousser d'autres innocents : ma famille totalement détruite, plusieurs de mes proches amis, parmi lesquels des policiers chevronnés et des officiers de haut rang. Je n'ai pas fui pour rien. Je sais dès le début — car j'étais heureusement prévenu de l'essentiel — que mon sort est scellé : "*La valise ou le cercueil.*" Je ne suis pas suicidaire ; je ne peux donc rien faire d'autre que de prendre la fuite. »

En 1984, trois ans après avoir quitté Paris et la France, où il lui arrive de revenir clandestinement, sans pouvoir prendre le risque de même entrapercevoir ses deux filles, Erulin porte toujours le fardeau des méfaits qui lui sont imputés, mais qu'il n'a pas commis. Au fil du temps, tout s'est aggravé :

• L'affaire du diamantaire de l'avenue de la République, pour laquelle il est injustement mis en cause, devient maintenant « un hold-up avec meurtre à Paris ». Alors que, outre son innocence dans ce dossier, il n'y a pas eu mort d'homme.

• Par référence à l'affaire Cramblin et au vol de la caserne de Foix, Erulin se voit aussi coller sur le dos

« plusieurs trafics d'armes », alors que, officiellement du moins, il n'est poursuivi pour aucune de ces deux affaires.

Ces bobards sont tout de même accompagnés de quelques vérités, prouvant que Erulin n'est pas un fugitif ordinaire. Ainsi, dans sa « Notice individuelle de renseignements » envoyée d'Abidjan, l'ancien des RG Pierre M. mélange à plaisir des vérités et des fables, apportant sa contribution à la légende dont la cellule a tant besoin pour continuer d'exister :

« D'après les renseignements obtenus, Monsieur Erulin intéresserait vivement le groupe sécurité du palais de l'Elysée, et, selon certaines confidences, il existerait un lourd contentieux entre lui et le capitaine Paul Barril du GIGN (...). Concernant la Côte-d'Ivoire, M. Erulin est un correspondant certain de M. Yves L., lieutenant-colonel de gendarmerie, fonctionnaire de la DGSE, occupant ses fonctions au service de renseignement de la Côte-d'Ivoire. Son rôle assigné est la surveillance des milieux européens d'Abidjan, notamment les milieux mercenaires. Notons enfin que Monsieur Erulin a passé les fêtes de fin d'année 1983 en Suisse, puis s'est rendu directement au Gabon d'où il est revenu pour la Côte-d'Ivoire, vers le 15-20 janvier 1984. »

A Paris, les super-gendarmes de Prouteau sont des as du 357 Magnum et du fusil à lunette, mais manifestement pas de la littérature.

Pour l'édification du lecteur, je livre ici une « Information classée A1 — Confidentiel », qui a pour origine : « GIGN — Cellule Antiterrorisme. » Fabuleuse cellule de l'Elysée, le service de pointe de la lutte antiterroriste sous Mitterrand, dont les têtes pensantes se ridiculisent dans la rédaction de fiches d'une insondable stupidité :

« Deux individus suspects sont signalés en RCI [*République de Côte-d'Ivoire*] en provenance d'Espagne, via les îles Canaries. (...) Erulin est soupçonné d'exécutions de nombreux contrats sur commande contre des personnalités politiques. Très dangereux. Recherché par la police française (affaire de droit commun). Impliqué dans des attentats antiterroristes basques en Espagne commandités par les milieux de l'extrême droite espagnole. Ils seraient en Côte-d'Ivoire pour repérage en vue d'une exécution commanditée par un citoyen ivoirien. Monsieur Ante Gotovina, ex-sous-officier du 16e REP [*sic*] [1], aide de camp de feu le colonel Philippe Erulin, servirait comme chauffeur à Erulin Dominique en Côte-d'Ivoire. »

Comment est-il possible que des gens attachés à la personne du président de la République puissent, le plus sérieusement du monde, faire état de « contrats sur commande contre des personnalités politiques », sans fournir leurs noms ni prévenir l'autorité judiciaire, la seule compétente ? S'ils ne le font pas, c'est que, encore une fois, tout est faux, tout est bidon... Quant aux attentats contre les Basques espagnols, voilà maintenant que le plus dangereux des terroristes français serait devenu un contre-terroriste, obéissant à une seule logique : le triomphe de l'extrême droite.

Quand on lit ces blagues de comique troupier, on comprend mieux pourquoi, le samedi 28 août 1982, onze jours après la nomination de Christian Prouteau à

1. Le 16e REP n'a jamais existé. Le colonel Erulin et Ante Gotovina servaient au 2e REP (régiment étranger de parachutistes), seul de sa catégorie à la Légion étrangère. Cette mention fantaisiste illustre, une fois de plus, le peu de sérieux des barbouzes de François Mitterrand.

la tête de l'antiterrorisme, ses équipes, emmenées par le capitaine Paul Barril, se prennent les pieds dans le tapis de ce qui devient l'affaire des Irlandais de Vincennes. Un infantile montage — prélude du calvaire de Dominique Erulin — qui consiste à introduire des armes dans l'appartement des prétendus terroristes que l'on veut arrêter.

L'unité de Prouteau ne se remettra jamais de ce scandale. Dès la fin de 1984, Barril quitte le GIGN et la Gendarmerie. Le Groupe d'action mixte est dissous. Et la cellule élyséenne est largement mise en veilleuse, pour ne plus s'occuper que de la sécurité du Président, d'Anne Pingeot et de la petite « Zaza ». En février 1993, l'affaire des deux mille personnes dont les conversations téléphoniques ont été écoutées par Prouteau et ses sbires éclate au grand jour[1]. Avec le temps, avec l'usure du pouvoir, les dernières illusions tombent. Mais, malheureusement pour Dominique Erulin, il se trouve toujours un gratte-papier ignorant pour accréditer la thèse centrale de Prouteau : « Oui, il existait bien un complot d'extrême droite contre la personne de François Mitterrand. »

Et pour Erulin, malgré la suite inexorable des scandales qui, très vite, vont totalement discréditer la cellule de l'Elysée, il y aura toujours quelque part un képi pour continuer à le traquer.

Arrivé au Paraguay en 1984, il y obtient le droit d'asile politique et est recruté pour infiltrer les cartels de la drogue. Périlleuses années. Mais, toujours suivi pas à pas, il est localisé. Et dénoncé aux autorités locales et à la police politique du terrible dictateur Alfredo Stroessner, comme « agent et terroriste communiste » :

1. Voir l'excellent livre de Jean-Marie Pontaut et Jérôme Dupuis, *Les Oreilles du Président*, suivi de la liste des deux mille personnes écoutées par François Mitterrand, Fayard, janvier 1996.

« Je suis soumis, se souvient-il lorsque nous passons devant l'immeuble bas où siégeaient ses bourreaux, à dix-huit jours des pires tortures. Il me fallait tenir. A force de coups, mes tortionnaires ont fini par se lasser. Ils désespéraient de m'arracher ne serait-ce qu'un cri. Ma résistance les impressionnait. Ils se sont mis à m'appeler Rambo. Je n'étais bouleversé, déchiré que par les hurlements provenant des pièces voisines. Ils m'ont relâché à la frontière argentine, conservant dans "Les archives de la terreur" (*Los archivos del terror*) du ministère de l'Intérieur le passeport qui m'avait été remis, à Paris, par un ami de la DST, pour les nécessités de ma cavale... Mais je suis revenu à Asunción. Clandestinement ! Sous le coup d'un mandat d'arrêt international, je n'avais pas le choix. Il me fallait prouver mon innocence, démontrer que je n'étais pas un agent de Fidel Castro. Ce que je réussis à faire. »

A Paris, les barbouzes de Mitterrand ne renoncent pas. En 1986, la France réclame au Paraguay l'extradition d'Erulin. Elle n'est pas accordée. L'ancien lieutenant est maintenant colonel instructeur des forces spéciales de ce petit pays, dont le dictateur est renversé en 1989.

En janvier 1996, quand il recouvre la liberté puis, quelque temps après, sort convalescent de l'Hôpital Américain, Dominique Erulin s'empresse de reconstituer la trame du complot :

« J'ai retrouvé de vieilles connaissances, explique-t-il. Nombre de ceux qui m'ont aidé pendant toutes ces années de cavale m'ont conseillé de me constituer immédiatement partie civile dans l'instruction en cours visant les écoutes téléphoniques de l'Elysée. Le dossier est énorme. J'ai été surpris d'y découvrir que mon rôle d'assassin en puissance de Mitterrand sert, dès le départ, à justifier l'existence de la cellule. »

En sa qualité de plaignant, Erulin n'est pas tenu au secret de l'instruction. Aussi passe-t-il des heures à décortiquer l'affaire, à prendre des notes pour, de son côté, mener sa contre-enquête lors de ses fréquents passages à Paris. Mémoire étonnante. Erulin me décrit par le menu le contenu des dossiers le concernant, retrouvés le 19 février 1997, dans le box d'un garage de Plaisir, en banlieue parisienne, où Prouteau avait caché ses secrets. Verte, la cantine métallique du chef d'escadron porte une étiquette sur laquelle est mentionné le chiffre 1. A l'intérieur : neuf boîtes d'archives sur lesquelles des étiquettes adhésives décrivent leur contenu. Un trésor !

Sur la boîte numéro 5, l'étiquette mentionne : « Dodo 1983, Duret, Défense 1987, Gendarmerie 1987-1988 ». Elle contient cinq chemises dont trois se rapportent à un certain Duret et à Dominique Erulin. Or, ces deux ne font qu'un. Duret est le nom de la rue, dans le 17e arrondissement, à Paris, où Erulin avait un domicile, au sixième étage. Pour mieux surveiller leur suspect favori, les hommes de la cellule avaient eux-mêmes loué un appartement au quatrième.

De couleur bleue, le dossier Erulin proprement dit comporte 273 feuillets et une enveloppe contenant deux photos. Quand il rencontre le juge Valat, Erulin a eu sous les yeux « la boîte noire » de tous les ragots récoltés sur son compte, avec le blanc-seing du chef de l'Etat. C'est là qu'il a retrouvé les comptes rendus, rapports, lettres au président de la République, etc.

Erulin garde un souvenir amer de ces lectures. Elles confirment ses pires soupçons :

« Partie civile tout comme moi dans l'affaire des écoutes, l'ancien inspecteur de police Gilles Kaehlin a fait dans le cabinet du juge d'instruction de fracassantes déclarations. Au service de François de Grossouvre au début du premier septennat de François Mitterrand, Kaehlin assure que les hommes de la cellule élyséenne avaient dressé une liste de gens à liquider. Sa source ? François de Grossouvre, en personne. Sur cette liste, établie au cours d'une réunion : le policier Gilles Kaehlin, l'avocat Jacques Vergès, l'écrivain Jean-Edern Hallier et moi-même, Dominique Erulin. »

Interrogé à son tour par le juge Valat, le 26 mai 1997, Christian Prouteau fait profil bas. L'homme illustre qu'il a si bien servi n'est plus de ce monde pour endosser la responsabilité de ses actes. Le dossier Erulin est exploré de fond en comble. Maintenant seul, l'ancien conseiller technique de Mitterrand n'a rien à dire. Sauf qu'il admet que tous les services de Police judiciaire et de renseignement ont « travaillé » sur Dominique Erulin, de même que la cellule. Et il ajoute :

« J'ai eu connaissance d'écoutes réalisées par d'autres services. »

Bref, sous Mitterrand, organisé par la cellule élyséenne, le bal des grandes oreilles était non seulement permanent mais en vogue. Impliqué dans un crime flagrant — à tout le moins contre la liberté d'autrui —, le chef des gendarmes de l'Elysée sait aussi qu'il peut tenter de s'abriter derrière la fonction et les prérogatives du Tartuffe qui l'a fait roi. Au pays de Guignol, la République est bonne mère. Cependant, le juge Valat ne peut se satisfaire d'une si vague indication :

« Lesquelles avez-vous réalisées vous-même ? »

Le pandore connaît la musique. Pas question de nier ou d'avouer quoi que ce soit. Et encore moins de répondre à une question si précise. Aussi, à la curiosité du juge, Prouteau oppose-t-il toujours la même réponse :

- « C'est Secret Défense (...) » ;

• « S'agissant d'écoutes, je ne peux que vous opposer le Secret Défense », etc.

Parfois, Prouteau abandonne sa ritournelle, avec des répliques plus faciles :

« Honnêtement, je ne m'en souviens pas. (...) C'est possible, mais je ne m'en souviens pas. »

Il arrive aussi que, agacé par le credo du gendarme de l'Elysée, le juge s'emporte :

« Pourquoi ne me répondez-vous pas "Secret Défense !", comme vous l'avez fait auparavant ? »

Penaud, Prouteau ne sait plus que dire, sauf des lapalissades :

« Si je vous réponds "Je ne m'en souviens pas", c'est parce que je ne m'en souviens pas. »

Remplissant jusqu'au bout sa mission, le juge Valat n'élude aucune question. Le magistrat a bien étudié le dossier. Il pose à Prouteau l'une des questions clés :

« Des documents qui figurent dans votre dossier, il apparaît qu'Erulin avait un lourd passé de droit commun. Or, votre service n'était pas chargé des affaires de droit commun. Pourquoi vous êtes-vous intéressé à lui ? »

Prouteau ne prend aucun risque. Il tient à rappeler que son service ne fut pas le seul « chargé de retrouver Erulin », puis il assure que le mauvais coup n'est pas de lui :

« Peu de temps après ma prise de fonction, on m'a donné un dossier qui émanait de je ne sais plus quel service, en me disant qu'Erulin préparait un attentat contre le président de la République. »

Prouteau a la mémoire sélective. S'il est exact qu'il n'a fait qu'hériter d'un dossier grossièrement fabriqué par des experts de la manipulation, il n'a pas moins donné crédit aux accusations dont il connaissait les origines et la finalité. A la page 48 du dossier Erulin retrouvé dans sa cave, il est indiqué que Dominique serait en relation avec Jean-Pierre L., un fonctionnaire de police, rattaché aux VO, le service des Voyages officiels. Interrogé par le juge Valat, Gilles Ménage a confirmé que le commandant Prouteau l'a fait écouter.

De son côté, le général Gervais (alors lieutenant-colonel, chargé à Matignon des écoutes au cabinet militaire du Premier ministre Pierre Mauroy) a acquiescé. Oui, il est exact que, chargé de la protection de l'ancien ministre de droite Paul Dijoud, Jean-Pierre L. fut « branché » sur ordre de Prouteau. Sous le nom de code « Edredon ». Or, le 3 août 1983, longtemps après la nomination du commandant Prouteau à l'Elysée, son adjoint, le lieutenant-colonel Jean-Louis Esquivier — qui représente alors la cellule aux réunions quotidiennes du Bureau de liaison antiterroriste (BLAT) du ministère de l'Intérieur — demande au lieutenant-colonel Heinrich, haut responsable des grandes oreilles, « le renouvellement des constructions [*écoutes*] d'Edredon et Edredon I ».

Réponse hardie de Christian Prouteau au juge Jean-Paul Valat :

« Comme c'est Esquivier qui a signé, je vous réponds : “Secret Défense !” »

Secret Défense ou pas, il reste que, sous le sobriquet wagnérien de Lohengrin — en hommage au génial compositeur des *Maîtres chanteurs* et du *Crépuscule des dieux* ? —, Jean-Pierre L., alias Lohengrin, est mentionné dans deux documents secrets — ô combien exemplaires ! — en parfait rapport avec tout ce qui précède. Retrouvées, elles aussi, dans le garage de Prouteau, ces pièces démontrent que, pour faire plaisir au roi, ils font feu de tout bois, pour ensuite l'attiser :

• « Note blanche » du 24 mars 1982 :

« Ce jour à 12 heures, la source Lohengrin a été

contactée par le service. Lohengrin se dit en relation téléphonique avec Dominique Erulin. (...) Lohengrin qui a été contacté par Erulin le 21 mars dernier à 23 heures pense être en mesure de le rencontrer à Paris, dans les quinze jours à venir. Pour ce faire, il va proposer de lui donner, sans intermédiaire et à titre amical, le contenu du dossier judiciaire qui paraît l'inquiéter au plus haut point. Opinion sur Lohengrin : personne ne semblant pas jouir d'un très grand équilibre psychologique. Mythomane persuadé qu'un vaste complot aux trames les plus confuses se trame contre lui. Peut par ses contacts avec des personnalités poser de nombreux et délicats problèmes » ;

• Seconde « Note blanche », du 5 mai 1982 :

« La source Lohengrin sensibilisée sur Dominique Erulin et contactée le 4 mai 1982 a permis d'apprendre que ce dernier serait domicilié en Suisse (...). Lohengrin maintient par ailleurs son information d'exécution de Jean-Louis Chaillot [*le faux accusateur d'Erulin*[1]] à la prison de Fresnes [*où celui-ci est alors incarcéré pour sa réelle participation au hold-up chez le diamantaire de l'avenue de la République*[2]]. Lohengrin croit savoir que Dominique Erulin et quelques-uns de ses amis étudient un projet d'assassinat de M. François Mitterrand qui leur paraît peu gardé lors de certains de ses déplacements privés... »

« Lohengrin » ? Emprunté à la mythologie germanique, ce nom de code ne pouvait être mieux trouvé, pour la mise en scène de la fantastique conjuration de toutes les droites, fictivement rassemblées sur le papier du ministère de l'Intérieur, avec pour programme commun d'abattre François Mitterrand, le chef historique du grand Parti socialiste qu'il a ressuscité de ses cendres et porté au pouvoir.

1. Cf. *supra*, pp. 140-141 et 146-148.
2. Cf. *supra*, pp. 140-141.

Née dans la police, l'idée de la protection du Président « menacé et mal protégé » et d'un faux attentat débouche, tout naturellement, sur la mutation-promotion à l'Elysée du chef d'escadron Christian Prouteau. Un gendarme comme le Président les aime : fidèle, têtu, discipliné jusqu'à l'aveuglement et droit dans ses bottes. Recrutés ici et là — parce qu'il faut impérativement rendre vraisemblables ces énormes mensonges —, on a dès le départ recours à des agités du bocal de première catégorie, à charge pour eux d'accréditer la thèse de ce fameux *Coup d'Etat permanent*[1]... suspendu, depuis des lustres et comme l'épée de Damoclès, au-dessus de la tête de saint François... Mitterrand.

Ces sordides assemblages, Dominique Erulin les garde en travers de la gorge :

« Le dossier prouve amplement que Christian Prouteau a activement participé à la construction et l'exploitation du dossier qui a ruiné mon existence. On l'a laissé faire, après que Mitterrand l'a promu préfet et récompensé de la Légion d'honneur. Cérémonie remarquée, dans les salons de la présidence. Là même où on a voulu me faire porter le chapeau d'un faux complot. Où sont les preuves que Prouteau a si longtemps prétendu détenir contre moi, pour simplement justifier les malheurs qu'il m'a fait subir ? »

Comme Dominique Erulin, le juge Valat n'a pas manqué de remarquer que François Mitterrand a été régulièrement tenu au courant du traitement du dossier « Dodo ». Lors du même interrogatoire, le magistrat instructeur s'empresse de questionner Christian Prouteau sur l'aspect le plus brûlant de l'affaire. Cette fois,

1. François Mitterrand, *Le Coup d'Etat permanent*, Plon, 1964, coll. « Les Débats de notre temps ».

il ne s'agit pas de simples écoutes téléphoniques, mais du projet de liquider purement et simplement un innocent :

« Le 7 avril 1983 (...), page 25, une note est rédigée au président de la République. Il est indiqué, à la fin de la note, qu'elle est transcrite suite à une communication téléphonique avec le chef d'escadron Prouteau, actuellement en déplacement. Dans le dernier paragraphe de la note, il est indiqué : "*Etant donné la personnalité de D. Erulin la décision de son arrestation est délicate. C'est pour cela que tout en utilisant la voie légale dès que nous avons eu retrouvé D. Erulin, j'ai conservé la possibilité d'éviter l'arrestation. Si vous pensez que celle-ci n'est pas opportune ou qu'il serait préférable de neutraliser cet homme par un autre procédé, il sera fait selon votre volonté.*" Comment doit-on comprendre ce paragraphe ? »

Le coup est rude ! Christian Prouteau sait qu'il avance maintenant en terrain miné. Il n'est pas nécessaire d'avoir fait l'Ecole de guerre pour décoder le message. Dans tous les services secrets du monde, « neutraliser » signifie « élimination physique », ou « opération Homo », c'est-à-dire opération sur l'homme. Prouteau a parfaitement compris le sous-entendu du juge, qu'il traduit lui-même par ces mots :

« Je ne me rappelle plus dans quelles conditions j'ai dicté cela. Vous n'allez quand même pas penser que j'allais faire une intervention "Homo". Comme chef du GIGN, je n'ai jamais tiré sur quelqu'un sans nécessité absolue. Je n'allais pas tirer sur Erulin dont je ne savais pas s'il préparait réellement quelque chose. »

Pauvre Prouteau ! Il faut les questions pressantes d'un magistrat pour qu'il finisse par reconnaître que le dossier Erulin est totalement vide. Ce qui lui permet, tout aussitôt, de se défendre d'une note qui, au dire du juge, peut être interprétée comme lourde de sens —

document officiellement adressé au président de la République, François Mitterrand. Le juge n'est pas naïf :

« Comment dois-je comprendre "*neutraliser par un autre procédé*" ?

— Je ne sais plus ce que j'ai dicté au téléphone et comment cela a été transcrit. En tout cas, la seule "*opération Homo*" qui a été évoquée devant le Président concernait Carlos. Une telle chose n'a jamais été envisagée pour Erulin. Peut-être que "*neutraliser par un autre procédé*" voulait dire faire arrêter par un service étranger. Ce qui est sûr, c'est qu'à chaque fois que nous avons essayé d'arrêter ou de faire arrêter Erulin, il a été prévenu. »

En peu de mots, tout est dit. Qui pourrait croire ces explications embrouillées ? D'autant que dans la même « note » au président Mitterrand, Prouteau lui écrit, le 7 avril 1983, que « la trace de D. Erulin avait été perdue » et qu'« après quatre mois de travail, le GAM l'a localisé précisément à l'étranger ». Ce qui signifie que la neutralisation d'Erulin pourrait intervenir en territoire espagnol. Si Mitterrand donne son accord. Or, dans le même lot de documents, il est dit que le Président recommande de ne pas tenir au courant les autorités judiciaires françaises.

Comprenne qui voudra !

Histoire extraordinaire de Dominique Erulin. Toujours prévenu à temps de ce qui se trame dans l'ombre. Et qui doit aussi sa vie sauve à une bonne connaissance des réseaux nationaux et internationaux de la délinquance en écharpe ou carte tricolore. Pour échapper avec une telle constance aux puissants agents de la cellule spéciale du commandant Prouteau, il a bien fallu qu'il bénéficie de solides appuis, voire de complicités au sein même de la police et des différents services chargés de le « neutraliser » :

« Ils n'en sont pas encore revenus, me dit-il à l'heure du café, lors de notre dernier dîner à Asunción. Contre toute attente, et malgré les moyens énormes mobilisés par Mitterrand et son cabinet noir, j'ai réussi à sortir vivant de ce sordide thriller politique. Que n'ai-je pas dû faire pour passer au travers des mailles de leur filet inlassablement retendu ! Le dossier de cette affaire prouve qu'ils voulaient me faire endosser, mort ou vif, leur faux attentat contre le président de la République. Ils sont allés jusqu'à diffuser aux quatre coins du monde, via Interpol, leur fiche de recherche bidon où ils me présentent comme le "tueur", tireur d'élite, chargé de le liquider. Récemment encore, j'ai été arrêté pendant plusieurs heures à l'aéroport de Bruxelles. Le temps que soit vérifiée, à Paris, l'inexistence des charges contre moi. Furieux, les policiers belges m'ont présenté, par écrit, leurs excuses. »

Alors, une dernière question me taraude : l'homme que les barbouzes de Mitterrand envisageaient de « neutraliser » est-il oui ou non un « agent des services secrets français », ce qui expliquerait pourquoi cet homme est revenu de l'enfer, amoché mais vivant ?

Rentré à Paris, j'en appelle aux témoins dignes de foi.

Dans un livre récent[1], le préfet Yves Bonnet, directeur de la DST de 1982 à 1985, parle de « la filature d'un de nos inspecteurs des semaines durant parce qu'il est soupçonné de vouloir assassiner François Mitterrand, rien que cela, avec Dominique Erulin, frère du héros de Kolwezi ». Et Bonnet de préciser :

1. Yves Bonnet, *Contre-espionnage, Mémoire d'un patron de la DST*, Calmann-Lévy, avril 2000.

« Jean Lucat, c'est le nom de mon inspecteur, en bon professionnel, fera visiter tout Paris à ses "*filocheurs*". »

Le préfet Bonnet se souvient encore de « l'information de première main livrée par Prouteau à un parterre de policiers éberlués, d'un attentat en plein Paris [*encore un* !], programmé pour un samedi après-midi de 1984, "*probablement dans le 9e arrondissement*" et dans une rue très fréquentée. Cette intéressante nouvelle mobilisera deux jours durant toute la police parisienne, sans aucun résultat, sans aucun indice, le mystérieux informateur du commandant s'étant évanoui dans la nature ».

Yves Bonnet n'en dit pas plus. Son témoignage a cependant le mérite de nous éclairer sur l'aspect le plus insolite de « l'affaire Erulin » : à travers son inspecteur divisionnaire Jean Lucat, la DST est elle-même suspectée, à l'Elysée, de comploter contre le Président.

En ces années folles, à Paris, du côté du faubourg Saint-Honoré, les pyramides sont posées sur la pointe.

Jean Lucat ne m'est pas inconnu. J'ai tôt fait de le retrouver. Le bon Samaritain de Dominique Erulin n'est pas un poltron. Cet as du contre-espionnage n'a pas digéré les manigances de la cellule. Il est celui qui permit à Erulin d'échapper à ses poursuivants, tout en sauvant François Mitterrand du scandale qui aurait déshonoré la fonction présidentielle si l'équipe Prouteau était parvenue à ses fins. Lors de nos entretiens, Jean Lucat m'apprend qu'il dut quitter la DST en avril 1986 :

« A la fin de 1985, les pressions de la direction générale de la police sur la DST sont devenues trop fortes. Mon précédent patron, le préfet Yves Bonnet, avait été limogé. C'est à cause de l'affaire Erulin que l'on m'a demandé de partir pour un autre service. Je fus affecté à la DST en 1972, un an après mon entrée dans la police. Membre pendant plusieurs années de la section du contre-espionnage soviétique, mon dernier chef y fut Pierre-Yves Gilleron. Je connus Dominique Erulin en 1974. Il était alors très en pointe dans le monde de la sécurité privée. Il y avait une place importante. C'était une de mes relations, non un ami. Nous fréquentions L'Écurie, un restaurant du 5e arrondissement dont la clientèle se composait de beaucoup de policiers et d'agents de sécurité. Dans mes activités, Dominique me rendait quelques services. En 1981, il y eut des changements importants dans les directions des différents services de police. Dominique s'est retrouvé avec de nombreuses poursuites. J'ai eu vent d'un projet d'arrestation. Quand j'ai su qu'il risquait de faire de nombreuses années de prison avant de pouvoir se disculper et que, surtout, son interpellation ne se ferait pas sans bavure, j'ai décidé de l'aider.

— Vous l'avez prévenu ?

— Oui, mais pas de tout. Une personne était en danger ; je l'ai sauvée. Le bruit courait dans la police que Dominique préparait un complot contre le président de la République. A son arrivée au pouvoir, la gauche a été frappée du "syndrome Allende". Il fallait mettre un nom à son schéma. Erulin était une figure. On le disait d'extrême droite, parce qu'il y avait des amis. Ce qui n'est pas un crime, mais permet de malveillantes extrapolations. Dans le milieu des mercenaires, il était aussi connu comme une figure. Mais son job c'était la sécurité. Ce qui déplaisait fort à certains policiers.

— Entendu par le juge Valat le 17 juin 1997, lui avez-vous confirmé votre rôle ?

— Pourquoi lui aurais-je caché la vérité ? Rien dans cette affaire ne relève du "Secret Défense". Ce que j'ai fait, mes chefs l'ont su. Tous mes chefs. Je leur ai rendu compte d'à peu près tout. Je n'ai donc rien dit à ce magistrat que ce que, longtemps avant, j'avais déjà exposé, notamment dans plusieurs notes datées et signées, au sous-directeur de la DST, Raymond Nart, et à mon chef de division, Jean-François C. Ces documents doivent être conservés dans les archives de la DST. Lorsque je les ai remises à mes chefs, mes explications ont été jugées satisfaisantes. Par la suite, n'en pouvant plus, ma hiérarchie m'a mis au vert. Je suis allé quelques mois à la direction de la police scientifique, puis deux ans en Guadeloupe, dans la cellule antiterroriste mise à la disposition de mon ancien patron, Yves Bonnet, devenu préfet des Antilles. Ensuite, ma carrière continue, jusqu'à mon départ de l'administration.

— Les faux papiers d'identité qu'utilise Erulin, c'est vous ?

— Pourquoi "*les*" ? En réalité, il n'utilise qu'un passeport. Ce n'est ni un "*vrai faux*", ni un "*faux vrai*" passeport du service. J'ai confirmé au juge Valat que pour vivre dans la clandestinité, à partir de 1982 et pendant plusieurs années, Dominique s'est bien servi de mon propre passeport personnel, privé, dont je n'ai alors guère besoin. Après la section soviétique, j'ai été affecté à la division de l'antiterrorisme. J'ai fini par quitter la DST pour d'autres services, avant de passer dans le privé. »

A Asunción, le passeport de Jean Lucat est aujourd'hui une pièce de musée. Avec la photo de Dominique Erulin, il est conservé avec les milliers de pièces à conviction et documents retrouvés dans *Los archivos del terror*, les fameuses archives maudites de la police politique du dictateur local Alfredo Stroessner. Il fut saisi sur la personne du futur colonel de l'armée paraguayenne (matricule n° 1.686.413), lors des dix-huit jours de torture du prisonnier Erulin, dénoncé comme un terroriste communiste à la solde de Fidel Castro.

Quand je le quitte, en mai 2001, Jean Lucat me remet la copie des originaux de ses rapports. Cinq documents qui complètent utilement le dossier. Tout est dit. A l'évidence, Jean Lucat n'est pas le seul honorable correspondant d'Erulin dans les services secrets :

• **10 septembre 1984** : rapport de l'inspecteur divisionnaire Jean Lucat à la direction de la DST :

« (...) Il [*Erulin*] était à l'étranger (Suisse, Italie, Espagne, Belgique, Amérique latine et du Nord, Afrique). Comme je lui avais demandé pourquoi il était parti et ne revenait pas, il m'a précisé qu'on l'avait accusé à tort d'avoir commis certains méfaits et qu'il ne tenait pas à donner prise à une exploitation politique de ces faits, car il avait été responsable en partie des services d'ordre de l'ancienne majorité lors de campagnes électorales. (...) Il m'a expliqué à cette époque qu'il travaillait en Côte-d'Ivoire où il était installé le plus souvent, à la fois pour le gouvernement local et la DGSE. Il était conseiller technique de ce pays. (...) Dominique Erulin voudrait rentrer en France pour régler ses problèmes sans craindre une manœuvre politique qu'il estime certaine. (...) Je suis persuadé que Dominique Erulin est innocent des accusations portées contre lui. (...) Je fais tout pour le dissuader de rentrer, car je crains, le cas échéant, un affrontement (...). Je regretterais, soit qu'il soit abattu, soit que des collègues le soient également. (...) Je suis disposé à servir d'intermédiaire pour que cette affaire se règle paisiblement, et dans le cadre des lois régissant notre pays. (...) Je suis prêt à m'expliquer devant toute autorité de police ou de justice..., mais jusqu'à aujourd'hui, j'ai constaté que personne ne m'a jamais rien demandé... J'ajoute que je ne suis pas le seul policier à être en contact avec Dominique Erulin. »

• **11 septembre 1984** : second rapport de Jean Lucat à ses chefs de la DST :

« (...) Lorsque Dominique Erulin a quitté la France, j'ai continué pendant une période à fréquenter le restaurant L'Ecurie. J'y ai rencontré là des gens que je savais avoir travaillé pour Erulin dans des sociétés de gardiennage et de surveillance. Ils étaient très affligés de son départ, car c'était un peu leur gagne-pain qui s'en allait. A deux ou trois occasions, alors que ces personnes se trouvaient manifestement dans un état d'ébriété avancé, je les ai entendus proférer des menaces contre les gens qui ennuyaient Dominique et faisaient qu'il ne pouvait pas revenir en France ; c'était des phrases du style : "*Lorsque Dominique reviendra, il nettoiera tous ces enculés...*" Vu l'état de saoulographie de ces individus, je n'ai pas prêté d'importance à ces propos. Ce que je puis dire, c'est qu'il s'agissait de menaces d'ordre général. En aucun cas, je n'ai entendu parler de projet plus particulièrement ciblé, tel qu'un attentat contre le président de la République ou toute autre personnalité. (...) »

Voilà comment, tenus dans un restaurant parisien, rue de la Montagne-Sainte-Geneviève, à deux pas du Panthéon, des propos d'ivrognes attristés sont utilisés, pendant quatorze ans, pour traquer un homme seul, par des policiers en mal de reconnaissance professionnelle et des gendarmes écervelés, inféodés au nouveau pouvoir !

Voilà comment, lancées par des piliers de comptoirs, des matamores avinés au point de ne plus pouvoir tenir debout, ces fulminations sans lendemain vont être transformées par policiers et super-gendarmes de l'Elysée en préparation d'un attentat contre le chef de l'Etat, et donc d'un coup d'Etat !

Voilà comment la fine fleur des anges gardiens du

président Mitterrand — et jusqu'au chef de l'Etat lui-même, flanqué de son directeur adjoint de cabinet, chargé des questions de police et de terrorisme ! — se mobilise à Latché, pendant les vacances de Pâques 1983, pour alimenter une légende qui ne quittera plus Dominique Erulin jusqu'au retour de la droite au pouvoir, en 1995 !

Et voilà comment on demande ce jour-là au président de la République son accord en vue de « neutraliser », autant dire supprimer, un assassin virtuel !

Faux personnage lui-même, François Mitterrand joue avec la mort comme avec les hommes. Depuis le faux attentat de l'Observatoire, en 1959, le vieux fripon entretient à plaisir ses obsessions morbides. Menacé dans ses rêves, le magicien du verbe a besoin de se dire en butte aux conspirations de l'ennemi invisible. Et tant pis si, à cause de lui, la fonction présidentielle — qu'il disait vouloir porter au pinacle — se retrouve avilie.

Dans les dernières années de sa vie, alors que, rongé par la maladie, François Mitterrand est encore au pouvoir, le journaliste Georges-Marc Benamou — cafouilleux patron de presse à *Globe*, mais chroniqueur talentueux — l'accompagne dans ses promenades quotidiennes. Pendant mille jours, il écoute, en flânant dans Paris, les derniers plaidoyers du « monarque républicain ».

La scène se passe à Paris, non loin de la rue de Bièvre, là où demeure la famille officielle, du côté de la place Maubert et du Palais de la Mutualité. Nous sommes en pleine cohabitation. Le RPR Edouard Balladur est à Matignon, bientôt candidat à la prochaine élection présidentielle de 1995, contre le président (du RPR) Jacques Chirac. Mitterrand s'en amuse. Simple querelle de ménage. Là n'est plus le problème du vieil homme. Benamou l'écoute, ahuri. Dans son dernier livre, *« Jeune homme, vous ne savez pas de quoi vous parlez »*, l'auteur rapporte ces propos très mitterrandiens... qui résument tout :

« Ils ont voulu me mettre en prison, en m'entourant de policiers choisis par eux, il y a deux mois... En 1986, lors de la première cohabitation, ils avaient déjà essayé de placer leurs hommes dans mon entourage, de me cerner, de me fliquer. (...) Vous savez, j'y pense parfois... Il se pourrait très bien qu'ils n'aient pas la patience d'attendre deux ans. 1995 c'est loin... Ils doivent se dire qu'en deux ans il peut se passer des choses... Aujourd'hui, sans moi, ils auraient le pouvoir mais dans deux ans, qui sait... C'est certain, ils voudraient bien que je dégage... Hein, vous m'avez compris... Ils sont prêts à tout, je vous dis. Prêts à tout pour que je ne les gêne plus. Bérégovoy n'était qu'un avertissement. Car quand quelqu'un comme moi est un obstacle, ils n'hésitent pas [1]. »

Benamou observe l'acteur : « Il fit alors un geste simple : le mouvement du poignard. » Puis le Président reprit son monologue, revint à son éternelle obsession, infaillible martingale dont le malheureux Dominique Erulin, à l'heure où ces mots sont prononcés, fait toujours les frais... dans sa fuite éperdue :

« J'y ai souvent pensé ces temps-ci. Il y a bien des moyens discrets pour éliminer un adversaire. Et "*ils*" savent faire, j'en sais quelque chose. Un accident bête et sans cause, ordinaire [air badin]... Ou bien un attentat [air de comploteur]... Les extrémistes ne manquent pas sur cette terre et on sait les manipuler. Ou bien encore un déséquilibré... »

1. Georges-Marc Benamou, *« Jeune homme, vous ne savez pas de quoi vous parlez »*, Plon, mars 2001, pp. 160 et 162. A lire absolument.

Vient, la conclusion-confession, la parole du maître, l'aveu du magicien professionnel :

« Oh bien sûr, si une telle chose devait se produire, elle ne serait pas signée. Vous savez, dans ce genre d'entreprise, on a toujours des ressources, de l'imagination... Ce n'est pas si difficile. »

TROISIEME CARNET

AVRIL 2001

« *Agent diplomatique indépendant* » ... *à* « *10 %* »

Mardi 13 mars 2001 : tout juste rentré du Paraguay, depuis trois jours, je suis avisé par les Editions Albin Michel qu'une lettre recommandée avec accusé de réception vient de m'être adressée, provenant du Palais de Justice de Paris. Lorsque immédiatement j'en prends connaissance, je n'en crois pas mes yeux. Il s'agit d'une « convocation à témoin assisté », pour être entendu, le mardi 9 avril, à 13 h 30, par le juge d'instruction Baudoin Thouvenot, dans une affaire de « Chantage et extorsion de fonds (tentative), faits prévus et punis par les articles 312-10, 312-1 et 312-9 du *Code de procédure pénale* ».

« Témoin assisté » ? Et pourquoi pas directement la prison !

Pour les non-initiés, l'expression signifie que la justice me considère comme un « suspect », susceptible d'être mis en examen des chefs qui me sont notifiés. A ce titre, je suis informé que le « témoin assisté bénéficie du droit d'être assisté par un avocat qui sera préalablement avisé des auditions et aura accès au dossier de la procédure, conformément aux dispositions des articles 114 et 114-1 du *Code de procédure pénale* ».

« Chantage et tentative d'extorsion de fonds » : l'escalade continue. « Fasciste, nazi, petit-fils de Goebbels » sur France 2 et Canal +, me voilà maintenant, au Palais de Justice de Paris, traité comme un voleur de poules doublé d'un criminel !

Le plaignant ? C'est une de mes vieilles connaissances. Une conscience ! Signataire de cette plainte avec constitution de partie civile, déposée le 22 décembre 1999, le sieur Patrick Maugein, né le 1er mai 1947 à Brive-la-Gaillarde, en Corrèze, est ce que j'appellerai un milliardaire « off shore ». Depuis plusieurs années, cet individu se réclame de ses relations au plus haut sommet de l'Etat.

J'avais déjà évoqué dans mon précédent livre, *Main basse sur l'or de la France*, paru le 10 septembre 1998, l'histoire de ce polytechnicien quinquagénaire qui mène grand train : avion privé, tableaux de maîtres, hôtel particulier à Paris, résidences de grand luxe à Antibes, en Savoie, aux Etats-Unis et en Grande-Bretagne. J'y avais raconté comment, sans être mandaté par quiconque — et encore moins par l'Elysée qui m'a assuré du contraire —, Maugein s'était proclamé, à partir de 1997, représentant du président de la République, Jacques Chirac, et du gouvernement français. Le but de sa manœuvre ? Ramasser de grosses brassées de millions de dollars, en s'immisçant dans le sulfureux dossier du BRGM, le Bureau de recherches géologiques et minières, et des suites malheureuses de la privatisation truquée (entre 1993 et 1995) des actifs miniers de cet établissement public français. Non au profit de la France, comme il l'assure, mais pour son compte personnel.

C'est la triste, la ténébreuse, l'inquiétante affaire de la mine d'or péruvienne de Yanacocha, l'une des plus riches du monde, à 4 100 mètres d'altitude au sommet de la cordillère des Andes, dont la France possédait, directement ou indirectement, 30 % du gisement.

Extraordinaire hold-up dans les caisses de l'Etat, au préjudice du Trésor public et des contribuables. Il serait passé totalement inaperçu si je ne m'étais rendu sur place, en mars 1998, pour y découvrir le pot aux roses.

Après neuf mois d'enquête, j'établissais — et le faisais savoir au procureur de la République de Paris, Jean-Pierre Dintilhac, qui ordonnait aussitôt l'ouverture d'une enquête préliminaire suivie d'une information judiciaire (aujourd'hui confiée à Mme le juge Valérie Salmeron) — que, en 1994-1995, lors de la cession précipitée, à un prix de braderie, de ce filon mirifique (mais sous-évalué à dessein), c'est plus de 800 tonnes d'or qui se sont envolées, entre Paris, Lima et Sydney, par la faute des dirigeants français, tous bords confondus. Dans mon livre, je citais, dans l'ordre : le président François Mitterrand et son Premier ministre Edouard Balladur, tous deux aux affaires lors de la ruineuse privatisation des actifs aurifères du BRGM, ainsi qu'un invité surprise, le futur ministre Claude Allègre, alors président de cet établissement public.

Encore un scandale d'Etat convenablement étouffé, pour des montants considérables. Il porte alors, au bas mot, sur plus de 12 milliards de francs, montant que je réévalue aujourd'hui à plus du double. Soit six fois le total des sommes barbotées par les conjurés du dossier Elf-Aquitaine.

Il n'est pas exagéré de comparer l'affaire de l'or de la France envolé au Pérou au tentaculaire dossier Elf. Dans notre monde frappé par les démons de la corruption, tout est dans tout.

A la tête, en France, d'entreprises confidentielles — la Compagnie française internationale de distribution (CFID) et Alternative Finance SA, dont les médiocres bilans ne peuvent certainement pas justifier sa richesse affichée —, Patrick Maugein a récemment installé sa résidence fiscale à Londres où il est aujourd'hui le président (*chairman*) de la société pétrolière Soco International, cotée en Bourse, à la City. Elle œuvre dans le pétrole et le gaz, en Tunisie, en Russie, au Yémen, en Thaïlande, au Vietnam... et jusqu'en Mongolie ou dans la Corée du Nord du sinistre Kim Jong-Il, le dernier grand dictateur communiste !

Chez Soco, Patrick Maugein a pour associé Olivier Barbaroux, l'ancien dirigeant à Paris du secteur des participations mines et pétrole de la banque Paribas. Celle qui prépara, en 1993-1994, le dossier de la privatisation sabotée qui allait déposséder la France de son or au Pérou. Simple et malheureuse coïncidence, bien sûr ! Et je passe sur la présence dans la galaxie franco-britannique de Maugein de Lionel H., un présumé « honorable correspondant » des services français parachuté en novembre 1995 au cabinet du ministre de l'Industrie Franck Borotra pour — simple hasard — couver les œufs de la poule aux œufs d'or Yanacocha. Inacceptable confusion des genres, dont — je l'ai déjà dit — la France et son « économie mixte » ont le secret ! Et où certains sont autorisés à nager comme des requins en eau profonde.

« Le Corrézien », comme aimait à l'appeler Alfred Sirven au temps de sa splendeur pétrolière — quand Maugein lui rendait mensuellement visite, au siège d'Elf-Aquitaine International à Genève —, est considéré comme un expert dans les circuits de l'or noir.

Ainsi, il se trouve qu'en sus de ses talents de chercheur d'or, Patrick Maugein est aussi une relation privilégiée de plusieurs des têtes d'affiche du dossier Elf : l'ancien ministre des Affaires étrangères de Mitterrand et ex-président du Conseil constitutionnel, Roland Dumas ; Alfred Sirven, numéro deux et éminence grise (longtemps en fuite) du président déchu Loïk Le Floch-Prigent ; Christine Deviers-Joncour, l'ex-maîtresse de Dumas, destinataire de fonds détournés.

On sait de lui qu'il a fait sa fortune dans le sillage d'un personnage d'une grande intégrité morale : le fraudeur américain réfugié en Suisse Marc Rich, dont la fiche de « recherche » (« *Wanted* ») sur le site Internet du FBI est un plaisir pour les yeux : une peine de trois cent vingt-cinq ans de prison ! Digne du *Guinness des records*. Au centre d'un scandale aux Etats-Unis, Marc Rich est actuellement mis en cause dans le cadre des investigations lancées par la justice américaine et par une commission d'enquête du Sénat, en raison de l'amnistie présidentielle dont il a bénéficié, signée par Bill Clinton le 20 janvier 2001, le dernier jour de son mandat. Les recherches en cours ont déjà démontré que le couple Clinton et le parti démocrate américain ont été financés par l'ex-épouse du milliardaire en fuite et proche amie de l'ancien Président. Aux Etats-Unis, ces choses ne se font pas !

Des Etats-Unis et du Pérou où j'ai mené, il y a trois ans, de difficiles investigations, j'ai rapporté, authentifiés par des officiers ministériels, **neuf** lettres et fax de menaces qu'en 1997 et 1998 Patrick Maugein avait adressés aux patrons de sociétés privées : la péruvienne Buenaventura et la nord-américaine Newmont Mining, partenaires historiques du BRGM dans la découverte et le début d'exploitation de la mine d'or de Yanacocha. Incroyables courriers où l'on voit, le 14 juin 1997, Maugein se présenter comme l'envoyé spécial de Jacques Chirac « au Pérou, afin d'avoir une entrevue avec Son Excellence le président Alberto Fujimori, pour lui transmettre un message personnel de notre Président ».

Quelques jours après, le 21 juin, Maugein se fait plus précis, toujours sur lettre à en-tête personnel :

« On peut déduire clairement que l'Etat m'a chargé d'une mission de réflexion et de propositions sur l'affaire BRGM-Pérou. »

But du jeu : permettre à son « associé » d'alors, Robert Champion de Crespigny, le super-Tapie de l'industrie minière australienne, de réussir une miraculeuse opération financière. Car c'est à sa compagnie Normandy (cotée à la Bourse de Sydney) que l'or de la France dans la mine de Yanacocha fut cédé, à vil prix, en 1994-1995, lors du faux appel d'offres international qui avait précédé une privatisation en trompe-l'œil. Plusieurs mois avant le choix du lauréat, en septembre 1994, un accord secret avait été passé par les autorités françaises avec Normandy. Cela, pendant que l'on faisait croire aux autres candidats — dont Buenaventura et Newmont — qu'ils avaient encore leurs chances.

Protégé, disposant des informations les plus confidentielles, en provenance du BRGM, de la présidence de la République, du ministère des Affaires étrangères et, à partir de l'été 1997, du très socialiste ambassadeur de France à Lima Antoine Blanca, Maugein intervient au grand jour dans l'affaire Yanacocha. Il y entre quand tout se gâte, lorsque les associés floués du BRGM, le péruvien Buenaventura et l'américain Newmont, ont déjà fait valoir en justice leur « droit de préemption ». Car en choisissant de faire cadeau de son or péruvien à Normandy et à son président Robert Champion de Crespigny, la France a délibérément ignoré que, pour le cas où elle déciderait de se retirer de leur association, ses deux partenaires historiques bénéficiaient, contractuellement, du droit prioritaire de rachat de sa propre participation : environ 30 % du capital de la compagnie d'exploitation Minera Yanacocha SA. Clause voulue par la partie française lors des accords initiaux (au début des années 80) et habituelle entre associés. Dès lors, Buenaventura et Newmont ont demandé l'application stricte du droit des sociétés. Une fois le litige porté en justice, au Pérou et à Zurich, l'affaire a tout naturellement tourné à l'avantage des deux requérants.

Catastrophe prévisible et d'ailleurs annoncée !

Champion de Crespigny et sa compagnie Normandy enragent de voir la poule aux œufs d'or leur échapper. Reste la question, du ressort du juge Valérie Salmeron et de la Brigade financière, chargée de l'enquête : pourquoi avoir vendu pour des clopinettes (780 millions de francs) ce que, au BRGM, aux Finances et à l'Industrie, on savait valoir une vraie fortune (plusieurs milliards de francs) ? Acheté pour trois francs six sous aux Français, le joyau Yanacocha est en passe de filer sous le nez de Normandy. Tout simplement parce que les dirigeants de Buenaventura et de Newmont ne se sont pas laissé faire. Et que, contre toute attente, ils ont osé défier en justice les arrogants ministres et fonctionnaires français (des Finances et de l'Industrie) qui, peu après la privatisation trafiquée de 1994-1995, les ont éconduits avec ces mots entrés dans la légende des voyous de la République :

« Nous sommes la France, et la France ne se trompe jamais ! »

C'est justement à ce moment que débarque l'ovni, l'objet volant non identifié Patrick Maugein... qui ne va pas cesser de s'imposer dans un dossier où il n'a rien à faire et où personne ne l'a mandaté. Au BRGM, le président Bernard Cabaret le présente, un temps, comme un proche du chef de l'Etat, Jacques Chirac. Ainsi, le 7 juillet 1997, dans un courrier officiel au patron de Buenaventura, son partenaire péruvien, Cabaret écrit :

« Autant que je sache, M. Maugein est un conseiller du président de la République française, M. Jacques Chirac. »

Cependant, dans cette même lettre, Cabaret est catégorique à propos de Patrick Maugein et de ses prétendues missions officielles :

« Ce monsieur n'a aucune fonction au BRGM ou dans ses filiales, et en aucune façon il ne représente ni ne conseille le BRGM ou l'une quelconque de ses filiales. Je suis tout à fait d'accord avec vous sur le point que nous n'avons pas besoin d'un intermédiaire pour discuter entre nous. »

Mais Patrick Maugein se moque comme de l'an quarante de ce que dit, à Paris, le président du BRGM, pourtant la seule personne habilitée à prendre des décisions au nom du gouvernement français et de ses ministres de tutelle. Poursuivant inexorablement son objectif, il fait mine de l'ignorer.

Contre vents et marées, sans que personne songe à l'arrêter, le pseudo-« conseiller » de Jacques Chirac va persister à se déclarer — même au Palais de Justice où il a le culot de me poursuivre maintenant ! — le « défenseur » des intérêts du Bureau de recherches géologiques et minières... d'où il s'est pourtant fait éconduire vertement.

Roulant en réalité, dans un premier temps, pour le groupe australien Normandy — duquel il escompte une mirifique commission s'il parvient à lui faire récupérer la part que détenait la France dans la mine d'or de Yanacocha —, l'embarrassant « ami » corrézien de Jacques Chirac entreprend, ni plus ni moins, d'intimider ses interlocuteurs : les présidents récalcitrants de Buenaventura et de Newmont. A tour de rôle, il les menace des feux de son enfer. Adaptation judiciaire de *Massacre à la tronçonneuse*, l'un de ses films favoris.

Maugein s'exprime comme s'il n'avait pas à craindre un retour de bâton. Intrépide mais malin, il se garde d'indiquer au départ qu'il est « depuis dix ans membre consultatif de Normandy ». C'est du moins ce qu'il croira utile d'avouer au journaliste Hervé Gattegno du *Monde*, le jeudi 11 juin 1998. Voulant banaliser son vrai rôle, sachant que je m'apprête à publier ses courriers inadmissibles, où il a eu le toupet de s'exprimer au nom de la France, Maugein lui déclare, solennel :

« Mon rôle n'a rien de mystérieux. Je suis membre de l'*advisory board* [*conseil consultatif*] du groupe Normandy depuis dix ans, et je suis français. J'ai essayé, à la demande de l'ancien ambassadeur de France au Pérou [*Bernard Prague, décédé depuis*], à un moment où le dossier ne semblait plus géré par personne à Paris, de préserver les intérêts français. »

Vérification faite par moi en janvier 2001, Patrick Maugein n'a jamais rencontré l'ambassadeur Bernard Prague, qui n'est plus de ce monde pour le démentir.

Autre incohérence : depuis cette déclaration au *Monde*, Maugein a curieusement changé de version. Il affirme aujourd'hui qu'il a connu Champion de Crespigny en 1996, puis est entré l'année suivante dans le fantomatique conseil consultatif de Normandy. Une nouvelle version, taillée sur mesure. Pour que l'on ne puisse lui reprocher d'avoir été lié au groupe australien, de 1993 à 1995, quand ce dernier s'est retrouvé seul et unique bénéficiaire de la privatisation, à prix bradé, de l'or de la France au Pérou ?

Où est la vérité ? Seule l'enquête en cours au cabinet du juge Salmeron pourra permettre d'identifier les poissons pilotes qui ont introduit, puis guidé, Robert

Champion de Crespigny au BRGM et dans le dédale de nos palais nationaux.

Le 31 août 1998, Maugein s'attaque à mon éditeur, avec l'espoir d'obtenir une renonciation à publier mon livre dont il connaît déjà (!) le contenu. Dans une lettre, dont le style ne correspond pas à l'idée que l'on se fait d'ordinaire d'un ancien élève de Polytechnique, il me dénonce auprès de la direction d'Albin Michel comme un corrompu, vendu à la cause des adversaires de la France. Et il me reproche de lui avoir écrit, pour lui « offrir la possibilité de me répondre », en lui donnant comme adresse celle de mon éditeur qui ainsi, sans le savoir, deviendrait, selon lui, mon complice. A son envoi, l'élégant monsieur joint sa carte de visite avec mention de « notre ami commun Michel Roussin ». Façon bien à lui d'arrondir les angles. Et grossière manière d'utiliser, sans son autorisation, cette personnalité qui ne le fréquente pas, qui nous exprime sa franche réprobation et m'autorise à qualifier ce procédé comme « celui d'un aigrefin ». D'autant que Maugein conclut son mot avec cette vaine menace :

« Il vous incombe, en tant qu'éditeur (...), de prendre les mesures qui s'imposent au sujet de ce livre. Vous voilà prévenu, avec l'avance nécessaire, par ce recommandé[1] ! »

Menace caractérisée et grave entrave à la liberté d'expression. Et réplique immédiate de Richard Ducousset :

« Je vous remercie de votre étonnante lettre du 31 août 1998 qui a au moins le mérite de confirmer

1. Voir en annexe la lettre de Patrick Maugein à Richard Ducousset, directeur général d'Albin Michel, assortie d'une abusive référence de notre correspondant à l'ancien ministre RPR Michel Roussin. Cf. pp. 328-329.

très clairement certains points essentiels du prochain livre de Jean Montaldo. J'ai transmis évidemment à ce dernier la copie de votre texte qui comporte de graves accusations à son endroit. Pour ce qui nous concerne, deux précisions :

» Nous nous étonnons que votre longue pratique des affaires aussi bien que votre penchant pour les courriers ne vous permettent pas de distinguer une "*lettre sur papier Albin Michel*" (comme vous le prétendez) d'une simple lettre d'un auteur qui se domicilie normalement chez son éditeur.

» Nous vous remercions pour votre sollicitude et votre conseil de "*prendre les mesures qui s'imposent au sujet de ce livre*", mais nous sommes une maison d'édition dont l'indépendance et le professionnalisme nous interdisent de céder à d'aussi grossières menaces.

» Enfin, sur un plan plus personnel, je demeure stupéfait de vous voir mêler à son insu (mais n'êtes-vous pas un habitué de cette méthode ?) Michel Roussin sur une carte de visite d'accompagnement. Quelle mentalité ! »

Curieusement, quand onze jours plus tard mon livre paraît, notre correspondant ne réagit pas. Aucune demande de rectification. Aucune poursuite. Mais, gravement mis en cause par celui qui, obstinément, a refusé de répondre aux légitimes questions que je lui ai posées par écrit, je décide de porter l'affaire en justice. Et de pousser plus avant mes investigations. Car l'agressivité de Maugein me donne à penser que je suis vraisemblablement passé à côté de vérités encore plus stupéfiantes. A cet égard, effectivement, je ne serai pas déçu.

Rien, jamais, ne décourage l'envoyé autoproclamé de la France ! Même pas les déclarations du président de la République Jacques Chirac, lorsqu'il me fait dire, par son bras droit, Dominique de Villepin, que Patrick Maugein n'a reçu « aucune mission » de l'Elysée.

Le 24 juillet 1998, j'écris au chef de l'Etat pour vérifier s'il est exact que Patrick Maugein serait un « conseiller du président de la République, M. Jacques Chirac ». Le 27 juillet au matin, Dominique de Villepin, secrétaire général de l'Elysée, me transmet au téléphone la réponse du président de la République. Pour ne pas trahir ses propos, je prends soin de l'enregistrer :

« Jamais Maugein n'a été conseiller du président de la République. Et jamais il n'a été chargé par le gouvernement ou la présidence d'une mission officielle. Il se trouve que le Président le connaît bien, parce que c'est un Corrézien d'origine. Mais il n'a aucun titre dans ces affaires-là. En tout cas, pas à la présidence de la République (...). Je ne sais pas ce qu'a écrit Bernard Cabaret. Mais, en tout état de cause, s'il a écrit cela, c'est faux. (...) Complètement faux ! Bien évidemment, le Président ne confère pas de missions occultes, contrairement à ce qui a pu se faire dans le passé. Il ne l'a jamais fait. Et donc, il n'a jamais été donné [*à Patrick Maugein*] de mission, ni officielle ni officieuse. »

A Dominique de Villepin, j'explique la nature des lettres de Maugein aux dirigeants des sociétés Buenaventura et Newmont, ses interventions à la hussarde au nom des autorités françaises. Et je prononce les mots : « menaces » et « chantage », que je m'apprête à reprendre dans mon livre. Car on ne peut qualifier autrement les documents authentifiés que j'ai sous les yeux. Nette réplique du très courtois porte-parole du président Jacques Chirac :

« Monsieur Montaldo, en posant cette question vous connaissez la réponse. Par définition, si de telles lettres étaient écrites elles ne pourraient provenir ni du gouvernement français, ni du président de la République, ni de l'Elysée qui, bien évidemment, ne peuvent s'associer à cela. »

Au gouvernement, le ministre de l'Education et de la Recherche, Claude Allègre, qui a la tutelle du BRGM (dont il fut le président, à l'époque de la privatisation de ses actifs), n'a pas davantage mandaté Maugein. Lui-même m'écrit, le 3 juillet 1998, ne le connaître « ni d'Eve ni d'Adam ».

Il n'empêche, malgré ces multiples démentis officiels, malgré plusieurs instructions judiciaires en cours, Patrick Maugein va, cahin-caha, continuer de sévir, refusant obstinément de répondre à mes légitimes questions :

« • A quel titre — et pour le compte de qui — intervenez-vous *"officiellement"*, depuis juin 1997, dans le dossier des actifs aurifères détenus par la France au Pérou, en association avec les sociétés Buenaventura et Newmont Mining ?

• Au nom de qui écrivez-vous aux différents protagonistes (péruviens ou américains) de l'affaire — de même qu'à moi-même —, en utilisant toujours le pluriel (*"nous"*), et avec quels mandat ou lettre — officiels — d'accréditation ?

• Quels sont vos propres intérêts dans cette *"affaire d'Etat"*, où, délibérément, vous vous présentez comme un acteur de premier plan ? »

Trois questions simples, auxquelles il est facile de répondre. Mais qui, posées à Patrick Maugein, me valent en réponse une bordée d'injures.

Que Maugein ne veuille pas me fournir les explications et éclaircissements que je lui demande, c'est son droit. De même qu'en l'interrogeant je n'ai fait que remplir mon devoir. Mais qu'il ne se soit trouvé personne au Palais de Justice de Paris pour exiger de lui qu'il justifie l'utilisation de fonctions officielles dont il n'a cessé de se prévaloir paraît pour le moins étrange. Et ce ne sont ni les magistrats ni les dossiers qui manquent : en plus de l'instruction conduite par le juge Thouvenot, pour la plainte contre « X » de Maugein, deux autres informations judiciaires sont en cours à Paris, en rapport avec l'affaire de l'or de la France envolé au Pérou. L'une — dont je suis l'initiateur et le premier témoin — est conduite depuis le 27 avril 1999, au pôle financier de la rue des Italiens, par Mme Valérie Salmeron pour « abus de biens sociaux, complicité et recel » au préjudice du BRGM ; l'autre — aujourd'hui devant la chambre d'instruction (ex-chambre d'accusation) de la cour d'appel — est relative à la plainte contre « X » que je dus déposer pour « menaces, chantage et entrave à la liberté d'expression », après la lettre que je viens de mentionner, dans le dessein d'empêcher la parution de mon livre *Main basse sur l'or de la France*, sachant que je m'apprêtais à y révéler ses agissements. Dans ce courrier à Albin Michel, Maugein allait, entre autres amabilités sur lesquelles je vais devoir revenir, jusqu'à m'accuser de « brandir aussi complaisamment des documents qui sont des faux ». Des « faux »... parfaitement authentiques : je veux parler des lettres incroyables qu'il s'est autorisé à expédier, en se réclamant de nos gouvernants. Neuf courriers en espagnol et en anglais, que je traduis et publie. Et qui, si nos juges l'avaient voulu, auraient dû lui valoir de sérieux ennuis.

Utiliser abusivement pour son intérêt personnel la qualité de représentant d'une entreprise nationale et, plus encore, celle de « conseiller » du président de la République est une faute gravissime, passible des tribunaux. Que Maugein commet apparemment sans le moindre état d'âme. Contre la volonté — j'en suis sûr, comment pourrait-il en être autrement ? — de son « ami le Président ».

Intermédiaire énigmatique, il va pourtant persister à utiliser le nom et la fonction de Jacques Chirac pour, sans le dire, défendre les intérêts de l'australien Normandy — qui le rémunère longtemps à prix d'or —, tout en continuant d'affirmer qu'il intervient — à la demande de qui ? — pour permettre à la France de récupérer son trésor perdu. Bientôt, grâce à sa manie fanfaronne de multiplier tous azimuts les courriers et de distribuer partout les pièces les plus sulfureuses de son dossier, je finis par découvrir que le Corrézien est à la tête d'une véritable conjuration.

Le 2 juillet 1997, à Paris, une réunion rassemble en grand secret le nouveau président du BRGM, Bernard Cabaret, son avocat Elie Kleiman (successeur de maître Hubert Védrine, depuis que celui-ci est devenu, dans le gouvernement de Lionel Jospin, ministre des Affaires étrangères), Robert Champion de Crespigny, patron du groupe australien Normandy, et son « conseiller consultatif » : Patrick Maugein soi-même.

Lors de ce conclave, Maugein obtient que soient couvertes ses interventions passées et à venir, pour tenter d'obtenir des partenaires péruvien et américain du BRGM qu'ils renoncent à leurs procédures. Invraisemblable réunion — dont j'ai heureusement pu retrouver les minutes « confidentielles » —, où l'on découvre que des personnes en charge de la défense des intérêts de la France acceptent de se commettre avec un aventurier de la finance et des affaires, qui œuvre en réalité pour une compagnie minière australienne.

Cette réunion secrète du 2 juillet 1997 a lieu pour, notamment, élaborer le courrier officiel du 7 juillet, celui par lequel le président Bernard Cabaret doit répondre, avec une utile ambiguïté, aux interrogations de don Alberto Benavides, le président de Buenaventura, à propos des lettres de menaces et de chantage dont Maugein l'a déjà harcelé et dont il s'est plaint. Sur trois pages à en-tête du cabinet d'avocats Jeantet et Associés, conseil du BRGM, un « Mémorandum confidentiel » rend compte, en anglais (avec traduction en français), de l'inquiétant synode. Document exceptionnel : sous l'intertitre « Communication avec Buenaventura et Newmont », les participants y conviennent de ce qui suit :

« BC [*Bernard Cabaret*] doit appeler Alberto Benavides (avec confirmation par écrit) et lui passer le message :

» 1/ que Patrick Maugein est un conseiller du président de la République française et ne représente ou ne conseille ni le BRGM ni l'une quelconque de ses filiales ;

» 2/ il est dans l'intention du BRGM d'explorer avec à la fois Buenaventura et Newmont la possibilité de trouver une solution amicale ;

» 3/ en conséquence, le BRGM doit savoir quelle est la position de Newmont. »

D'où, cinq jours plus tard, le 7 juillet, la petite phrase de Bernard Cabaret, en réponse à son partenaire péruvien, quand ce dernier s'inquiète du rôle de Maugein qui l'abreuve de lettres menaçantes :

« Autant que je sache, M. Maugein est un conseiller du président de la République, M. Jacques Chirac. »

Vague, la formule est équivoque. A souhait. Reste à expliquer pourquoi ce serviteur de l'Etat, qui n'a pas mauvaise réputation, a accepté de prêter son concours à une si grave mystification, aboutissant — tout de même ! — à impliquer le Président dans ce qui pourrait apparaître comme du trafic d'influence.

Le président du BRGM est alors pris entre le marteau et l'enclume. Venu de la Lyonnaise des Eaux, où il a fait le gros de sa carrière, Cabaret est un proche du P-DG de cette grande compagnie, Jérôme Monod, ancien secrétaire général du RPR, qui deviendra en l'an 2000 le conseiller très écouté de Jacques Chirac à l'Elysée. Bon garçon, Cabaret se laisse abuser. Il ne veut pas risquer de déplaire à Jacques Chirac, dont Maugein se réclame. Formidable sésame dont il use et abuse, sans que personne songe à en demander l'officielle confirmation au chef de l'Etat. Mais, patron d'un établissement public, Bernard Cabaret ne peut et ne veut pas accorder au Corrézien un mandat qu'il n'a pas et qu'il ne saurait être question de lui donner. A l'époque, les déboires de François Mitterrand avec son ami à scandale Roger-Patrice Pelat sont encore dans toutes les mémoires.

Néanmoins, le document livre la preuve d'une action concertée. Elle apparaît d'ailleurs encore plus clairement dans les quatre derniers paragraphes de la page 2, intitulés « Visite de PM [*Patrick Maugein*] au Pérou ».

J'y retrouve les noms des plus hautes personnalités gouvernementales, de ministères, d'organismes nationaux et internationaux, de même que tous les thèmes et termes utilisés par Maugein dans ses lettres délirantes des 14 et 16 juin[1] 1997. En outre, ce passage du « Mémorandum » du 2 juillet 1997 jette une lumière crue sur les délibérations qui ont lieu, à l'abri des regards, chez l'avocat du BRGM :

« PM a indiqué qu'il s'était mis d'accord avec le président Chirac pour tenter d'établir un contact direct avec le président [*du Pérou*] Fujimori par l'intermé-

1. Voir mon livre *Main basse sur l'or de la France, op. cit.*, pp. 134-147 et pp. 376 et 377.

diaire de l'ambassadeur du Pérou qu'il connaît bien. L'objectif d'une telle réunion entre PM et PF [*président Fujimori*] serait :

» 1) d'assurer que PF a bien reçu une description complète et correcte de la situation, et

» 2) de préciser clairement que cette affaire est considérée comme une affaire d'Etat au plus haut niveau en France,

» 3) de confirmer que le BRGM et le gouvernement français souhaitent aboutir à une solution convenable avec Buenaventura et Newmont sans recourir aux tribunaux, et

» 4) de demander à PF d'assurer que la Cour suprême examine la demande d'appel conformément à la loi et de façon juste et équitable.

» PM demande à EK [*maître Elie Kleiman du cabinet Jeantet*] de contacter Hubert Védrine pour vérifier si le ministère des Affaires étrangères est favorable à cette action et la soutiendrait [« *would support* »] vis-à-vis de l'ambassade du Pérou.

» BC [*Bernard Cabaret*] a ajouté qu'il contacterait M. Camdessus [*directeur général du Fonds monétaire international et du Club de Paris*] et M. Cirelli [*Jean-François Cirelli, conseiller économique du président de la République, Jacques Chirac*].

» PM a aussi indiqué qu'il approcherait les autorités allemandes et espagnoles pour leur signifier que pour la France [*sic*] il s'agit d'une affaire d'Etat. »

A la lecture de ce qui précède, on comprend que la réunion du 2 juillet 1997 est organisée pour, notamment, justifier ce que Maugein a déjà écrit, le 14 juin 1997 :

« (...) au mois de juillet prochain, je voyagerai au Pérou, afin d'avoir une entrevue avec Son Excellence le président Alberto Fujimori, pour lui transmettre un message personnel de notre Président... »

Voilà comment et pourquoi l'homme qui connut Chirac à la fin des années 70, par l'intermédiaire d'un ami commun, le banquier corrézien Jean-Marie Dauzier (frère aîné du chiraquien et ex-patron d'Havas Pierre Dauzier), réussit à l'arraché à imposer sa présence dans une réunion où il n'aurait pas dû être admis et dans une affaire où il convoite, pour lui, une énorme commission qui se chiffre en **millions de dollars**. Excusez du peu !

Voilà comment l'intermédiaire autoproclamé s'arroge le droit d'interpeller, au nom de la France, des gouvernements étrangers, sans que quiconque lui ait rien demandé.

Et voilà comment les plus hautes autorités de l'Etat — le président de la République, l'un de ses collaborateurs, de même que le ministre des Affaires étrangères, lui-même ancien avocat du BRGM — sont nommées et mises en cause. Malgré elles, bien sûr. Ce qui va sans dire, et encore mieux en le disant.

Dans l'ombre, le cachottier Robert Champion de Crespigny s'active du mieux qu'il peut. Il veut bien utiliser les singulières méthodes et le carnet d'adresses de son « associé » Patrick Maugein, mais à condition que les formes soient respectées. A condition que nul n'en sache rien.

D'un côté, et sans sourciller, le président de Normandy lui règle des honoraires, petit acompte qui ne pèsera pas lourd au regard du magot qu'il espère récupérer au Pérou et pour lequel le Corrézien doit recevoir une substantielle rallonge. A condition que le BRGM gagne son procès contre Buenaventura et Newmont. Ou que ces deux compagnies finissent par céder, sous la pression de Maugein.

De l'autre côté, le 23 avril 1998 pour être précis,

répondant par lettre à Ronald Cambre, le président de Newmont qui se plaint lui aussi d'être continuellement harcelé par Maugein, le magnat australien ment comme un arracheur de dents quand il affirme la main sur le cœur :

« (...) Je présume que les sources d'information de M. Maugein proviennent de l'intérieur de la bureaucratie française, où, comme vous le savez, il paraît avoir nombre de contacts. Bien que je connaisse M. Maugein, il ne travaille pas pour le groupe Normandy. »

Ni pour ma sœur ni pour mon cheval, ce qui est aussi et encore plus certain !

Le 11 août 1997, Patrick Maugein envoie un fax à son vrai commanditaire : Robert Champion de Crespigny soi-même. Intéressante communication. Il l'informe que, porteur d'un message présidentiel, le sénateur RPR Xavier Galouzeau de Villepin, père du secrétaire général de l'Elysée Dominique de Villepin, vient de rencontrer, le 6 août à La Paz, capitale de la Bolivie, le ministre des Affaires étrangères du Pérou :

« Cher Robert, écrit l'homme en or, le ministre a dit que tout sera fait pour éviter un problème avec la France sur le sujet [*la mine d'or de Yanacocha*], mais en précisant qu'il s'agit d'une affaire privée. Néanmoins Villepin a eu le sentiment que les Péruviens feraient quelque chose pour permettre un travail équitable de la justice. »

Puis Maugein passe à l'essentiel, avec ces mots à peine codés :

« La lettre de JC [*Jacques Chirac*] à Fujimori [*le président du Pérou*] a été transmise. Comme vous le savez, le contenu était centré sur le dossier BRGM. Je suppose que nous aurons une réponse bientôt. En conclusion, je pense que cela a été la bonne démarche. Nous avons fait savoir que la France se battra sur ce dossier avec une lettre présidentielle à Fujimori. Je suppose que nous aurons bientôt une réponse. »

Nouvel accroc à l'étiquette. En effet, est-il admissible qu'un quidam rémunéré par une compagnie étrangère lui rende compte, en ces termes, des démarches diplomatiques secrètes du président de la République Jacques Chirac ? S'ils étaient mis au jour aux Etats-Unis, en Grande-Bretagne ou en Allemagne, chacun sait que ces faits seraient sévèrement sanctionnés. Mais en France, berceau de la démocratie sicilienne, rien ne se passe.

Menaces contre l'Etat et... un ministre en exercice

Après les vacances de l'été 1997, El Padrino don Patricio Maugeino retrempe sa plume dans l'encre de la menace. Sans que personne, ni à la direction du BRGM ni du côté des autorités de tutelle de l'établissement public, l'ait mandaté, Maugein écrit directement au président de Newmont, Ronald Cambre. Trois courriers insensés, à l'en-tête de son domicile parisien, dans lesquels il se présente comme « conseiller des autorités françaises » (*sic*) dans le litige de Yanacocha et où il accuse le groupe américain Newmont de « corruption internationale », le menaçant de poursuites judiciaires sur le territoire même des Etats-Unis [1]. Calomnie qu'il va s'employer à peaufiner, jusqu'à faire de ma petite personne la tête pensante et agissante de cette conspiration planétaire. Avec toujours, en arrière-plan, la CIA, les services secrets péruviens et du monde entier, sans oublier les réseaux sud-américains de la drogue.

Cependant, à l'issue de ce premier galop d'essai, le boutefas [2] de Brive a tout de même conscience d'en

1. Voir *Main basse sur l'or de la France*, *op. cit,* pp. 171 à 186 et pp. 380 à 382.
2. Du latin *buttis* : tonneau.

avoir déjà trop fait. Du côté du BRGM, on commence à sérieusement s'inquiéter. Maugein comprend qu'il lui faut d'urgence assurer ses arrières. A trop en faire, le risque est grand de se retrouver aux prises avec ces dames et messieurs du Palais de Justice. Le 14 octobre 1997, il tente donc un nouveau coup de bluff. Utilisant le tutoiement en usage chez les anciens de Polytechnique, il écrit à Bernard Cabaret pour lui annoncer son intervention auprès de Newmont, assortie de ses accusations de « corruption ». Le président du BRGM, interloqué, est surtout effrayé. Maugein vient de franchir la ligne jaune. Le patron de l'établissement public ne saurait accepter sans réagir que, pour tenter de le rallier à ses méthodes, le pseudo-conseiller de la France conclue son courrier avec le ton de la connivence et ces mots de trop :

« Il me paraît excellent que tu apparaisses comme le héros du film, moi-même jouant le rôle du méchant. En cas de besoin, je dirai un mot à notre ambassadeur à Washington, M. Bujon de L'Estang, que je connais bien. Je te recommande de ne pas inclure les ministères dans cette partie du débat, car tu connais leur frilosité naturelle. Amitiés. Patrick Maugein. »

Propos typiques d'un « voyou de la République », qui incite le patron d'une entreprise d'Etat à participer à ses manigances... en cachette de ses autorités de tutelle, et tente — c'est maintenant manifeste ! — d'utiliser ses relations au plus haut niveau[1].

A réception de ce message inadmissible, Cabaret comprend enfin le caractère incongru, dangereux, et maintenant délictuel, des interventions à répétition de

1. Voir, en annexe, la lettre du 14 octobre 1997 adressée par Patrick Maugein au président du BRGM, Bernard Cabaret, *infra*, p. 325.

Patrick Maugein dans l'affaire de l'or de la France au Pérou. Dès lors, il n'est plus question de les couvrir. Le président du BRGM prévient une fois encore ses ministres, conseils, autorités de tutelle... Et, dans une lettre du 15 octobre 1997 à la personne privée Patrick Maugein, Bernard Cabaret répond sèchement. En le vouvoyant ! Sa position est maintenant on ne peut plus claire[1]. Il n'en variera plus :

« Dans notre conversation téléphonique du lundi 13 octobre, je vous faisais part de mon mécontentement de voir des actions directes menées auprès des parties adverses, précisément Newmont, dans les affaires de Yanacocha (...). Ces actions sont de nature à perturber profondément les actions en justice en cours. (...)

» A la suite de vos interventions de juin dernier, j'ai été conduit à préciser, le 7 juillet dernier, à M. Benavides [*le président de la société péruvienne Buenaventura*] que vous n'étiez mandataire ni du BRGM ni d'une de ses filiales dans ces affaires. Les circonstances présentes me conduisent à réitérer clairement ce fait auprès de M. Benavides et de demander aux avocats de le faire auprès des avocats qui leur ont écrit récemment à ce sujet.

» Je considère maintenant que les événements récents rendent absolument nécessaire de mettre fin à vos actions qui, par leurs derniers développements, peuvent nuire gravement au bon déroulement des affaires que Normandy Mining Limited et le BRGM ont actuellement au Pérou. »

Ce courrier officiel de Bernard Cabaret est sans appel. Il confirme, on ne peut plus fermement, que Maugein est un mystificateur quand il affirme avoir été

1. Voir, en annexe, cette lettre du 15 octobre 1997 envoyée par Bernard Cabaret à Patrick Maugein, *infra*, p. 326.

chargé, par les « autorités françaises », de récupérer au Pérou les actifs aurifères de la France. Electron libre, il n'agit en réalité que dans son intérêt propre.

Pas plus représentant des intérêts de l'Etat français que de ceux de l'établissement public BRGM, ou encore (tout du moins officiellement) de ceux du groupe australien Normandy, Patrick Maugein n'est finalement qu'un imposteur qui, pour obtenir des sommes indues par l'usurpation de fonctions officielles et la menace, s'invente des missions que nul ne lui a données. Et pourtant, c'est bien le même Maugein qui, dans l'une de ses lettres adressée le 21 juin 1997 à don Alberto Benavides, le président de la compagnie péruvienne Buenaventura, lui assurait :

« (...) Ma carrière professionnelle, consacrée aux affaires internationales, m'a permis de bien connaître le monde hispanique et latino-américain. J'ai eu aussi quelques postes officiels : administrateur de l'Institut du monde arabe (1986-1992), administrateur de l'Opéra de Paris (1986-1992) [*sous la présidence du multicarte Pierre Bergé !*]. De mon fax du 14-06, envoyé à l'hôtel Bristol [*rue du Faubourg-Saint-Honoré, à Paris, à deux pas de l'Elysée*], on peut déduire clairement que l'Etat m'a chargé d'une mission de réflexion et de propositions sur l'affaire BRGM-Pérou. »

Pourquoi se gêner quand, sous prétexte qu'une de ses connaissances est à l'Elysée, on se croit et on se dit « le roi de France » ?

Malgré l'effervescence tous azimuts du milliardaire travesti en kangourou masqué, les juges, à Lima et à Zurich (où un tribunal arbitral est saisi, à la demande du BRGM), ne peuvent faire autrement que de donner totalement raison aux deux anciens partenaires de la France dans la mine d'or de Yanacocha. De 1997 au

25 juin 1999, toutes leurs décisions vont dans le même sens, aboutissant à reconnaître leurs droits. Ainsi, Buenaventura et Newmont se retrouvent-ils les seuls propriétaires du fabuleux filon au sommet de Cajamarca. A la place de l'australien Normandy, pour qui gesticule le commissionnaire Maugein. Les conditions financières qui leur sont imposées par ces différentes instances restent celles de la privatisation truquée de 1994-1995 : moins de 800 millions de francs, pour une participation dans Yanacocha que j'ai pu évaluer, sans jamais recevoir le moindre démenti, à au moins 12 milliards de francs. Estimation que je relève aujourd'hui à quelque 25 milliards, en raison de nouvelles découvertes et des derniers résultats d'exploitation de la mine. Un désastre pour la France, qui, par la faute de ses dirigeants et d'arrogants grands commis, se retrouve encore une fois flouée !

Je n'étonnerai personne en soulignant qu'après mes révélations et la publication de mon livre en 1998, aucune autorité française — je dis bien aucune ! — ne s'est constituée partie civile dans l'information judiciaire ouverte à ma demande et conduite à Paris par Mme le juge d'instruction Valérie Salmeron. Parfaite illustration des méfaits de *l'omertà* française, si bien disséquée dans leur livre référence par la journaliste du *Point* Sophie Coignard et l'écrivain Alexandre Wickham[1].

La sortie de *Main basse sur l'or de la France* ne décourage pas Maugein, bien au contraire. Son énergie en est décuplée. Fou furieux, il ne peut supporter de voir s'éloigner son fromage. A défaut de parvenir à ses fins à Lima, à Zurich et à Denver, siège de Newmont

1. Sophie Coignard et Alexandre Wickham, *L'Omertà française*, Editions Albin Michel, octobre 1999.

dans le Colorado, voilà qu'il décide d'en découdre avec tous ceux qui le gênent. En tête, Claude Allègre, l'ancien président remercié du BRGM devenu, en 1997, dès après son entrée dans le gouvernement de Lionel Jospin, le ministre de tutelle de l'établissement public. Allègre coupable, aux yeux de Maugein, de m'avoir déclaré, le 3 juillet 1998, qu'il ne le connaissait « ni d'Eve ni d'Adam ». Allègre coupable aussi d'avoir refusé de le suivre dans ses assauts délirants contre les sociétés Buenaventura et Newmont.

Sans douter de rien, l'inusable corsaire de l'intermédiation se met à bombarder l'ami et bras droit de Lionel Jospin de lettres de chantage. Une première dans l'histoire de la République ! Pour essayer de gagner sa cause — je veux parler des millions de dollars qu'il escompte, en récompense de sa fièvre procédurale —, Patrick Maugein persiste à présenter comme une « expropriation » par l'Etat péruvien un conflit d'ordre strictement privé. Car, ainsi que tous les experts l'ont confirmé — même ceux désignés par le BRGM —, c'est Paris qui, entre 1994 et 1995, avait souverainement décidé de céder au groupe Normandy sa participation dans la société privée, de droit péruvien, Minera Yanacocha SA, offrant ainsi à Buenaventura et Newmont la possibilité d'exercer leur droit de préemption et de récupérer les 30 % « privatisés » par la France, aux conditions léonines consenties aux Australiens. Autant dire pour presque rien, alors que l'exploitation de la mine venait tout juste de commencer et que les géologues s'accordaient, tous ensemble (français, péruviens et américains), pour dire et répéter — sans pouvoir se faire entendre — qu'il s'agissait d'une fabuleuse découverte et, très vraisemblablement, de l'un des premiers gisements d'or au monde.

Je précise qu'en décembre 2000, ce litige entre partenaires privés — qui ne concerne en rien l'Etat péruvien — a été définitivement réglé. Un accord à l'amiable est intervenu entre le BRGM, Newmont et Buenaventura — les trois associés, jusqu'en septembre 1994, dans la découverte et l'exploitation de la mine de Yanacocha. Pour tous, le dossier est clos. Sauf pour Maugein, qui continue d'intriguer et de courir désespérément après le mirage des millions de dollars qui ne lui sont pas dus. Rejeté par le BRGM et lâché par Normandy, il ne lui reste plus qu'à s'inventer un préjudice personnel et obtenir des dommages et intérêts de la justice américaine dans le cadre d'une action criminelle contre Newmont. Une fiction judiciaire à laquelle il tente d'associer le gouvernement français pour lui donner une crédibilité.

Révélés par Vincent Nouzille et Fabrice Lhomme dans *L'Express* du 9 décembre 1999, mais jamais publiés intégralement, ces courriers de Patrik Maugein au ministre Claude Allègre méritent un arrêt sur image. Mieux que toute autre narration, ils éclairent la personne, les méthodes et la psychologie de l'individu. Avec ces nouveaux éléments, le scandale tourne à l'affaire d'Etat. Ils nous confirment — tel est son aspect le plus étonnant — que le « conseiller » imaginaire du président de la République Jacques Chirac est laissé libre de s'adresser à un ministre en exercice dans des termes qu'aucun citoyen ne pourrait normalement utiliser sans avoir à en rendre compte en justice.

De ces quatre lettres inadmissibles, je n'extrais que les passages les plus significatifs et croquignolets. Toutes relèvent de la pure intention de nuire à l'endroit de Claude Allègre et des autres personnes citées, dont moi-même. Le devoir de vérité m'oblige à les livrer ici, pour information[1] :

1. J'invite le lecteur à se faire lui-même sa propre idée sur ces quatre missives reçues par un ministre de la République. Je reproduis intégralement en annexe leurs fac-similés, pp. 330 à 332.

• **13 août 1999** : dans sa première missive à Claude Allègre, Patrick Maugein lui écrit sur papier à en-tête de sa société parisienne CFID. Il ne peut maintenant plus cacher qu'il s'est immiscé dans l'affaire Yanacocha à titre personnel, non pour défendre les intérêts de la France mais ceux de l'australien Robert Champion de Crespigny et les siens propres. Première lettre exemplaire :

« Monsieur le Ministre,

» Permettez-moi par la présente de vous exposer mon rôle personnel et mon point de vue sur l'expropriation du BRGM. Ayant fait connaissance de Robert Champion de Crespigny seulement en juin 1996, j'ai commencé à intervenir en 1997 et dans le cadre strict du Pérou, comme conseiller de Normandy[1]. Je suis donc moralement et légalement irréprochable [*sic*]. »

Vient ensuite, dans une gradation calculée, l'amorce de menaces à peine voilées contre le ministre :

« (...) La violence des attaques, médiatiques et judiciaires, que j'ai subies a renforcé ma détermination. Je veux préciser que je ne considère pas cette affaire comme un sujet politique. Si je m'exprime publiquement, je ne vous mettrai pas en cause [re*sic*], d'autant plus que j'estime que vous n'êtes pas responsable de ce désastre. J'ai été contacté par les syndicats du BRGM et j'ai opté pour la discrétion. Une rencontre entre nous pourrait être utile. Je vous garantis la confidentialité [rere*sic*], à moins que vous ne préfériez qu'Antoine Blanca [*le vieux militant socialiste et*

1. Patrick Maugein est peu regardant avec les dates et les chiffres. Il change une nouvelle fois la datation de sa collaboration avec la compagnie australienne Normandy. Je rappelle qu'un an auparavant, dans une déclaration à Hervé Gattegno du *Monde*, il l'a fait remonter à « une dizaine d'années », c'est-à-dire à la fin des années 80.

ambassadeur de France au Pérou, informateur de Maugein], qui repart le 8 septembre, nous réunisse. »

Puis les grands mots sont lâchés. L'inspecteur Maugein a fait sa propre enquête. Avec ses propres limiers et même des sommités du droit ! Résultat : le dossier péruvien du BRGM devient — excusez du peu ! — une « escroquerie en bande organisée », dont je suis, à Paris, le général en chef. Maugein en fait état dans une plainte (elle encore, fantaisiste !) qu'il avait déposée, le 29 avril 1999, entre les mains du premier substitut du procureur de la République, David Peyron, chef de la bien nommée « Section lutte contre la délinquance astucieuse ». Tout un programme ! Mais, pour ne pas rater son coup, l'esbroufeur oublie de préciser au ministre de tutelle du BRGM que ce magistrat lui a déjà signifié le 13 juillet 1999 — c'est-à-dire un mois auparavant ! — un « avis de classement sans suite ».

Il serait malencontreux, menace-t-il, que le nom du ministre préféré de Lionel Jospin y soit mêlé et accusé de vouloir enterrer le scandale.

Chantage, nous revoilà :

« Plutôt que de répondre à la diffamation, j'ai effectué avec une équipe efficace [*José Antonio Jimenez, dont Maugein vient pourtant de se séparer et qu'il accuse aujourd'hui d'être mon complice dans sa plainte pour "**chantage et tentative d'extorsion de fonds**"*] une vaste enquête qui démonte les rouages de cette affaire d'expropriation. Deux éminents professeurs de droit pénal m'ont convaincu qu'il s'est agi d'une escroquerie en bande organisée [*sic*] et que la compétence de la Justice française est certaine. Toute une série de délits pénaux majeurs peuvent être matérialisés. J'ai communiqué l'essentiel au substitut du procureur, David Peyron. Il me paraît dommageable aux intérêts de l'Etat français qu'il ne nomme pas [re*sic*] de juge d'instruction muni d'une saisine large.

Une rumeur, manifestement fausse, se propage selon laquelle vous souhaiteriez étouffer cette affaire. »

Les données du problème étant posées en termes palermitains, le Corrézien donne ses instructions au ministre. Il faut — c'est un ordre ! — que le gouvernement de la France en appelle à la justice américaine :

« J'estime que le BRGM devrait porter plainte sur la base des délits que j'ai recensés. Le juge d'instruction devrait alors demander la coopération du Département de la justice à Washington. Il serait souhaitable que ce juge soit expérimenté. J'ai eu des contacts à niveau élevé, quoique informels [*sic*], avec ce Département. Mes interlocuteurs sont surpris que la France ne les saisisse pas. Ils sont conscients que, puisque les Etats-Unis exportent l'éthique d'entreprise, il est normal qu'ils fassent un exemple. Ceci est facile car Newmont a mauvaise réputation [re*sic*]. (...) »

Pour le cas où Claude Allègre serait dur de la feuille, le magicien Maugein a tout prévu. Voici annoncée au ministre la bombe thermonucléaire : des articles sont prêts à être publiés dans les plus influents journaux américains et un livre « cruel » est en préparation, sous la signature d'un grand écrivain d'investigation. Telle est l'arme terrible qui demain — c'est juré, c'est certain ! — explosera dans le ciel français. Sauf si le gouvernement de Lionel Jospin revient à la raison, en rejoignant le chevalier Maugein dans sa croisade contre le géant américain Newmont. Et tant pis si cet ouvrage ne verra jamais le jour en librairie ! Les deux fameux professeurs de droit cités sont de nouveau mis à contribution. Loin de se douter, les malheureux, que, tronquées et amputées de leurs signatures, leurs inoffensives consultations servent à faire chanter un ministre en exercice. Peu importe, ce qui compte pour Maugein, c'est l'épate :

« Sur le plan médiatique, écrit-il au ministre Claude

Allègre, le *Washington Post* et le *New York Times* m'ont sollicité [*sic*]. Enfin, M. Brian Burrough, ancien journaliste du *Wall Street Journal* et auteur du best-seller *Barbarians at the Gate*, souhaite écrire un livre sur les mauvaises manières des compagnies américaines en Amérique latine. Ce cas le passionne. Pour ce que j'ai pu en savoir, l'inertie, l'irrésolution et l'irresponsabilité de notre Etat seront mis en exergue cruellement [re*sic*]. A ce titre, la négociation en cours [*entre le BRGM et ses partenaires historiques dans la découverte de Yanacocha*] apparaît honteuse dans son principe et probablement pénalement répréhensible. Elle vise à récupérer les miettes et à garantir à Newmont, non seulement l'impunité mais aussi la non-réclamation de nos actifs si d'aventure Newmont était pénalement condamné aux Etats-Unis par exemple. J'ai aussi demandé à mon avocat maître Pierre Haïk de prendre contact avec le procureur de la République, M. Dintilhac. Veuillez trouver en annexe le schéma pénal, objet des consultations des professeurs Decocq et Bouloc. La procédure judiciaire française, par nature inquisitoriale [rere*sic*], laisse évidemment au juge d'instruction la possibilité d'enquêter avec plus de moyens que moi [rerere*sic*]. »

Parole d'humaniste... A la lecture de ces lignes, les directeurs de journaux aussi respectés et rigoureux que le *New York Times* et le *Washington Post* seront édifiés d'apprendre qu'un affairiste français utilise le nom et la réputation de leurs titres pour menacer un ministre français en exercice. Dans un autre document en ma possession, un avocat américain, consulté à prix d'or par Maugein, va jusqu'à citer le nom de Bob Woodward, le journaliste vedette du *Washington Post*, qui fit tomber le président des Etats-Unis Richard Nixon dans le scandale du Watergate. En page 3 du projet d'une nouvelle lettre de menace qui doit être adressée à Ronald Cambre, le président de Newmont, il est écrit :

« Patrick Maugein a d'excellentes relations avec Jim Hoagland, du *Washington Post.* Il aurait été facile de lui demander, ainsi qu'à Bob Woodward, de braquer les projecteurs sur la stratégie permettant à Newmont de s'emparer des actifs français au Pérou (...). »

Inutile de préciser que Bob Woodward, l'un des journalistes les plus célèbres au monde, ignore qu'un homme se prétendant le conseiller du président de la République française exploite son nom et sa renommée pour ses basses besognes. Avec la rédaction du *Washington Post*, il appréciera, comme il se doit, ce qui précède...

• **6 octobre 1999** [1] : faute d'avoir obtenu satisfaction avec son premier courrier, le ténor de la menace relance Claude Allègre. La pression monte d'un cran. Cette fois, c'est la carrière politique du ministre qu'il veut mettre en danger. Le temps presse, car de mauvais souvenirs pourraient remonter à la surface. Parole de Maugein, toujours en forme olympique :

« Une fois encore, je voudrais vous convaincre que le BRGM fait fausse route (...). Vous allez donc vous trouver fin novembre dans une situation intenable : rien n'aura été payé, les prescriptions rendront Newmont inexpugnable (...). Votre propre situation sera politiquement mortifère [*sic*] car vous accréditerez l'idée que vous avez repris la tutelle du BRGM pour étouffer cette affaire et faire oublier les petits manquements à l'éthique [re*sic*] commis quand vous étiez président du BRGM (...). Vous avez cependant encore, pour peu de temps, la possibilité de sauver l'honneur [rere*sic*] et de récupérer le patrimoine de l'Etat. »

1. Voir en annexe le fac-similé de cette lettre de Patrick Maugein à Claude Allègre, *infra,* p. 333.

Après ce coup de bâton, le gendarme Maugein va faire patte de velours. L'animal est disposé à se faire plus conciliant à condition qu'en Conseil des ministres, il soit nommé à la tête des mines d'or de la France. Et pourquoi pas sur le trône de la reine des Gitans ? L'acrobate, qui n'a peur de rien, ajoute à l'intention du ministre Claude Allègre :

« Pour vous, je ne puis être qu'un allié objectif et utile. Je ne m'intéresse pas à votre comportement quand vous étiez président du BRGM, mais seulement à sortir par le haut de cette affaire en récupérant l'ensemble du domaine minier. Je vous propose donc de faire porter plainte par le BRGM afin d'interrompre les prescriptions et de me nommer président du BRGM-Pérou et Mine Or [*la filiale du BRGM où ont été logés ses intérêts dans la mine d'or de Yanacocha*]. Il s'agit d'une tâche atypique [*sic*] qui exige de l'expérience des affaires internationales, notamment aux Etats-Unis, et qui ne correspond guère au profil du président du BRGM. (...) A vous donc de décider. »

En d'autres termes : il vous faut virer l'incapable président Cabaret et m'installer à sa place. Avec moi, super-Maugein, le vaurien américain Newmont aura vite fait de cracher au bassinet. Et, sous le patronage du gouvernement français, le caissier corrézien Patrick Maugein pourra enfin toucher le jack-pot...

• **22 octobre 1999** [1] : Sans laisser au ministre le temps de souffler, la mitrailleuse reprend son tir. Motif : Maugein a appris que *L'Express*, hebdomadaire dirigé par Denis Jeambar — une connaissance de Claude Allègre —, prépare une enquête sur son intrusion dans le dossier de l'or du Pérou. Maugein, qui ne

1. Voir en annexe cette troisième lettre de Maugein à Claude Allègre, *infra*, p. 334.

doute de rien, s'imagine que le ministre de l'Education et de la Recherche a le pouvoir de donner des ordres aux journalistes de *L'Express*. Il n'hésite donc pas à menacer Allègre de représailles, pour le cas où l'article des grands reporters Vincent Nouzille et Fabrice Lhomme n'irait pas dans le sens qu'il souhaite.

Insondable stupidité, méconnaissance totale de l'éthique et des règles de la presse. Mais Patrick Maugein, dont le sens de l'humour n'est pas la qualité première, ne plaisante pas, lui, quand il écrit à Allègre :

« Monsieur le Ministre, j'ai appris incidemment que votre ami Denis Jeambar a l'intention de publier un pamphlet sur moi dans *L'Express* sous la plume de M. Nouzille. M. Nouzille, la dernière fois qu'il a écrit sur moi au sujet de l'affaire péruvienne, a pris fait et cause pour la thèse de Montaldo. On me le décrit comme un journaliste très influençable et manipulable. Il prétendrait disposer d'informations de Kroll (l'agence de la CIA) sur moi, ce qui accréditerait la thèse que Newmont est extrêmement préoccupé par la procédure pénale que je préconise et devrait vous convaincre de la mettre en place. Je n'ai aucune inquiétude sur les ragots qui pourraient être colportés sur moi mais je considérerais qu'une attaque “ad hominem” de votre ami Denis Jeambar aurait reçu votre “feu vert”. Moi-même m'étant gardé de tout commentaire personnel vous concernant. Veuillez trouver ci-joint, pour information, copie de la lettre que j'ai envoyée à M. Montaldo. »

Maugein fait ici référence à un autre incroyable courrier qu'il vient de m'adresser, où il essaie de m'intimider pour obtenir de ma part une fausse déclaration contre Newmont. Une lettre scandaleuse sur laquelle je vais devoir revenir.

• **9 novembre 1999** [1] : Responsable des affaires de la France et non tenancier d'un tripot de Pigalle, le ministre Claude Allègre n'a bien évidemment pas répondu aux trois premières lettres du sieur Maugein. Mais le facteur corrézien sonne toujours quatre fois. Avec à la main un nouveau mot d'amour. Un pétard mouillé, façon Volfoni, la première gâchette des *Tontons flingueurs*. Pensez donc, l'impudent bras droit de Lionel Jospin n'a pas encore daigné lui répondre. Un crime de lèse-majesté, qui ne se pardonne pas. Et qui mérite un bon coup au-dessous de la ceinture. Sans plus aucune retenue, mais toujours en se référant à des ragots, Maugein accuse maintenant ouvertement Claude Allègre de toute une palette de malhonnêtetés :

« Récemment, un journaliste m'a fait remarquer que lorsque vous étiez président du BRGM, vous ne vous rendiez au bureau guère plus qu'une fois l'an, pour les vœux : vous n'aviez pas un emploi fictif mais un emploi réel que vous n'occupiez pas. Vous faisiez de grandes dépenses aux frais du BRGM, sans que cela corresponde à ces activités. Par exemple, chez Leduc [*sic*], ce luxueux restaurant à deux pas de chez vous, on note un pic de gastronomie pendant la campagne électorale de M. Jospin [re*sic*]. Vous voyagiez à titre personnel, contre les normes administratives, en première classe et en Concorde aux frais du BRGM et les voyages n'avaient souvent rien à voir avec le BRGM. Ce qui précède constitue donc des abus de biens sociaux non prescrits. Ce journaliste dispose des pièces internes du BRGM qui le prouvent irréfutablement. »

Courageux Maugein, qui aime à se faire présenter

1. Voir en annexe le fac-similé de cette quatrième lettre adressée par Patrick Maugein au ministre, *infra*, pp. 335-336.

dans les articles de presse comme un « toréador » — lui qui n'a jamais affronté dans sa vie que des tigres de papier —, mais qui se cache derrière un anonyme et commode « journaliste » pour distiller ses calomnies. Au passage, il laisse entendre que les journalistes Hervé Gattegno (du *Monde*) et Karl Zéro (de Canal +) auraient été censurés, sur ordre du ministre :

« Lorsque vous étiez président du BRGM, vous n'aviez pas le temps de vous en occuper, mais quand vous avez été nommé à de prenantes fonctions ministérielles, vous avez éprouvé le besoin de vous surcharger de sa tutelle. Avez-vous tenté de récupérer ces actifs expropriés ? Non, et l'affaire a été étouffée. M. Gattegno du journal *Le Monde* n'a pas pu écrire l'article qu'il avait préparé et M. Karl Zéro de Canal + s'est vu interdire une émission sur cette affaire. Par ailleurs, des mesures conservatoires n'ont pas été prises. »

Après Bob Woodward, le *Washington Post* et le *New York Times*, il est dans la logique des choses que Maugein mette à contribution *Le Monde*, son investigateur numéro un Gattegno, et l'impertinent Karl Zéro de Canal +.

Cette quatrième et ultime lettre de chantage à Claude Allègre se conclut par la proposition du parrain. L'ultimatum présenté par Maugein ne s'embarrasse pas de fioritures. La saison des palabres est terminée : ou le ministre de tutelle du BRGM se rallie à son expédition punitive contre le géant américain Newmont ; ou des mesures de rétorsion seront prises pour le ramener à la raison :

« Des citoyens peuvent porter plainte, comme cela a été le cas pour l'appartement de M. Juppé ou au sujet de M. Tiberi, écrit le professeur honoris causa de droit pénal, formé à l'université de son copain Marc Rich. L'autre solution est que vous portiez plainte. Le théâtre des opérations se déplacera vite à Washington et ce qui précède [*les notes de frais, dépenses de restaurant et voyages de luxe au BRGM*] restera périphérique [*sic*]. De plus, les prescriptions seront interrompues. Vous devrez m'appuyer [re*sic*] car il sera difficile de trouver quelqu'un qui connaisse le dossier aussi bien que moi et qui ait la même détermination à voir aboutir une procédure aux Etats-Unis. Les chances sont excellentes et vos accommodements avec l'éthique resteront inaperçus [rere*sic*].

» Je vous prie d'agréer, Monsieur le Ministre, l'expression de mes sentiments respectueux. »

Après le crachat, la fausse révérence. Le polytechnicien de l'insulte et de la menace salue toujours ses victimes avant de prendre congé. Sous cette formule de politesse corléonesque, il ajoute toutefois le traditionnel post-scriptum vantard :

« Peut-être pouvons-nous communiquer par l'intermédiaire de mon ami et camarade de l'X, Roland Peylet, qui est au cabinet du Premier ministre et qui vous connaît certainement. »

La méthode est toujours la même. En impliquant dans son pitoyable numéro, et sans même l'avoir prévenu, Roland Peylet, l'honorable conseiller pour l'urbanisme, l'équipement, le logement, les transports et la ville du Premier ministre Lionel Jospin, Maugein agit comme il le fit précédemment avec mon éditeur, en se réclamant (également à son insu) de Michel Roussin, ex-directeur de cabinet de Jacques Chirac à la mairie de Paris et ancien ministre.

On comprendra que la lecture de ce dernier courrier ait quelque peu chagriné le mammouth. Quelques jours après, Claude Allègre laisse éclater son courroux. A l'issue du Conseil des ministres du 24 novembre 1999, l'ami de Lionel Jospin prie le secrétaire général de l'Elysée, Dominique de Villepin, d'inviter Jacques

Chirac à venir échanger quelques mots avec lui. Conversation brève mais intense, à propos « des lettres de menaces d'un homme d'affaires d'origine corrézienne dénommé Patrick Maugein ».

Vincent Nouzille et Fabrice Lhomme ont raconté la scène dans une forte enquête de *L'Express,* le 9 décembre 1999 :

« Chirac a écouté avec attention, pris bonne note avant de s'éclipser. »

J'ajouterai que le président de la République, dont on connaît le franc-parler, se montre, pour la première fois, très irrité. Se retournant vers Dominique de Villepin, le chef de l'Etat conclut l'entretien par une appréciation bien sentie :

« Celui-là, il commence à nous emmerder... »

Quoi qu'il se soit dit à l'Elysée, Maugein continue son petit bonhomme de chemin. Partout où il va, on l'écoute avec déférence. Et on le croit encore quand il se vante d'être un cousin corrézien du Président qui ne lui refuse rien. L'esbroufe permanente ! Elle permet d'intimider le personnel gouvernemental et même la justice. En effet, malgré leur contenu inadmissible et répréhensible, aucune des quatre missives adressées au ministre Claude Allègre — en date des 13 août, 6 et 22 octobre, 9 novembre 1999 — n'a été communiquée, pour poursuites, à l'autorité judiciaire. Ni par son destinataire Claude Allègre, ministre de l'Education nationale et de la Recherche. Ni par le Premier ministre Lionel Jospin, le meilleur ami d'Allègre. Ni par le président Jacques Chirac, auprès duquel Allègre s'est plaint.

A réception des messages ahurissants que je viens de reproduire, Claude Allègre ne réagit pas non plus en sa qualité de ministre de tutelle du BRGM. Il les range dans son tiroir. Et pourtant, la prose pimentée du maître chanteur corrézien contient son lot de menaces et d'insupportables mensonges.

Des courriers de ce type, le frénétique scribouillard de Brive-la-Gaillarde en inonde tous ceux qui se mettent en travers de sa route : journalistes, directeurs de journaux et même magistrats.

A la fin de 1999 et au début 2000, le directeur de la rédaction de *L'Express*, Denis Jeambar, et ses journalistes Vincent Nouzille et Fabrice Lhomme, sont submergés à leur tour de lettres injurieuses, contradictoires, dans lesquelles Maugein s'embrouille et travestit en permanence la vérité. Aux yeux du bonimenteur, Denis Jeambar a l'impardonnable tort d'avoir collaboré avec Claude Allègre dans la rédaction d'un livre d'entretiens. Aussi lui écrit-il le 30 novembre 1999, quelques jours avant la publication par *L'Express*, le 9 décembre, des huit pages de Vincent Nouzille et Fabrice Lhomme, sous le titre « Patrick Maugein, enquête sur un encombrant Corrézien ». Bien malgré lui, le brillant directeur de *L'Express* se retrouve, à son tour, dans le collimateur d'un Maugein en crise, se glorifiant de son poussiéreux bicorne de polytechnicien. Comme toujours, il présente ses calomnies sous le camouflage de prétendues confidences d'informateurs anonymes :

« Plusieurs journalistes de la place m'ont dit que M. Allègre vous a commandité une campagne contre moi et remis une lettre que je lui ai envoyée. D'abord mon respect pour *L'Express* date de 1967, à l'époque de l'Ecole polytechnique, j'écoutais avec éblouissement les conférences de notre camarade plus ancien Jean-Jacques Servan-Schreiber. J'ai la conviction que vous ne vous prêterez pas à une telle opération si elle existe. Pour être complet, je vous envoie les autres lettres que j'ai envoyées à M. Allègre (...). Claude

Allègre commettait des abus de biens sociaux fréquents et vastes [*sic*] quand il était le président toujours absent du BRGM. La Justice peut s'en saisir si elle met son nez au BRGM. J'ai essayé de convaincre M. Allègre par tous les moyens que l'essentiel est de récupérer ces 800 millions de dollars. L'intermédiaire bienveillant pour nous deux était M. Blanca, notre ambassadeur au Pérou, mais M. Allègre préfère la politique de l'autruche. Je vous signale enfin que j'ai mis en place une plainte pour chantage et qu'un article ne traitant pas l'affaire dans tous ses aspects pourrait être interprété comme une pression supplémentaire sur moi pour me faire désister de mon projet de faire intervenir la Justice. »

Nouvelle dénonciation, de surcroît contre l'un des plus importants membres du gouvernement... dans laquelle Patrick Maugein annonce, à Denis Jeambar et à ses collaborateurs, ce qu'il est en train de préparer : la plainte, aujourd'hui instruite par le juge Baudoin Thouvenot, qui me convoque comme « témoin assisté ».

Je ne surprendrai personne en précisant que Denis Jeambar et la rédaction de *L'Express* n'ont bien sûr pas cédé à cette tentative d'intimidation. Quand leur article paraît, Maugein renonce à poursuivre l'hebdomadaire et se limite à un ridicule droit de réponse. Mais, vingt jours après, le 28 décembre 1999, il porte plainte contre « X » pour « chantage et tentative d'extorsion de fonds ». Procédure où il vise nommément deux personnes : son ancien partenaire et confident Jimenez, plus moi-même. Contre-feu opportun, car je ne manque pas de constater que sa plainte arrive juste après l'article de *L'Express* qui annonce : « José Antonio Jimenez, l'ex-associé de Maugein, veut maintenant faire des révélations à la justice française. (...) Même l'un de ses plus fidèles amis et associés, José Antonio Jimenez, las de toutes ces manœuvres, vient de le lâcher. L'homme d'affaires espagnol, qui s'est brouillé avec Maugein en juillet dernier, a, le 21 octobre, écrit à la juge Salmeron afin d'être entendu dans le dossier du BRGM. Il entend révéler le rôle exact joué dans cette affaire par son ex-ami. »

Patrick Maugein ne va pas s'arrêter là. Au printemps puis à l'automne 2000, Maugein reprend sa plume. Il menace cette fois de sérieuses représailles aussi bien Bernard Cabaret, le président du BRGM, que les représentants à son conseil d'administration des ministres de tutelle : Recherche, Finances et Industrie. Eux aussi sont sommés de le rejoindre, aux Etats-Unis, dans la procédure criminelle qu'il suggère contre Newmont, accusé d'utiliser des « moyens mafieux ». Et auquel il ne désespère toujours pas — c'est chez lui une idée fixe — de soutirer un bon paquet de millions de dollars.

Culotté, jamais en manque de souffle, le Corrézien a aussi tenté, en octobre 1999, deux mois avant l'article de *L'Express*, de me rallier à sa cause dans une énième lettre d'intimidation. Celle qu'il mentionnait dans sa lettre au ministre Claude Allègre, que je viens de reproduire. Armé du toupet d'un marchand de tapis, Maugein m'écrit, en octobre 1999, pour me proposer la paix des braves. Il suggère que nous trouvions une « position d'intérêt commun ». Autant dire que, ne doutant toujours pas du pouvoir de ses billets verts, il essaie de m'arracher la fausse déclaration dont il a besoin pour engager une procédure criminelle contre Newmont. Tout ce qu'il me raconte dans cette lettre est pure fantaisie :

« Newmont et Buenaventura ont donc trompé votre vigilance d'investigateur chevronné, fait fi de votre honneur et vous ont fait participer à un schéma qui me paraît pénal (...). Newmont et Buenaventura devraient, selon la loi américaine, vous payer d'énormes indemnités pour vous avoir fait tenir ce rôle qui peut se décrire comme de complicité (...). Dans le cadre de nos droits moraux respectifs [*sic*] et afin que ceux qui ont fait "main basse sur l'or de la France" soient confondus, je vous suggère, si ce point de vue vous intéresse, que votre avocat prenne contact avec maître Haïk [*conseil de Maugein*] afin d'examiner si peut se dégager une position d'intérêt commun [re*sic*]. »

A réception de ce courrier scélérat[1] fait pour m'intimider, tenter de me circonvenir et — pourquoi pas ? — de m'acheter, la direction d'Albin Michel et moi-même décidons d'en informer immédiatement Mme le juge Muriel Josié. Ce magistrat instruit la plainte que j'ai déposée contre « X », le 2 septembre 1998, pour « menaces, chantage et entrave à la liberté d'expression », après que Maugein eut envoyé à mon éditeur la lettre d'intimidation que j'ai déjà mentionnée.

Pour justifier au juge Josié sa lettre d'intimidation et de calomnies envoyée à Richard Ducousset, le directeur général d'Albin Michel, Maugein ne lui a fourni que des réponses farfelues, invérifiables, la plupart hors sujet. Le juge les a enregistrées, sans rien vérifier : aucun des témoins que j'ai cités n'a été interrogé. Je n'y relève qu'une suite ininterrompue de fausses assertions.

Après une instruction sommaire, je suis confronté avec Patrick Maugein, qui continue de mentir, le mardi 11 janvier 2000, à 10 h 15 au Palais de Justice de Paris. La procédure n'ira pas plus loin. Les magistrats considèrent que je ne suis pas un personnage susceptible d'être intimidé. Et tant pis si une maison d'édition

1. Voir le document complet en annexe, *infra*, pp. 337-338.

a été espionnée, si mon manuscrit a été dérobé dans ses locaux, si des barbouzes ont été utilisées pour nous espionner et entraver notre liberté d'expression. Et tant pis si, avec le non-lieu qui va lui être accordé — et contre lequel j'ai immédiatement fait appel — Patrick Maugein sera encouragé à recommencer.

Le monde à l'envers ! C'est la même « Justice » qui, ensuite, me convoquera, le 13 mars 2001, à la demande du même maître chanteur, pour « chantage et tentative d'extorsion de fonds ».

Le 2 mars 2001, le Mister Bean du chantage fait son entrée, à grand fracas, dans cette presse anglo-saxonne qu'il aime citer en référence. A l'heure du laitier, je retrouve la photo de Patrick Maugein, à la une de l'*International Herald Tribune,* le grand quotidien anglophone, filiale du *Washington Post* et du *New York Times*, diffusé dans le monde entier. Il y est en bonne compagnie, aux côtés d'Alfred Sirven, l'accusé vedette du scandale Elf, et Marc Rich, son modèle en affaires. Cette décorative galerie de portraits illustre une importante enquête de notre confrère Joseph Fitchett, intitulée « *The French Connection : Power, Politics and Gold* » (La French Connection : pouvoir, politique et or). Questionné par le journaliste, Patrick Maugein y fait de téméraires déclarations. Il y avoue qu'il espère, en règlement de ses efforts dans l'affaire de l'or français au Pérou, une commission de 20 millions de dollars, plus de 140 millions de francs.

Tel est le prix exorbitant auquel le plaignant évalue son intervention musclée dans un dossier qui ne le concerne en rien, mais dans lequel il s'acharne toutefois à vouloir s'imposer, au nom de la France.

Je reproduis ici les extraits les plus significatifs de l'article du *Herald Tribune*. L'homme d'affaires Patrick Maugein se présente maintenant, dans un des plus sérieux quotidiens du monde, comme « un agent diplomatique indépendant » qui convoite « un pourcentage de 10 % » sur les affaires qu'il traite à ce titre. Voici donc par quelle élégante manière M. Maugein s'active pour donner des lettres de noblesse à ses intrigues, quand il s'exprime devant Jo Fitchett :

« M. Maugein, écrit Jo Fitchett, affirme qu'il envisage de poursuivre Newmont aux Etats-Unis, prétendant que Newmont et ses alliés ont conspiré avec M. Montesinos [*l'ancien chef des services secrets péruviens, aujourd'hui en fuite*] et utilisé son influence pour gagner de façon déloyale leur procès au Pérou. L'homme d'affaires français indique qu'il veut réclamer des dommages et intérêts pour compenser les commissions [*success fees*] qu'il aurait obtenues en sauvant les intérêts franco-australiens dans l'affaire de la mine, si la Cour suprême du Pérou avait tranché différemment. S'il avait réussi, M. Maugein estime qu'il aurait pu obtenir une compensation de 200 millions de dollars [*plus de 1,4 milliard de francs*]. (...) Lui étant promis ce qu'il dit être un pourcentage de 10 % en cas de succès sur tout ce qu'il aurait pu récupérer de Newmont, M. Maugein a envoyé une série de lettres menaçant Newmont d'actions judiciaires américaines et Lima de représailles diplomatiques françaises. »

Récapitulons : 10 % de 200 millions pris à Newmont = 20 millions de dollars pour le tiroir-caisse de Patrick Maugein. A ce prix, pourquoi se priverait-il d'insulter la terre entière ?

Dans un saisissant portrait du Corrézien, qui se déclare l'ami de Chirac depuis 1978 et celui du magnat Marc Rich depuis 1979, Fitchett rapporte fidèlement les confidences qu'il lui a faites, sans que manifestement son interlocuteur ne se rende compte de l'énormité de ses aveux :

« (...) Entre-temps, M. Maugein s'est préparé à jouer son atout, sa relation avec M. Chirac (...). Bientôt M. Maugein est intervenu, dit-il, comme **agent diplomatique indépendant** [« *freelance diplomatic agent* »], utilisant son réseau d'affaires pour fournir des informations à M. Chirac et délivrer des messages de sa part [*sic*], d'abord quand ce dernier était un ambitieux maire de Paris, puis quand il devint Premier ministre, en 1986, et finalement Président, en 1995. M. Maugein assure qu'en avril 1997, après qu'il se soit saisi du litige Yanacocha, il a présenté M. de Crespigny à M. Chirac, qui l'a prié [« *pledged* »] d'aider la défense des intérêts franco-australiens au Pérou. Selon M. Maugein, c'est lui qui a convaincu M. Chirac d'écrire au président péruvien Alberto Fujimori et de faire appel du dossier devant la Cour suprême du Pérou. "*Les gens avaient conclu que la France était un tigre de papier, qui n'avait rien dans sa manche, aussi Newmont et Buenaventura ont été assommés*", ajoute M. Maugein. Le recours [« *appeal* »] présidentiel de M. Chirac à l'initiative de M. Maugein s'est traduit par un message officiel de la France au ministre péruvien des Affaires étrangères, délivré en août 1997. (...) »

Autant de déclarations qui n'engagent que leur auteur, dont on connaît la propension à déformer la réalité, à s'inventer des appuis, et à multiplier les versions qui l'arrangent. Rémunéré par une compagnie étrangère bénéficiaire d'une privatisation truquée, le prétendu « agent diplomatique indépendant » à « 10 % » n'a cure des intérêts de la France qu'il prétend défendre. Les yeux rivés sur son tiroir-caisse, le faux « conseiller » du Président va maintenant réussir l'exploit d'être accueilli au Palais de Justice de Paris avec le tapis rouge. Et moi, à sa demande, comme un suspect...

Le maître chanteur qui veut... m'envoyer en prison

Après l'agression télévisée de Gérard Miller en janvier, ma convocation à comparaître, le 9 avril 2001, devant le juge Baudoin Thouvenot tombe à pic. Me voir accuser de « chantage et extorsion de fonds » par le roi du mensonge et de la manipulation me donne à penser qu'en ce début d'année, ma Lune n'a pas rendez-vous avec Saturne.

Au Palais de Justice, comme « suspect » ? C'est le monde à l'envers ! Faisant contre mauvaise fortune bon cœur, j'ai vingt-six jours pour m'y préparer, interroger ma mémoire, rassembler mes dossiers, rédiger une utile synthèse. Il est ainsi des circonstances qui arrivent à brûle-pourpoint pour vous sauver de la routine, maladie endémique du journalisme. Reçue d'un magistrat instructeur dont la mission est de traquer voleurs, assassins et grands bandits, cette invitation à devoir me défendre de fautes inexistantes agit comme une piqûre de rappel. Homme du Sud, je n'aime pas les moustiques, espèce nuisible qui dérange les troupeaux, réveille les chameaux et donne des boutons aux enfants. Pour eux et pour les malfaisants en tous genres, le meilleur traitement, c'est la bombe à Fly-Tox. Maugein veut me piquer ? Le diptère sera servi.

Ayant depuis toujours dévoilé, avec ténacité, les manigances de tous les Patrick Maugein de la terre, ce n'est pas une fausse accusation de plus qui va m'impressionner ! Révélateur de l'affaire Yanacocha, l'un des plus importants scandales financiers que la France ait eu à subir depuis la Seconde Guerre mondiale, c'est moi que la justice, à la demande de Maugein, a le toupet de soupçonner d'être l'auteur des trucages, des chantages, des trafics et des vols que j'ai portés à sa connaissance et à celle de l'opinion !

Ulcéré, mon avocat maître Pascal Dewynter se précipite au Palais de Justice. Aimable, le juge Thouvenot lui confirme qu'il est chargé d'instruire une plainte de Patrick Maugein, non contre ma personne nommément, mais contre « X ». Cependant, dans des déclarations ultérieures et un épais « Mémorandum » remis par le plaignant, je suis ouvertement désigné comme l'organisateur d'une « campagne de chantage » dont il serait la cible, commanditée par la compagnie américaine Newmont. Celle à laquelle il s'efforce de soutirer des millions de dollars. Ces accusations ne reposent évidemment que sur du vent, des fantasmes. Pourtant, elles ont conduit le magistrat à me considérer comme un coupable en puissance. Je suis surpris de constater qu'aucun responsable du BRGM et de ses autorités de tutelle n'a été entendu. Or, tous m'ont certifié que Maugein n'a rien à faire dans le dossier de l'or de la France au Pérou.

Incroyable mais vrai !

Quand maître Dewynter prend connaissance du dossier et m'en rapporte le contenu, nous sommes ébahis d'observer qu'aucune enquête préalable relative aux allégations du plaignant n'a été effectuée. Or, la plainte de Patrick Maugein, puis ses dépositions et les multiples documents dont il a inondé le juge d'instruction sont un tissu d'inventions et de bobards, comme il est rarissime d'en trouver dans une procédure judiciaire. D'élémentaires vérifications auraient permis de démontrer l'imposture, d'éviter une perte de temps et de m'obliger à me justifier face aux fausses accusations lancées par un aigrefin.

Ajoutés aux pièces de mon dossier, les actes de la procédure auxquels j'ai désormais accès — car, « témoin assisté », je bénéficie des mêmes droits que tout citoyen mis en examen — vont me permettre de faire l'immédiate démonstration que Patrick Maugein a entrepris de déposer cette plainte, à la fois pour se venger de mes écrits à son sujet, et pour régler un prétendu litige financier avec son ancien associé Jimenez, témoin capital dont les révélations pourraient être redoutables. De plus il continue sa campagne de harcèlement contre Newmont, en vue d'obtenir — à quel titre ? — quelque 20 millions de dollars.

Le lundi 9 avril 2001, au premier étage du Palais de Justice, le juge Thouvenot nous reçoit. La quarantaine, l'homme est jeune, avenant, sportif. Sa ressemblance avec mon ami Antoine Gaudino — l'ancien inspecteur de la Brigade financière de Marseille qui fit trembler le Parti socialiste avec l'affaire Urba, à la fin des années Mitterrand — me paraît de bon augure. Je remarque que les lieux sont plutôt agréables, les dossiers bien rangés. Il est loin le temps où les cabinets d'instruction ressemblaient à des chambres de torture. De bonne facture, le bois de la table est clair, les chaises confortables, la greffière aimable et le juge souriant. Posées devant lui, quelques notes manuscrites. Moi-même ne suis pas venu les mains vides. Assisté de mon conseil, maître Pascal Dewynter, j'ai mon attaché-case des grands jours, ma boîte à malices. Le juge me dit mes droits que je connais déjà. Il m'avise que son instruction durera au maximum dix-huit mois et qu'à l'expiration de ce délai, je pourrai demander la clôture de la procédure. Je peux également obtenir d'être confronté au plaignant.

Puis, comme le *Code de procédure pénale* m'en offre la possibilité, je prends la parole, pour une longue déclaration préliminaire qui, au fur et à mesure des minutes qui s'écoulent, me semble pétrifier ceux qui m'écoutent : le juge, sa greffière et jusqu'à mon propre avocat.

J'ai devant moi les 37 pages dactylographiées de cette « déclaration » qui seront annexées, tout à l'heure, à ma déposition. Mais le juge Thouvenot souhaite qu'au lieu de les lire, je lui en fasse l'exposé, de mémoire. Et là, surprise ! On me laisse parler.

Durant quatre longues heures, je vais me faire un devoir d'expliquer et de prouver au juge qu'on cherche à l'utiliser à son insu dans la manipulation qui, depuis quatre ans, consiste à usurper des fonctions officielles, à se faire passer pour un représentant des intérêts de la France, en vue d'obtenir une commission sur le montant de l'opération, si elle réussit.

Pendant mon exposé, le magistrat reste silencieux : aucune interruption, aucune gêne, aucun signe d'agacement. Et lorsque, très vite, j'en viens à l'essentiel — « l'utilisation par Patrick Maugein de la fausse qualité de conseiller du président de la République française, M. Jacques Chirac, et de représentant des intérêts du gouvernement et de la France » —, le juge ne bronche toujours pas. Son attention ne fait que grandir. A ma gauche, la greffière est au théâtre.

Maître Pascal Dewynter me fait un signe de la tête. Impossible de comprendre s'il m'invite à la prudence, ou s'il m'encourage à aller de l'avant. J'ai le mors aux dents. Plus rien ne peut m'arrêter dans mon cri d'indignation, dans la défense de mon honneur. Audehors, la pluie. On entendrait une mouche voler.

Après une entrée en matière d'ordre général, j'épluche devant le magistrat les résultats de mes années de recherches. Durant tout l'après-midi, je démonte une à une, preuves en main, avec la précision du chirurgien, les allégations de mon accusateur. Je suis calomnié ! Décryptant le texte de sa plainte, il m'est aisé de démontrer que, dans le passage intitulé « Relation des faits » où il motive ses accusations, Maugein ne vise, en réalité, qu'une seule personne : son ancien partenaire, citoyen espagnol résidant à Madrid, José Antonio Jimenez. Cet « ami de trente ans », qu'il connut en 1974 du temps de leurs études à l'INSEAD (Institut européen d'administration des affaires) de Fontainebleau, fut son associé dans ses deux sociétés françaises : la CFID et Alternative Finance. Maugein y est majoritaire. Jimenez possédait un peu plus de **30 %** du capital, jusqu'à ce qu'ils se disputent et se séparent, en mai 1999. Motif : un désaccord sur la répartition entre eux de commissions perçues ou à venir relatives à différentes opérations, dont l'affaire du Pérou. Avant cette date, le tandem Maugein-Jimenez était inséparable. C'est ce proche collaborateur que Maugein a longtemps utilisé comme son ministre de l'affaire péruvienne, le chargeant de toutes les tâches, surtout les plus ingrates. Y compris celle de me faire espionner par des détectives privés espagnols et de courir les rédactions, à Paris, pour m'y dénoncer — déjà ! — comme « un agent de la CIA ».

La brouille entre les deux vieux copains est venue — Maugein l'indique dans le dossier d'instruction — d'un différend purement commercial et financier, une sombre histoire de « commissions », qui ne me concerne nullement. Mais, dans sa plainte et ses dépositions ultérieures, le manipulateur professionnel présente ce litige avec son ex-homme de confiance comme une affaire de « chantage et tentative d'extorsion de fonds ». Maugein affirme que, pour lui extorquer « d'importants suppléments » dans le cadre de leur ancienne association, Jimenez serait « passé dans le camp ennemi », et même — suprême trahison ! — « dans le camp de Newmont ».

Qu'ai-je donc à faire dans cet embrouillamini ? La plainte de Maugein me fournit une première indication. Il y présente mon livre *Main basse sur l'or de la France*, mes articles le concernant, ainsi que ceux de deux journaux, *Le Canard enchaîné* et *Libération* — nommément cités —, comme les pièces maîtresses d'une « campagne de déstabilisation » à son encontre. Et, sans avancer le moindre commencement de preuve, le Mozart corrézien de la calomnie conclut ainsi son réquisitoire :

« Diverses personnes concourent à l'organisation de cette campagne de déstabilisation et ont pour caractéristiques d'avoir été, à un moment ou à un autre, en contact et d'être susceptibles d'en retirer directement ou indirectement des intérêts financiers considérables. M. Maugein ne peut plus continuer à garder le silence, comme il se l'est imposé jusqu'à ce jour, et a décidé de se défendre face à de tels agissements, qui constituent les délits de chantage... et tentative d'extorsion de fonds. »

Pour parfaire son numéro de justiciable persécuté, Maugein joue sur la corde sensible : son honneur est atteint, ses intérêts menacés. Impossible pour lui, assure-t-il, de se taire plus longtemps. J'écarte cette diversion et attire l'attention du magistrat sur ce point essentiel du dossier :

« Monsieur le juge, vous noterez et vérifierez auprès de mon éditeur — qui, selon la loi, en est l'auteur principal — qu'après sa publication, le 10 septembre 1998, mon livre *Main basse sur l'or de la France* n'a fait l'objet d'aucune contestation ou demande de rectification, d'aucune action en justice. Ni de M. Maugein, comme il l'avait pourtant annoncé et en avait la possibilité. Ni des dizaines de personnalités — président de la République, ministres, hauts fonctionnaires, P-DG, etc. — qui y étaient expressément citées. Ni de personne d'autre... A défaut de pouvoir démontrer devant les tribunaux le contenu mensonger ou diffamatoire de mes écrits, Patrick Maugein confectionne maintenant des préjudices et tente de renverser les rôles. Il m'impute, sans le plus petit commencement de preuve et de la manière la plus fantaisiste, les chantages et tentatives d'extorsion de fonds que j'ai dénoncés et dont j'ai amplement prouvé la réalité dans mon livre. »

Au juge je rappelle que la liberté d'informer — aujourd'hui de plus en plus menacée par ceux que je désigne sous le vocable explicite de « voyous de la République » — est un des biens les plus précieux que nous aient légués les révolutionnaires de 1789 et les législateurs des débuts de la IIIe République :

« Magistrat d'un grand pays démocratique, vous ne pouvez ignorer les lois qui régissent la liberté de la presse et de l'édition. C'est parce que celles-ci existent que ceux que nous mettons en cause ont l'heureuse faculté d'en appeler à l'autorité judiciaire — selon la loi sur la presse et l'édition de 1881 — pour le cas où ils contesteraient nos écrits et propos. Or, jusqu'à aujourd'hui, jamais M. Maugein n'a utilisé ce moyen légal pour faire valoir ses droits. Pourquoi ? Parce que M. Maugein sait que, fondés sur des documents incontestés, tous portés à la connaissance de la justice — dont il a tout à craindre —, mes livres et enquêtes sont irréfutables. »

A l'appui de cette déclaration, je précise au juge Thouvenot que les seules lettres reçues de Maugein par mes éditeurs et moi-même n'ont jamais été que des courriers d'insultes, de menaces et de chantage. Jamais des droits de réponse destinés à être publiés. Bien conseillé par son avocat, maître Pierre Haïk — par ailleurs conseil d'Alfred Sirven (et précédemment celui de Christine Deviers-Joncour) —, Maugein sait fort bien que toute action en diffamation contre mon livre peut se révéler une arme à double tranchant. Car, lorsque j'écris qu'il pratique, à l'envi, le chantage et l'usurpation de fonction, je suis en mesure d'en fournir de multiples preuves au tribunal. Et dans le cas d'un procès en diffamation, le ministère public aurait la possibilité — et même le devoir — d'ordonner l'ouverture d'une information judiciaire pour les faits délictueux que, à la barre, je porterais à sa connaissance.

Comment expliquer autrement que Maugein, sans nul doute mon lecteur le plus pointilleux, ne nous ait pas poursuivis, alors qu'il s'est astreint, avec son éminence grise José Antonio Jimenez, à répertorier, un par un, les uns à la suite des autres, par rubrique et en ordre alphabétique, les doux qualificatifs dont je l'honorais dans *Main basse sur l'or de la France* ? Consigné dans son « Mémorandum », ce petit dictionnaire ne manque pas de piquant. Sous le titre « diffamations contre P. Maugein », mon client y dresse l'inventaire des : « 101 mots négatifs », « 163 inclusions diffamatoires », « 30 injures publiques », « 80 insultes », « 25 diffamations », etc., qui, selon lui, « ponctuent sans cesse et rythment le message » de mon livre.

Comparée à l'absence de poursuites judiciaires de sa part, cette comptabilisation des délits que j'aurais commis pour l'accabler ressemble à un aveu... d'impuissance.

En outre, je précise au juge que, si j'assume pleinement mes écrits, je ne suis ni l'auteur ni l'inspirateur des articles dont parle Maugein dans sa plainte : ceux publiés dans *Le Canard enchaîné* — le journal qui, le premier, a parlé de « l'homme en or dans l'ombre de Chirac », sous la plume de mon confrère Nicolas Beau [1] ; et ceux du quotidien *Libération*, dont les journalistes Karl Laske et Renaud Lecadre se sont eux aussi (et très légitimement) intéressés à plusieurs reprises au cas Maugein.

Dans sa plainte rédigée par maître Haïk, Patrick Maugein reste prudent, réservant ses premières banderilles à son ancien collaborateur espagnol Jimenez. Mais par la suite le picador corrézien ne manque pas de se rattraper à mon égard. A quatre reprises : quand il est entendu par le juge d'instruction, les 7 mars, 26 juillet et 27 octobre 2000 ; puis dans l'épais « Mémorandum » qu'il verse au dossier, il me décrit comme le général en chef d'une extravagante machination, d'« une campagne de chantage ». Je l'aurais « organisée » avec Jimenez, son ancien associé, et un Australien répondant au nom de Stevenson, son monstre du Loch Ness. Tous trois, nous serions les mercenaires cupides de l'affreux Newmont, le groupe américain copropriétaire de la mine d'or de Yanacocha. Or je ne connais pas ce Stevenson et, à cette époque, je n'avais pas encore rencontré Jimenez.

Délirantes accusations, sorties tout droit d'un cer-

1. Voir dans *Le Canard enchaîné* du 18 février 1998 l'instructive enquête de Nicolas Beau intitulée : « Un homme d'affaires en or dans l'ombre de Chirac. Emissaire discret de Chirac, en Afrique, au Liban et en Irak, le Corrézien Patrick Maugein vient de s'intéresser à la vente de mines d'or au Pérou. Avec un certain succès... »

veau perturbé. Dans les maux dont il m'accable — et qui lui vaudront de ma part des poursuites —, le spadassin à talonnettes de Brive-la-Gaillarde « pète complètement les plombs » ! Comme Gérard Miller sur France 2. Nazi et petit-fils de Goebbels pour l'un, je deviens Al Capone, Rico Angelo, Kouky Lamotte, Dillinger et Lucky Luciano pour l'autre.

Une vie de chien !

Obsédé, humilié par mon livre sur l'affaire de l'or de la France envolé au Pérou, auquel il n'a pu répondre, le milliardaire graphomane va, pendant des mois, accumuler les ragots, alignant sur mon compte des dizaines de pages de calomnies et de divagations qu'il distille savamment, çà et là.

En 1999, Maugein est allé jusqu'à commander à son porte-plume Jimenez un « Mémorandum » de 84 pages pompeusement intitulé : « L'affaire Yanacocha ou le harcèlement de Patrick Maugein par Newmont Mining ».

Travail de Titan, où chacun de mes mots est soupesé, mes qualificatifs répertoriés, mon style analysé. Le tout a demandé des mois de travail, pour un résultat, sous mes yeux, d'une étonnante minutie, mais d'une totale mauvaise foi et d'une parfaite inutilité, si ce n'est comme instrument de chantage. Le fidèle José Antonio Jimenez est alors en service commandé.

Comment et pourquoi ce pensum a-t-il été confectionné ? Pour nous éclairer, nul n'est mieux placé que son rédacteur, José Antonio Jimenez. Dans son témoignage écrit — que je remis à Mme le juge Muriel Josié, en présence de Maugein, lors de notre confrontation du 11 janvier 2000 —, Jimenez explique :

« Ce rapport commencé en décembre 1998 et destiné aux avocats américains [*de Maugein*] fut élaboré en français par moi-même, sur la base d'un plan original de Patrick Maugein, chaque chapitre terminé lui étant envoyé pour correction au fur et à mesure de la rédaction. (...) Un exemplaire de ce document fut envoyé en 1999 à l'avocat du banquier Edmond Safra, Stanley Arkin [*le cabinet new-yorkais sollicité pour utiliser le* Washington Post *et sa grande signature Bob Woodward !*], et un autre à H.P. Goldfield qui le transmettra à son collègue Mark London. »

Dès lors, ce document devient la pierre philosophale de notre énergumène. Littérature roborative si je puis dire. Ces mensonges, je ne les reprendrai pas in extenso ici. Ils relèvent des juridictions appropriées. Cependant, pour que le lecteur puisse tout à la fois se divertir et se faire une religion, j'en retiens les meilleurs morceaux. A la manière des lettres de « corbeau », cette prose anonyme est distribuée dans les cabinets d'avocats, dans les ministères, chez les politiques et les journalistes qui s'amusent de son contenu ahurissant et m'alertent. Serpent à sonnette de la calomnie, Maugein n'oublie pas de joindre ce « Mémorandum » à sa plainte, avec l'espoir affiché de m'envoyer en prison. Les magistrats Muriel Josié, Valérie Salmeron, David Peyron et Baudoin Thouvenot en sont les destinataires. En Corrèze, de brillants déjeuners sont organisés où l'on me présente comme un dangereux agent de la CIA. Délices corréziennes !

J'extrais ici quelques passages éclairants de ce bêtisier. En gras, ses têtes de chapitres sont de l'auteur.

• « **L'association criminelle** » : Pour Patrick Maugein, dans l'affaire de l'or du Pérou, il existe, au sommet de la pyramide, « une association criminelle qui mobilise Ronald Cambre, président de Newmont, et Alberto Benavides, président de Buenaventura ». Son objectif ? « Prendre le contrôle, par tous les moyens, de l'appareil judiciaire péruvien, pour obtenir les sentences favorables confirmant la mainmise de Newmont-Buenaventura sur les actions du BRGM dans [*la mine d'or de*] Yanacocha. »

• **« Les exécutants »** : Selon Maugein, « l'association criminelle utilise certains hommes de main qualifiés [*sic*] (...). En France : Jean Montaldo, pour organiser le battage médiatique autour de l'affaire Yanacocha ; pour retourner la réalité dans son livre, en faisant apparaître les prédateurs Newmont-Buenaventura comme des victimes, et les spoliés du BRGM-Normandy comme les bénéficiaires corrompus ; pour mobiliser l'appareil judiciaire français sur cette pseudo-corruption politique, pour disqualifier les opposants et les engluer dans les procédures et les justifications. Nicolas Beau [du *Canard enchaîné*] pour relayer son complice et amplifier les messages vers l'Elysée, faisant apparaître Patrick Maugein comme un dangereux et compromettant aventurier qu'il conviendrait d'abandonner à son sort ».

• **« La coopération de Newmont avec l'équipe de Paris »** : Maugein recense « trois personnages clés qui constituent l'équipe de Paris » : Moi-même ; le journaliste du *Canard enchaîné* Nicolas Beau ; et l'avocat Marc Stehlin. Selon son roman noir, nous aurions pour « mission de harceler et détruire Patrick Maugein [*sic*] ». J'ai le privilège de figurer en tête de liste, affublé d'un commentaire digne de Gérard Miller. En plus d'un facho exterminateur, d'un colonialiste impénitent, voilà que mes grandes enquêtes sur le monde communiste, au temps de Leonid Brejnev et du KGB, n'ont jamais existé. Je n'aurais jamais été que le petit télégraphiste des services secrets occidentaux. Voici donc, façon Maugein, mon curriculum vitae, ceux de Nicolas Beau et Marc Stehlin. Du Miller avant Miller, dont je m'interdis de couper ne serait-ce qu'une virgule. Sous la mention répétée : « L'association criminelle utilise certains hommes de main [*sic*] qualifiés », Maugein nous fait plus noirs que la suie :

1. « **Jean Montaldo** : Montaldo est un journaliste d'investigation qui a démarré sa carrière en s'en prenant aux syndicats et aux partis politiques français, d'obédience communiste, à l'époque de la guerre froide. Issu de l'extrême droite française, partisane d'une guerre d'extermination [*sic*] en Algérie et compromise dans des complots contre le général de Gaulle, Montaldo s'était fait remarquer par de retentissantes découvertes sur les relations financières entre les communistes français et Moscou. C'est ainsi que ses deux ouvrages *Les Finances du Parti communiste*, paru en 1977, et *Les Secrets de la banque soviétique en France*, paru en 1979, eurent un retentissement considérable. Certains services d'information collaborèrent activement avec lui [re*sic*], en lui fournissant des documents essentiels, comme les relevés de comptes compromettants de la Banque commerciale pour l'Europe du Nord-Eurobank (filiale du système bancaire soviétique) qu'il affirmait avoir trouvés dans des poubelles. Montaldo s'est ainsi fait une réputation de journaliste sans complexes ni scrupules, disposé à tous les coups médiatiques lui permettant de produire un livre à scandales ou d'aborder le terrain plus dangereux du chantage ou de la diffamation, sur commande. Sans foi ni loi [rere*sic*], ce revanchard perdu d'une aventure coloniale révolue se fait une gloire de s'acharner contre tout pouvoir en France, qu'il soit de gauche ou de droite. Repérée et disponible sur le marché parisien, sa plume est abordable aux commanditaires qui sauront l'appâter. »

2. « **Nicolas Beau** : Reporter au *Canard enchaîné*, il correspond au prototype même de journaliste cynique à scandales, représenté par son directeur Claude Angeli : avide d'histoires contre la droite plutôt que contre la

gauche politique française, avec laquelle il sera plus prudent ou timoré. Ne repoussant pas les accords de neutralité moyennant une solde mensuelle et totalement disponible pour rédiger le livre panégyrique de ses propres cibles, lorsqu'on lui en passe la commande. Nicolas Beau comme Jean Montaldo font [*sic*] partie d'une faune parisienne tout à fait commune et acceptée, dans un pays où la délation et le règlement de comptes permanents entre la droite et la gauche est [re*sic*] admis par l'opinion publique comme un exercice salutaire de défoulement ou de catharsis. »

3. « **Marc Stehlin** : Connaisseur averti des milieux médiatiques parisiens, il sait où trouver et comment enrôler les hommes de plume et de main [*sic*] disposés à toutes les missions et compromissions. Il opère comme l'ordonnateur général des basses œuvres de Newmont, dont il a l'avantage de ne pas être son représentant légal. En recourant à deux spécialistes de l'intoxication et de la manipulation de l'information [re*sic*], il peut dissimuler plus facilement qu'il est leur unique source d'informations [rere*sic*] et faire passer au public, en jouant de l'un ou de l'autre, les messages médiatiques souhaités. Le scénario de la coopération entre Newmont et ces trois personnages est scrupuleusement décrit dans le livre de Montaldo (...). »

Reprenons, par ordre d'entrée en scène :

Premier cité, me voilà présenté comme un anarchiste exterminateur et un journaliste flic. Ce qui ne peut suffire. Dans sa dernière phrase, Patrick Maugein assure aussi que ma plume est à vendre. Au plus offrant ! C'est probablement en raison de cette certitude qu'il m'écrit, le 14 octobre 1999, pour me soutirer un témoignage contre Newmont, me demandant de prendre contact avec son avocat Pierre Haïk, « afin d'examiner si peut se dégager une position d'intérêt commun ».

Nicolas Beau, l'un des meilleurs enquêteurs du

Canard enchaîné, subit, tout comme moi, les invectives de « l'agent diplomatique indépendant » de Jacques Chirac. Il est — dixit le grand sorcier Maugein — le second « personnage clé » de « l'équipe de Paris ». Avec la direction du *Canard*, injustement salie elle aussi, Nicolas Beau est à son tour insulté, accusé d'être achetable. Crétinisme absolu.

Marc Stehlin : cet honorable avocat d'affaires, conseil en France de la société péruvienne Buenaventura, passe également à la casserole. Je le connais, comme des dizaines d'autres avocats. Mais je n'ai pas recouru à ses services et ne l'ai pas davantage mis à contribution lors de mon enquête. J'ai préféré interroger directement son client, à Lima, don Alberto Benavides.

Triste sieur Maugein qui, comme le bourreau de la Convention, actionne la lame de la guillotine par plaisir, par automatisme. Dans les autres pages de son noir « Mémorandum » où il me fait jouer les premiers rôles, Maugein continue à me taper dessus comme le forgeron sur l'enclume :

« Montaldo exerce sur moi une coercition médiatique (...). Dans la presse, à la télévision et à la radio, personnellement et par journalistes interposés (...). Ces journalistes sont : Vincent Nouzille de *L'Express* ; Renaud Lecadre (*Libération*) ; François Labrouillère (*Match*). Renaud Lecadre est le "*nègre*" [*sic*] de Montaldo dans la rédaction de son livre et Renaud Lecadre est un compagnon de jeux et de cartes [re*sic*]. »

Me voilà désormais le rédacteur en chef de tous les grands journaux parisiens, passant mes soirées à jouer aux cartes dans les bas-fonds et flanqué d'un « nègre ». L'imagination du président de Soco International est sans limites. Comme ses ambitions !

Quand j'évoque ces inepties et bien d'autres devant le juge Thouvenot, l'ambiance tourne presque à la rigolade. Emporté par mon élan, j'en appelle à mes grands classiques :

« Monsieur le juge, le gugusse de Brive-la-Gaillarde commence à me les briser menu. »

Cinéphile lui-même — c'est du moins ce qu'il me semble —, le magistrat esquisse un sourire :

« Vous êtes un fan des *Tontons flingueurs* ?

— Ils ne me quittent jamais, monsieur le juge. Au cinéma, c'est mon panthéon. »

Intermède récréatif, avant d'aborder un autre chapitre des inventions de Patrick Maugein : une ténébreuse histoire de « faux e-mails », de courriers électroniques qui, selon ses dires, auraient été échangés, en 1998, entre Paris et Lima. Ils feraient partie du complot monté par Newmont contre la France.

A l'appui de sa plainte, le Corrézien a livré au juge d'instruction quelque 80 de ces prétendus e-mails : des documents sommaires, messages Internet impossibles à authentifier — ont-ils d'ailleurs vraiment existé ? —, sans en-tête ni signature, rédigés en anglais ou en espagnol. Maugein les accompagne de leur traduction en français et d'une « Analyse », qui se veut scientifique. Elaborée par des experts ? Que non ! Elle émane de son Sancho Pança franco-britannique, le dénommé Alan Crossley. Autant dire de son employé, qu'il enverra d'ailleurs chez le juge Thouvenot pour témoigner et accréditer ses thèses. C'est sur la base de ces chiffons de papier que repose le gros de son argumentation.

Sorties d'on ne sait où, ces feuilles volantes aux vagues allures d'e-mails contiennent les noms ou les initiales de plusieurs des protagonistes de l'affaire de l'or du Pérou : le BRGM, Normandy, Cabaret, Champion de Crespigny, Allègre, les ambassadeurs français Blanca et Bujon de L'Estang (des « amis » de Maugein), des avocats péruviens, etc. Datées des mois d'avril et mai 1998, elles recèlent de rocambolesques dialogues, entre Paris et Lima. Un certain Jacques, fantomatique Belphégor, y donne des ordres insensés en vue de la corruption de magistrats péruviens assortis de menaces de mort et autres amabilités de même facture. Du Grand Guignol !

Avec son imagination foisonnante, Maugein voit dans ces bouts de papier disparates la trace d'une machiavélique machination ourdie par Newmont, par les services secrets péruviens et par la CIA, pour compromettre le BRGM, la France et lui-même dans une fausse affaire de corruption au Pérou. Pourquoi Newmont et pas lui ? Parce que le roi de Brive en a décidé ainsi. Mais, avec lui, tout est possible, aucune hypothèse ne saurait être exclue.

Pour m'impliquer dans son faux scénario, dans son « schéma criminel » dément, faire de moi un traître à mon pays, Maugein me met au centre de sa fantasque opération « e-mails ». Dans son fameux « Mémorandum », il me fait figurer sous l'intitulé : « Complicité de Montaldo ». La raison ? Dans *Main basse sur l'or de la France*, j'ai fait état de « sept messages secrets transmis de Paris à Lima, via le réseau Internet, tous datés et identifiables », tout en prévenant le lecteur que je ne m'en servais pas. Seize lignes anodines où j'écrivais :

« Ces précieux documents et informations, je vais m'interdire de les utiliser. Ils sont du seul ressort de la justice... dans la mesure où elle voudra bien s'en saisir. »

En effet, ces documents étaient invérifiables à mon niveau et donc inexploitables. C'est pourquoi, en décembre 1998, trois mois après la publication de mon livre, je les ai remis au capitaine Mazerolle, lors de ma seconde audition à la Brigade financière de Paris. Je lui ai aussi fourni les codes qui m'avaient été donnés au Pérou, permettant, m'avait-on dit, d'établir la provenance de ces messages énigmatiques, dont j'ignorais s'ils étaient authentiques ou fabriqués. Que sont-ils devenus, qu'en a fait la police ? Ce n'est plus mon affaire. Pour ma part, un expert informaticien m'avait vivement conseillé de ne pas aller plus loin dans mes recherches, en raison de la « loi protégeant le secret des correspondances ».

Pourtant, déformant sans la moindre gêne ce que j'ai écrit dans *Main basse sur l'or de la France*, le conteur de foire lit dans mon livre ce qui n'y figure pas. Au juge Thouvenot, il déclare :

« Montaldo les utilise [*les e-mails*] comme s'ils étaient vrais, en en faisant état dans son livre, et laisse entendre que j'en suis l'auteur. »

Cette fois, c'en est trop. Au juge Thouvenot, je ne dissimule pas mon indignation :

« Quel est donc cet individu qui se permet de m'accuser de détenir de prétendus faux e-mails, et de les exploiter dans une imaginaire conspiration, alors que c'est lui qui les introduit dans le dossier, vous présentant 80 bouts de papier sortis de son chapeau, et dignes des affiches murales de Pékin ? Ces documents sont sans aucune valeur. Il est le seul à les posséder et vous observerez que ses nom et prénom n'y sont jamais mentionnés. De quoi se plaint-il ? Qu'ont-ils à voir avec les sept messages que j'ai ramenés de Lima et que je n'ai pas exploités ? En réalité, Maugein me mêle à sa filandreuse histoire d'e-mails pour faire pression sur Newmont avec un conte à dormir debout, fruit de son imagination. Depuis qu'il a été lâché par le groupe australien Normandy, c'est sa dernière cartouche. Lors de mon enquête, j'ai pu établir que Robert Champion de

Crespigny a écrit à Bernard Cabaret pour lui assurer que, tel que narré par M. Patrick Maugein, l'épisode e-mails est une autre allégation sans fondement. M. Cabaret devrait pouvoir vous remettre les courriers qui l'attestent, émanant du président de Normandy. D'ailleurs, j'ai vu dans la procédure que le président du BRGM vous a proposé de l'entendre, non sans vous signaler les lettres inadmissibles qu'il a lui-même reçues de Maugein en l'an 2000. Par la même occasion, le patron de cet établissement public vous confirmera ce qu'il m'a lui-même certifié : Maugein raconte n'importe quoi et il n'a dans ce dossier aucune qualité pour agir en justice. »

Bien sûr, je ne suis pas dupe. Par sa plainte, Maugein veut utiliser la justice pour parvenir à ses fins. Il se sert d'elle de la même manière qu'il avait voulu rallier à sa cause le ministre Claude Allègre. Son objectif ? Il n'est pas besoin d'être le commissaire Maigret pour le deviner. Au sujet de cette histoire rocambolesque d'e-mails, je communique au magistrat une ultime information, la preuve que le Corrézien bénéficierait d'efficaces amitiés au sommet de l'Etat et jusque dans nos ambassades :

« M. Maugein affirme avoir reçu les 80 prétendus faux e-mails qu'il vous a remis de l'ambassadeur de France au Pérou, Antoine Blanca. Lors de notre confrontation, le 11 janvier 2000, dans le cabinet de Mme le juge Josié, il a prétendu que ce diplomate les lui avait remis en juillet 1998, soit deux mois avant la parution de mon livre. Mais selon le témoignage que j'ai produit de José Antonio Jimenez, qui était alors son conseiller le plus proche, c'est en novembre-décembre 1998 que l'ambassadeur Blanca lui transmit ces dizaines d'e-mails. Il fallait que Maugein puisse justifier ses turpitudes et surtout sa lettre de menace du 30 août 1998 à mon éditeur, dans laquelle il me présentait comme “*un supplétif d’une famille mafieuse liée aux services secrets péruviens*”. »

A ma droite, maître Dewynter me signale que l’heure tourne. Il faut aller au plus pressé. Le temps de reprendre ma respiration, et j’évoque un autre fait d’armes du James Bond du 7e arrondissement :

« Vous serez édifié d’apprendre, monsieur le juge, que Maugein ne se contente pas de me calomnier par la plainte que vous instruisez. Il me fait aussi espionner et filer. »

J’ouvre ma mallette et en sors une petite liasse de documents, les pièces qui prouvent que Maugein a commandé et fait payer ma filature. Je les remets au juge, pour qu’elles soient actées dans le dossier :

« J’ai récupéré l’original du rapport de la société espagnole Détectives Saint Germain, SL de Madrid, où figurent des informations privées et confidentielles me concernant, avec les numéros de mon passeport, de ma carte de crédit Visa, de ma chambre d’hôtel (no 7040), du billet du vol que j’ai effectué, en 1998, entre Paris, Madrid et Lima, sur un avion de la compagnie espagnole Iberia, le tout assorti du second original de ma facture no 474292 à l’hôtel Convention de Madrid. »

Nous voici revenus au temps des polices parallèles et des méthodes barbouzardes contre lesquelles je me suis tant battu. Ces preuves, je les ai reçues de José Antonio Jimenez. Je l’ai rencontré longtemps après qu’il se fut séparé de son vieux camarade. Je voulais savoir dans quelles conditions son commanditaire et ami avait organisé la surveillance de mes activités privées et professionnelles. C’est à Madrid, en octobre 2000, que je le vis pour la première fois, dix mois après l’article de *L’Express*, et la plainte contre « X » de Maugein, où il nous décrit comme les complices d’une machination imaginaire contre lui.

Ainsi donc, Patrick Maugein m'a fait espionner, a violé l'intimité de ma vie privée, a voulu percer mon secret professionnel, celui de mes sources, le secret bancaire, a attenté à ma liberté d'aller et venir... Voilà bien la preuve qu'il égare la justice et ose se moquer d'elle, quand il laisse entendre ou assure que les frais de mon enquête au Pérou ont été pris en charge par Newmont. Car, contrairement à ce qu'affirme Maugein, sur la foi des faux rapports de ses espions, je ne me suis pas rendu aux Etats-Unis au cours de l'année 2000. Et je n'ai pas reçu le moindre avantage de ces compagnies minières étrangères dont il me dit le valet, mais auxquelles, lui, n'a pas renoncé à prendre 20 millions de dollars. Au juge, je demande que des poursuites soient engagées de ce chef contre lui. Et j'ajoute :

« M. Jimenez m'a indiqué que le règlement des factures de cet espionnage a été assuré par Agnès H., ressortissante française, secrétaire de Maugein à Madrid. Le plaignant vous a déclaré que je l'avais injustement impliqué dans l'affaire Elf. Or, le 15 février dernier, quand a été publié, dans *Paris-Match*, le carnet d'adresses d'Alfred Sirven, l'ancien numéro deux d'Elf, le nom et les numéros de téléphone de Maugein, de son frère, de ses chauffeurs, voitures, bureaux et résidences y figurent, sur une pleine page. Agnès, sa secrétaire de Madrid, est elle aussi mentionnée. »

Dans le cabinet du magistrat le malaise s'installe. Le rapport des espions espagnols, leur facture et tout le reste témoignent d'agissements que la justice n'apprécie guère. Mais mes petits malheurs ne sont qu'anecdotiques. Je reviens au sujet :

« Monsieur le juge, j'ai pu établir qu'à la fin de 1998, le président du BRGM, Bernard Cabaret, fut très surpris de recevoir de son homologue australien,

Robert Champion de Crespigny, une demande de remboursement partiel d'honoraires déjà versés par Normandy à M. Patrick Maugein. Le président de Normandy souhaitait les voir partager en deux, entre le BRGM et sa compagnie. Il s'agissait d'une somme de 112 500 dollars [*840 000 francs*] par trimestre, déjà payée à Maugein pendant cinq trimestres, soit un total de 560 000 dollars [*4,2 millions de francs*] pour la période 1996-1997. Vous vérifierez auprès de Bernard Cabaret qu'à la fin de 1998 le président du BRGM fut bien prévenu par son homologue australien que Maugein avait été secrètement rémunéré, à l'étranger, en 1996 et 1997, par la compagnie Normandy à laquelle les actifs aurifères que la France détenait au Pérou furent bradés, en 1994-1995. Le président du BRGM prévint immédiatement ses autorités de tutelle. Il n'était évidemment pas question que les extravagantes interventions de Patrick Maugein dans cette affaire fassent l'objet d'un règlement d'honoraires par l'établissement public et donc par la France. Bernard Cabaret n'eut pas à répondre à Champion de Crespigny : le lendemain même, celui-ci annulait, par fax, sa demande injustifiée de remboursement des honoraires de Maugein, expliquant, par l'entremise de ses collaborateurs, qu'il ne fallait pas en tenir compte et qu'il s'agissait d'une erreur de transmissions. Je vous rappelle, Monsieur le juge, que, dans le texte de sa plainte, Patrick Maugein indique (dès le deuxième paragraphe) qu'"*il a été amené à intervenir en 1997 sur le dossier péruvien*". Il s'agit là d'un nouvel arrangement avec la vérité, puisque les versements des 112 500 dollars d'honoraires par trimestre qui lui étaient alloués par la société australienne ont commencé dès 1996. »

Témoin aux premières loges, l'ancien bras droit du Corrézien, José Antonio Jimenez, m'a narré l'historique des relations de Maugein avec Normandy, et de sa croisade menée contre Newmont. Lorsque, par deux fois, je rencontre Jimenez à Madrid, en octobre 2000 et janvier 2001, lui comme moi ignorons que son ex-associé a déjà déposé la plainte où il nous dénonce comme des maîtres chanteurs associés et des voleurs. Sur son ancien patron, l'Espagnol est intarissable :

« C'est en 1996 que Maugein est engagé par Normandy pour faire du lobbying à Paris. Crespigny veut alors qu'il l'aide à débloquer le dossier de la privatisation des actifs du BRGM, enlisé dans les circuits administratifs français. Maugein a recours aux services rémunérés d'un ancien grand banquier, un prestigieux et habile technocrate. Jacques M. est un parfait connaisseur des arcanes ministériels parisiens. Maugein lui-même est rémunéré trimestriellement par Normandy. Entre 1996 et 1999, il perçoit un total d'environ 2 millions de dollars, auxquels s'ajoutera une substantielle commission en cas de succès final. Ces appointements paient aussi ses interventions au Pérou, qui ont pris la relève de sa mission de lobbying initiale en France. A l'époque, il ne fait aucun doute que le seul ressort qui l'anime dans l'affaire de Yanacocha, c'est son contrat à 450 000 dollars par an avec Normandy, pour lequel il mobilise ses relations en haut lieu et intervient dans le contentieux franco-péruvien, en s'arrogeant une représentation qu'il n'a pas. »

A cet égard, il est formidable de constater que, interdit d'accès au BRGM à partir du 15 octobre 1997, nullement mandaté par le gouvernement français et encore moins par la présidence de la République, Patrick Maugein a, jusqu'à ce jour, continué de se présenter comme le ministre de l'or de la France au Pérou. C'est d'ailleurs à ce titre qu'il veut m'envoyer en prison, dans la même charrette que son ancien copain Jimenez. Lequel me donne les clés de l'histoire :

« Pendant l'été 1997, Patrick ne se rend pas compte qu'il va trop loin quand il menace par lettre les patrons de Buenaventura et de Newmont. Cette action désordonnée provoque sa rupture avec le BRGM, notifiée par Cabaret le 15 octobre 1997. Pendant deux ans encore, Maugein continue à s'imposer dans l'affaire, pour le compte de Normandy, qui le rémunère. Mais, en 1999, Champion de Crespigny ne veut plus de ses services. Depuis la parution de votre livre, Maugein est devenu trop voyant. En outre, le BRGM et Normandy sont en négociations avancées avec Buenaventura et Newmont pour refermer le dossier Yanacocha. Un accord est sur le point d'être signé. »

De fait, le 14 décembre 2000, la hache de guerre est définitivement enterrée entre le BRGM, d'une part, Buenaventura et Newmont de l'autre. Les uns et les autres s'interdisent toute nouvelle action en justice. Dans un accord séparé, Normandy prend le même engagement à l'égard du BRGM. Le tandem Buenaventura-Newmont lui règle un complément de 80 millions de dollars pour la part française dans Yanacocha, la moitié revenant (à titre de remboursement) à Normandy, bénéficiaire de la privatisation avortée de 1994. Mais Maugein, lui, continue le combat :

« Patrick, ajoute Jimenez, a décidé de reprendre seul, à son compte, le contentieux Yanacocha. Il a dépensé des sommes folles, dans des consultations d'avocats, en France et aux Etats-Unis. Son objectif est de récupérer de fortes indemnités des Américano-Péruviens. Mais comment faire ? Il n'a dans ce dossier aucun titre. Maugein a donc imaginé de s'inventer un préjudice, se posant en victime d'une campagne internationale qu'aurait montée Newmont. La plainte contre "X" en

France et les menaces de poursuites aux Etats-Unis contre Newmont font partie de son stratagème. Il pense pouvoir récolter d'énormes indemnités en engageant des poursuites contre la compagnie américaine. Sous le prétexte que votre livre *Main basse sur l'or de la France* et "*les violentes attaques médiatiques*" contre sa personne lui auraient causé de graves dommages, ces trois dernières années. Mais toutes ces gesticulations ne reposent que sur du vent. D'ailleurs, en mars 1999, quelque temps avant notre séparation, l'avocat new-yorkais Stanley Arkin, consulté à prix d'or par Maugein, avait émis de sévères mises en garde à propos de ses projets d'expéditions punitives contre Newmont. »

A l'appui de ses dires, Jimenez me remet une télécopie envoyée le 10 mars 1999 à Patrick Maugein par Alan Crossley, l'autre collaborateur chargé de le seconder dans l'opération anti-Newmont. Ce document résume la longue conversation qu'a eue, la veille au soir, ce lieutenant discipliné de Maugein avec l'avocat new-yorkais. Stanley Arkin lui a confié son sentiment sur les projets du Corrézien. Morceaux choisis, que je reproduis ici à la lettre, charabia compris :

« **Le rapport** [*le fameux "Mémorandum" intitulé à l'origine* : "*L'affaire Yanacocha ou Le harcèlement de Patrick Maugein par Newmont Mining*"] : Beaucoup trop léger en matière de preuves et d'arguments démontrés. Pas une allégation calme, pondérée. (...) Un paquet de merde [*sic*] lancé contre le mur ["*a batch of shit thrown at the wall*"]. Un flot de sentiments comme un roman de James Joyce ["*Stream of consciousness, like a James Joyce novel*"].

» **Le personnage Patrick Maugein** : Pour lui [*l'avocat Stanley Arkin, auteur des crus propos ici reproduits*], le personnage qui se dégage du rapport [*ledit "Mémorandum"*] est celui d'un magouilleur copain du Président [*sic*], qui cherche à se hisser sur des affaires qui ne le concernent pas [re*sic*]. A ma réponse que c'est bien l'image qu'a voulu projeter Newmont, il [*l'avocat Stanley Arkin*] réplique que pour tout ce qu'il en sait, c'est vrai, auquel cas on pourrait difficilement convaincre un juge que Newmont a lésé un fonds de commerce légitime [rere*sic*] méritant dommages. Il y a donc un effort à faire pour mieux projeter l'image (...).

» **Conclusion** : Il [*l'avocat Stanley Arkin*] n'accepterait pas d'engager sa réputation et son temps sur cette affaire, s'il ne pensait pas qu'elle a des chances de réussite. Par contre, étant donné l'effort préalable à réaliser, il n'acceptera pas de le faire à fonds perdus. »

Enfin quelqu'un de lucide !

Lucide mais près du tiroir-caisse, le ténor du barreau new-yorkais adresse son premier courrier à celui qu'il qualifie de « fonds de commerce », Patrick Maugein, pour lui communiquer ses coordonnées bancaires et lui réclamer le montant du premier quart d'heure d'entretien : « 10 000 dollars (75 000 francs), pour la prise de contact. » Bienvenue au club !

Pour le reste, ce sera « un fixe de 250 000 dollars » (1 850 000 francs) et « un pourcentage ["*20 %*"] des dommages perçus » à déduire du fixe déjà versé. En contrepartie de cet énorme travail, l'avocat de New York propose son plan. Il colle comme un gant aux souhaits de son client :

« L'objet de la première phase consiste à envoyer à Newmont une lettre très musclée [*sic*], leur faisant comprendre que nous sommes prêts à litiger [re*sic*] s'ils n'acceptent pas un règlement à l'amiable. (...) »

Maugein est un homme de biens. « Litiger » ? Le Dictionnaire de la langue française ignore ce mot. En revanche, notre *Code de procédure pénale* définit et réprime très précisément la pratique ici évoquée. Mise en application, elle consisterait à exercer une pression « musclée » sur autrui, le menaçant des foudres de la justice avec un moulin à vent, en vue d'obtenir des sommes indues.

Interrogé, Stanley Arkin assure qu'il n'a finalement pas œuvré pour Maugein. Qui s'est immédiatement mis en chasse pour trouver un homme de robe moins gourmand.

Reste la dernière question que je pose à José Antonio Jimenez :

« Comment un homme si riche et qui a réussi, un polytechnicien fréquentant les meilleurs salons et les plus hautes personnalités de la politique et des affaires, comment le président d'une société cotée à la Bourse de Londres, un homme d'affaires en relation avec les plus grands groupes français, dont, selon ses propres écrits, Vivendi, Alsthom, Framatome, peut-il commettre une telle folie, pour simplement tenter de gagner une partie perdue d'avance et quelques millions de dollars de plus ? Patrick Maugein aurait-il perdu la boule ?

— Que non ! Je le connais bien, c'est un bonimenteur. Son orgueil est démesuré. Il aime qu'on lui déroule le tapis rouge. Jusqu'à cette affaire Yanacocha, tout lui avait réussi. C'est son premier échec : il ne le supporte pas. L'or lui est monté à la tête. L'agitation qu'il a organisée autour de cette affaire s'est transformée en règlement de comptes personnel. Pour obtenir les substantielles indemnités qu'il escompte toujours, Patrick joue sur ses indéniables qualités de bluffeur et de manipulateur, il a monté de toutes pièces ce scénario labyrinthique où, à force d'en rajouter, il n'arrive plus lui-même à distinguer le faux du réel. »

Bref, ajoutés les uns aux autres, les indices que je rassemble indiquent que le cas Patrick Maugein est peut-être plus du ressort de mon « psy » chéri, le savant Gérard Miller, que du mien. Entre ses mains, sur son divan, tout devrait rentrer dans l'ordre. Aux forceps.

Des lettres infâmes et une justice en panne

Dans le cabinet du juge Thouvenot, je continue à défaire l'inextricable Meccano imaginé par Maugein pour tenter de me compromettre, de me discréditer et d'empocher une petite fortune sur le dos de Newmont. Au juge, je pose la question :

« Que viennent faire dans cette plainte toutes ces histoires, le plus souvent inventées, de "*faux e-mails*", de "*corruption*" de juges péruviens, d'"*enlèvement*" de la nièce d'un magistrat à Lima, de même que ce prétendu "*schéma criminel*" me désignant, ainsi que d'autres journalistes irréprochables, comme un mercenaire de Newmont, etc. ? »

« Témoin, assisté », à ce titre non tenu au secret de l'instruction, j'attire aussi l'attention du juge Thouvenot sur un autre aspect de la plainte de Patrick Maugein, le prévenant que je ne pourrai faire autrement que de le rendre public :

« Que signifie aussi dans le dossier de votre instruction l'évocation de l'information judiciaire en cours, conduite jusqu'à ces temps derniers par Mme Oper, successeur du juge Jean-Paul Valat, pour l'agression à main armée et la "*tentative d'assassinat*" en plein Paris, le 22 juillet 1997 à 19 heures, dont fut victime le docteur Maxime Bréabout, ex-ami intime de Patrick

Maugein ? Non élucidée, cette information judiciaire est provisoirement en panne, le coupable n'ayant pas, jusqu'ici, été identifié. Le dossier est actuellement renvoyé devant la chambre d'instruction de la cour d'appel de Paris. Une fois de plus, Maugein mélange tout, à plaisir, et vous a menti. »

Depuis quatre ans, « l'affaire Bréabout » est, au Palais de Justice de Paris, un dossier sensible. Retour en arrière. Au soir du 22 juillet 1997, à la sortie de son cabinet médical, rue Barrault, dans le 13e arrondissement, le médecin gynécologue est victime d'un attentat. Pas n'importe lequel. Sur le trottoir où il avance, une moto s'approche, à toute allure. A son bord, deux individus, en combinaison noire et casque intégral. Arrivés à la hauteur du malheureux praticien, le passager arrière descend, fusil de chasse à canon scié en main. L'arme des tueurs à gages. Un premier coup de feu, puis un second. Le docteur s'écroule sur la chaussée, laissé pour mort. Il est très gravement blessé par une balle Brenneke, munition utilisée pour la chasse au sanglier. Un contrat en bonne et due forme !

Avant de tomber dans le coma, perdant abondamment son sang, le docteur Bréabout a le temps de prononcer un nom, plusieurs fois. Le SAMU et la police prennent note. C'est la routine. Présente sur place, une passante, secrétaire à la présidence de la République, s'offre comme témoin. Rien de plus.

Pendant de nombreuses semaines, la victime est hospitalisée pour une blessure grave dans le haut de la cuisse, près de l'artère fémorale. Les dégâts sont considérables. Une information judiciaire est immédiatement ouverte pour attaque à main armée et tentative d'assassinat. L'enquête démontre que, deux ans auparavant, Maxime Bréabout et son aide-soignante avaient signalé par écrit, dans deux « mains courantes » déposées aux commissariats de police des 16e et 13e arrondissements de Paris, les « menaces de mort » que son ancien copain Maugein avait proférées à l'endroit du médecin, avec lequel il venait de se fâcher. Apeuré, Maxime Bréabout les avait également signalées au conseil de l'ordre des médecins. Ce qu'il me confirme aussi. Quand les « mains courantes » sont retrouvées par les enquêteurs, Maugein est mis sur écoute, sur commission rogatoire du juge Jean-Paul Valat. Mais très vite, l'instruction s'enlise. Aucune perquisition, aucun interrogatoire, sauf une seule fois, cinq mois après l'attentat.

A l'automne 1998, quelques semaines après la publication de *Main basse sur l'or de la France,* je retrouve Maxime Bréabout. Son cabinet a été fermé, son appartement abandonné, ses lignes téléphoniques supprimées. L'homme vit comme un fugitif. De lui j'apprends que, lors de l'enquête de la Police judiciaire, « fut — je le cite — retrouvée et actée la trace des nombreux contacts téléphoniques, en juillet 1997, de Patrick Maugein avec la présidence de la République et le BRGM ». C'est la période où Maugein envoie ses lettres de menaces à don Alberto Benavides, le président de Buenaventura.

En novembre 1998, le hasard me fait découvrir que l'avocat du docteur Maxime Bréabout a oublié d'aviser celui-ci qu'il était également l'avocat de la société Alternative Finance, propriété de Patrick Maugein, son président. Surpris, désappointé, le docteur décide instantanément de changer d'avocat, « pour, m'écrit-il, ne plus être défendu par le conseil de celui que j'accuse nommément dans mes mains courantes et dépositions ». Il demande à mon avocat, maître Dewynter — ce qui est son droit le plus strict —, de prendre la suite de celui qui l'a trahi, et contre lequel il a, depuis, déposé plainte au conseil de l'ordre des avocats.

A la fin de 1998, après que Maugein eut fait pression sur mon éditeur Albin Michel, me traitant de « mercenaire vendu à des mafieux », je communique au juge Valat les pièces de mon dossier. Elles montrent, indiscutablement, que l'avocat de Maxime Bréabout est aussi celui d'une des sociétés de Maugein. Très logiquement, la déontologie des avocats leur interdit de défendre en même temps des causes rivales, des intérêts contradictoires. Si, de son côté, Maugein peut ignorer que l'avocat de sa société est celui du docteur Bréabout, en revanche, l'avocat, lui, ne peut méconnaître que Maugein est le patron d'Alternative Finance, la société parisienne qui l'a chargé d'un montage financier en vue de la construction du nouveau port de plaisance de Palma de Majorque : le *Puerto deportivo Don Juan de Borbon*, du nom du père de l'actuel roi d'Espagne Juan Carlos. Dans l'étude où figure le nom de l'avocat de Maxime Bréabout, il est bien écrit que les réunions préparatoires avec la partie espagnole ont eu lieu à son cabinet parisien, avenue Niel. Avec, pour conclusion, une proposition de montage financier particulièrement alléchante, résumée dans la formule suivante : « Impôt = 0. » Du Maugein tout craché !

Bien que « l'affaire Bréabout » n'ait aucun rapport avec le scandale de l'or de la France envolé au Pérou, Patrick Maugein a le toupet de l'utiliser dans sa plainte et dans la procédure. Ce qui me révolte le plus, s'agissant de l'intégrité physique d'un homme gravement blessé et atteint dans sa chair. Mais que veut Maugein ? Préparer l'avenir ? Ruiner d'éventuels témoignages ? M'accabler par l'utilisation d'un dossier criminel, où je n'ai jamais été qu'un simple témoin volontaire ? Ou seulement ajouter une petite pierre à son souk procédural ? Allez savoir !

Si j'évoque la malheureuse affaire du docteur Bréabout, à ce jour non encore élucidée, ce n'est pas pour tenter d'y impliquer mon accusateur, par amalgame ou par raccroc. Mais parce que c'est Maugein lui-même, dans sa plainte contre « X » et ses dépositions ultérieures, qui évoque ce dossier criminel. Pour, encore une fois, m'accuser de tous les péchés du monde. Ainsi, lors de son audition par le juge Thouvenot, le 26 juillet 2000, Patrick Maugein déclare-t-il :

« M. Montaldo a tenté de me mettre en cause dans un dossier de tentative d'assassinat contre le docteur Bréabout et dans le dossier Elf. Il est allé voir le docteur Bréabout pour le convaincre de changer d'avocat et de prendre le sien. Il a ensuite décidé le docteur Bréabout (...) à obtenir une audition auprès de Mme Joly [*le magistrat instructeur de l'affaire Elf, qui m'a entendu comme témoin, de même que le docteur Bréabout et son fils, en décembre 1998*]. La presse s'est fait l'écho de tout cela. »

Dans une note intitulée « L'affaire Bréabout : un chantage auxiliaire », qui figure à la cote D 16 de la procédure du juge Thouvenot, Maugein m'impute à nouveau d'avoir convaincu le médecin de changer d'avocat pour confier sa défense à maître Pascal Dewynter. Affirmation malveillante, Maxime Bréabout ayant fait son choix tout seul ! En outre, je l'indique au juge Baudoin Thouvenot, jamais, ni dans mon livre ni dans mes écrits ultérieurs, je n'ai mentionné cette affaire criminelle. Simple témoin — non tenu au secret de l'instruction, je le répète —, j'aurais pu cependant, sans enfreindre la loi, évoquer ce terrible dossier criminel où le nom de Maugein apparaît à toutes les pages. Or, je n'en ai rien fait. Alors même que mes confrères de la presse quotidienne (Karl Laske pour *Libération*) et hebdomadaire (Vincent Nouzille et Fabrice Lhomme pour *L'Express*) en ont largement fait état[1].

Aujourd'hui, en attendant la décision de la chambre d'instruction (l'ex-chambre d'accusation) de la cour d'appel de Paris saisie par le docteur Bréabout, l'affaire de l'attentat dont il a été victime reste en suspens. Le docteur Bréabout témoigne :

« Les 70 cassettes des écoutes téléphoniques de Maugein n'ont pas été décryptées, comme je l'ai réclamé. Car je voulais que soit contrôlé l'alibi de Maugein qui a déclaré s'être trouvé en Espagne au moment de mon agression. Or, sur l'éphéméride des écoutes, tel qu'établi par la Police judiciaire, à la date du 22 juillet 1997 et durant toute cette période, plusieurs "appels entrant et sortant" du téléphone de Maugein vers le BRGM et l'Elysée, et vice versa, sont recensés. Sans que le contenu des conversations soit versé au dossier. Le juge Oper affirme qu'il n'a pas de rapport avec le crime. D'où son refus de le communiquer. De même, sollicité par moi, un nouveau témoignage de José Antonio Jimenez a également été écarté, tandis que Patrick Maugein s'est autorisé à déclarer au juge d'instruction que le capitaine J., le policier chargé de retrouver mes deux tueurs et leur commanditaire,

1. *Libération*, 30 mars 1998, article de Karl Laske : « 30 millions de dollars pour te détruire. Patrick M., jet privé et hôtel particulier, a tout mis en œuvre pour "*ruiner la vie*" d'un médecin (...). »

Libération, 20 janvier 2001 : « La baraka judiciaire d'un ami de Chirac. Enquête approximative, alibi non vérifié... Le principal suspect dans une tentative de meurtre est curieusement épargné par la justice. »

L'Express, 9 décembre 1999, article (8 pages) de Vincent Nouzille et Fabrice Lhomme (aujourd'hui au *Monde*) : « Patrick Maugein. Enquête sur un encombrant Corrézien. Qui est donc cet homme de l'ombre, aussi fortuné que mystérieux, au cœur de plusieurs affaires où il s'est présenté comme un proche du président de la République ? »

aurait offert de la drogue à un témoin capital. Il n'est pas venu au magistrat l'idée d'interroger cet officier de police judiciaire. Et maintenant Maugein prétend, suprême calomnie, que mon avocat, maître Pascal Dewynter, lui aurait demandé "60 millions de francs" par l'entremise de maître Christine Haïk, l'épouse de son propre conseil Pierre Haïk, en échange de l'arrêt de nos poursuites. De la même manière, Maugein a déclaré au juge que l'avocat de José Antonio Jimenez lui a fait la même demande. Délires de Patrick Maugein qui, chaque fois qu'il est acculé, invente de nouvelles fables tout aussi extravagantes les unes que les autres ! »

Ces rumeurs et d'autres manœuvres du même calibre ont paru suffisamment inquiétantes à maître Dewynter pour qu'il s'en ouvre au juge Jean-Paul Valat. Le 4 février 1999, il lui écrit :

« J'ai rencontré un de mes amis, avocat lui aussi, qui a désiré m'entretenir d'un renseignement qu'il avait obtenu, à savoir que M. Maugein prétendait que Jean Montaldo et moi-même le faisions chanter et que nous lui réclamions une importante somme d'argent. C'est mal connaître Jean Montaldo et moi-même. M. Maugein aurait même précisé qu'il nous ferait remettre, à Jean Montaldo et moi-même, une valise contenant des espèces, ce, en présence de policiers, afin de nous confondre. Si elle devait se concrétiser, cette manœuvre ne serait pas sans rappeler le piège monté à l'encontre du docteur Maréchal, beau-père du juge Halphen, juge d'instruction en charge de l'enquête sur les HLM des Hauts-de-Seine. »

Au début de 2001, à l'annonce de l'enterrement de son dossier, Maxime Bréabout, désespéré, a transmis à Mme le juge Oper un long mémoire qu'il m'a aussi communiqué. Un cri de colère !

Il est environ 17 heures, ce 9 avril 2001, quand, dans le cabinet du juge Baudoin Thouvenot, j'en finis avec la triste, l'effrayante affaire Bréabout. Dans cette déclaration préliminaire, je ne souhaite pas m'y étendre. Bien que Maugein se soit acharné à en établir un, elle n'a aucun rapport avec l'affaire qui me vaut d'être entendu par le juge.

Au moment de conclure, j'évoque l'existence de documents en ma possession, sans préciser au juge qu'ils sont dans ma mallette. Seuls maître Dewynter et mes éditeurs — informés, au jour le jour, de mes pérégrinations dans ce dossier, comme dans tous les autres — sont au courant de leur existence. Leur objet ? Trois télécopies envoyées par Patrick Maugein à José Antonio Jimenez, à Madrid. Au magistrat, j'apprends que les 22, 25 et 26 octobre 2000, Patrick Maugein s'est adressé directement, par écrit, à son ancien collaborateur, qu'il vise pourtant — avec moi, mais lui, au premier chef —, dans sa plainte contre « X » pour « chantage et tentative d'extorsion de fonds ». Toujours indigné d'avoir été convoqué à la demande de cet individu, je proteste :

« Quel est donc, monsieur le juge, ce plaignant qui se sert de vous et de votre instruction pour arranger ses petites affaires ? J'ai, monsieur, une question à vous poser : le 27 octobre dernier, vous avez bien entendu M. Patrick Maugein ?

— Oui, monsieur Montaldo. C'est exact.

— Eh bien, sachez que dans les jours qui ont précédé votre audition, Patrick Maugein s'est permis d'adresser à José Antonio Jimenez trois fax, où votre nom apparaît à chaque fois et à plusieurs reprises. J'ai le regret, monsieur, de vous apprendre que votre instruction est instrumentalisée par Maugein pour, accessoirement, faire pression sur Newmont et, à titre principal, se tirer d'affaire dans d'autres dossiers. »

Renversé sur son fauteuil, le magistrat se redresse :

« Etes-vous certain de ce que vous dites ? Détenez-vous ces pièces ?

— Oui.

— Les avez-vous ici ?

— Il serait préférable, monsieur le juge, qu'elles vous soient remises par leur destinataire, M. José Antonio Jimenez.

— Monsieur Montaldo, si vous les avez, je vous remercie de m'en donner connaissance...

— Soit, mais avant de les joindre à ma déclaration préliminaire, permettez que je vous en fasse la lecture.

— Je vous écoute. »

Pendant ce bref échange, un discret hochement de tête de mon avocat Pascal Dewynter m'a encouragé à vider l'abcès. Je pourrais refuser d'obtempérer, laissant à Jimenez le soin de remettre à la justice ces trois petites bombes artisanales, les derniers chefs-d'œuvre, datés et signés, sortis de l'atelier du maître... Patrick Maugein.

Pour bien en saisir le sens, un petit récapitulatif s'impose. Sans lui, impossible de s'y retrouver, de comprendre le système Maugein qui, pour se défendre, utilise les dépositions des témoins qui le gênent en les retournant contre eux. Pour les discréditer et se tirer d'affaire tout en continuant son métier : chasseur de dollars.

Au juge Thouvenot, j'explique que la plainte de Maugein a un objectif diabolique et double : d'une part, lui permettre de s'enrichir sur le dos du mastodonte américain Newmont — la cause est entendue — par l'usage de fausses qualités et en s'inventant un intérêt pour agir en justice ; d'autre part, ruiner les témoignages de ceux dont il redoute les révélations. J'en fais partie. Tout comme Jimenez.

« Monsieur le juge, Patrick Maugein apparaît dans quatre procédures judiciaires. La vôtre est la dernière en date, déclenchée par lui. Il l'utilise, sans vergogne, pour se sortir des trois autres, et officialiser la thèse du complot dont il a tant besoin. Comme celui-ci n'existe pas, il nourrit son scénario avec des éléments épars qu'il trouve dans les trois autres dossiers. A commencer par ceux qui pèsent le plus lourd. Les témoins qui y ont été entendus, ou qui sont susceptibles de l'être à nouveau, deviennent ainsi, grâce à votre procédure qu'il abreuve de "faux e-mails", de références aux affaires Elf et Bréabout, des maîtres chanteurs et des escrocs. De plus, et sans que vous le sachiez, votre instruction est sa dernière trouvaille pour faire pression sur Newmont. Le pire dans toute cette histoire, c'est que ses affabulations sont prises au sérieux. Et ce n'est pas faute d'avoir prévenu tout le monde, à commencer par le procureur de la République et les magistrats abusés. Il concentre ses tirs sur trois cibles. Qui n'ont rien en commun. Qui n'ont rien à voir les unes avec les autres, mais que, pour les besoins de sa cause, Maugein déclare liées comme larrons en foire. Je cite, par ordre d'entrée en scène : Newmont (et la CIA), José Antonio Jimenez ("passé à l'ennemi") et moi (le "mercenaire", l'agent des "mafieux" et des "réseaux de la drogue"). »

En effet, dans les courriers que j'ai sous les yeux, m'apprêtant à les lire au juge, le manipulateur fait passer pour des éléments nouveaux et à charge contre Jimenez et ma personne : le procès-verbal d'interrogatoire du 10 mai 2000 au Palais de Justice de Madrid ; une lettre-témoignage du même Jimenez remise au juge Josié le 10 janvier 2000 ; mon audition en décembre 2000 par les juges Eva Joly et Laurence Vichnievsky, dans le cadre de l'affaire Elf ; celles du docteur Bréabout et de son fils Stéphane par ces mêmes magistrats. Tout cela ferait partie d'une seule et même conjuration, étant entendu que — NON, JE NE DIVAGUE PAS ! — l'attentat en plein Paris contre le docteur Maxime Bréabout est — parole de Maugein — le fait des services secrets... péruviens. Encore eux !

Bref, l'embrouille parfaite.

De nouveau assis, j'entreprends la lecture de la première lettre-fax, écrite à « J–5 », le 22 octobre 2000, cinq jours avant la date fatidique de son audition par le juge, le 27 octobre. Du Maugein des grands jours, maintenant professeur de droit, et qui, dans un français approximatif mais transparent, ne joue pas à fleuret moucheté. Et dont voici l'essentiel, brut de décoffrage, tel que je le dissèque devant le juge[1] :

« Le 22 octobre 2000,

» Tonio, il y a quelques mois, j'ai porté plainte contre "X" pour chantage et extorsion. Cette plainte est instruite par le juge Baudoin Thouvenot. (...) J'ai porté à la connaissance du juge, en tant que partie civile, les agissements de Montaldo, de Rex Stevenson [*un inconnu au bataillon, que Maugein présente comme mon complice en Australie, où je n'ai jamais mis les pieds*] et les tiens. (...) Alan Crossley a déjà témoigné et la convocation de Montaldo, comme la tienne, n'est qu'une question de quelques semaines. (...)

» Le juge dispose de tes déclarations à la Brigade financière [*ce qui, encore une fois, n'est pas le cas, Maugein faisant ici référence à sa plainte et à ses*

1. Conformément à la loi, pour ne pas nuire aux personnes citées à tort et à travers par Maugein, je supprime volontairement leurs noms. A plus forte raison quand je ne les connais pas et s'il s'agit de ressortissants étrangers.

propres dénonciations]. Il est au courant des demandes d'argent que tu as formulées par l'intermédiaire de maître [*xxx*][1] qui semblaient si difficiles à justifier qu'elles ne peuvent pas être écrites.

» Dewynter a fait de même [*nouvelle calomnie !*] : il a réclamé 60 millions de francs [*sic !*] par l'intermédiaire de maître Christine Haïk [*l'épouse de Pierre Haïk, laquelle a démenti verbalement ces propos à maître Dewynter*]. (...)

» Il va être très difficile pour Montaldo de nier qu'il a reçu ces e-mails. (...) A mon avis, la situation de Montaldo est grave. On verra bien ce qu'il va déclarer au juge. Au chantage et à l'extorsion [*de fonds*] s'ajoute la complicité d'escroquerie : le fait d'avoir reçu les faux de la main de l'avocat de Newmont [*xxx, dont Maugein cite le nom, mais avec qui je n'ai jamais été en contact !*] est, dans le contexte, très dangereux.

» En ce qui te concerne, tu es probablement allé aussi loin sinon plus loin qu'eux dans le pénal dur. Ton fax à Montaldo du 10 janvier 2000 [*un témoignage écrit de Jimenez, que je remis le 11 janvier à Mme le juge Josié, lors de ma seule confrontation avec Maugein*] t'associe avec eux, de même que d'autres documents et éléments [*sortis du chapeau de Maugein*] en possession du juge.

» Voir inculper celui qui a été pendant de longues années un ami ne m'est pas spécialement agréable [*sic*]. Je pense aussi à la mémoire de Monique [*Mme Jimenez, récemment décédée*] que j'aimais beaucoup et à Titof et Nicolas [*les enfants du couple Jimenez*] pour qui j'ai toujours eu une grande affection. Je

1. Je rappelle que Jimenez est en conflit d'affaires avec Maugein, ce que celui-ci essaie d'exploiter à son avantage, en le sortant de son contexte, tout en mettant en cause un honorable membre du barreau de Paris.

sais qu'ils continuent à avoir des relations fraternelles avec mes filles. Je ne tiens donc pas à rentrer dans l'horreur [re*sic*].

» Ce que je te propose est que tu prennes rapidement contact avec le juge Baudoin Thouvenot, avant qu'il ne te convoque, et que tu lui avoues tout. En contrepartie de la vérité, je ferai tout ce qui est possible pour te laisser sur le bas-côté de la procédure [rere*sic*].

» Que tu fasses une chose et son contraire est sans incidence pour moi : la preuve que Montaldo a reçu les e-mails (...) me permettra de mettre Newmont à genoux, quoi qu'il arrive, par une procédure américaine. »

Et le philosophe Patrick Maugein de conclure avec ces fortes paroles :

« N'oublie pas que l'Histoire ne repasse pas les plats. (...)

» Post-scriptum : Je vois le juge dans la semaine. Fais-moi savoir par Agnès [*la fidèle secrétaire et bonne à tout faire de Madrid, dont le nom accompagne celui de Maugein dans le carnet d'adresses d'Alfred Sirven publié dans* Paris-Match, *le 15 février 2001*], si tu le juges utile, si tu adhères à ce qui précède. »

A ce fax qui fleure bon l'outrage, José Antonio Jimenez ne répond pas. Voir son ancien ami utiliser son deuil, sa femme récemment décédée et ses enfants, pour le menacer et essayer de lui arracher le témoignage bidon dont il a tant besoin, ne peut le surprendre. Sa décision est prise, définitive, de rompre avec ce noir personnage, qui, trois jours après, par fax toujours, repasse à l'attaque. Au juge Thouvenot, je lis ce second message, signé du sieur Maugein. Encore une fois, tout est inventé !

« Le 25 octobre 2000,

» Tonio, ce mercredi 27, à 15 heures, je suis reçu par le juge Baudoin Thouvenot. Je propose que tu lui envoies un fax (...) lui écrivant qu'à la suite d'un conflit personnel avec moi, tu t'es fourvoyé dans cette affaire, sans en mesurer les implications, et que tu le regrettes.

» 1. Tu expliqueras qui t'a recruté, quand, ce qu'on t'a demandé et ce qu'on t'a promis (le juge est sur la piste d'un compte à San Marino).

» 2. Tu expliqueras comment a été établie ta relation avec Montaldo et ce qu'il t'a demandé.

» 3. Tu expliqueras à qui tu as remis le rapport [*le fameux "Mémorandum" que Maugein a commandé, payé et qu'il utilise dans sa plainte pour m'insulter et m'impliquer dans son fantasmagorique schéma criminel*] que tu as fait sur moi et que le juge a en main.

» Dans ces conditions, je ferai valoir que même si tu as commis des délits de chantage et d'extorsion, ton rôle est resté marginal [*sic*] dans l'affaire globale, laquelle est ce qui intéresse ce juge qui est particulièrement intelligent et déterminé [re*sic*]. »

A ces mots, je relève la tête. Face à nous, le magistrat reste impassible. Pas l'ombre d'une irritation. Sauf un petit mot, celui qu'il me faut :

« Continuez, s'il vous plaît. »

Je jette un coup d'œil sur ma gauche : la greffière semble abasourdie. Je poursuis la lecture des versets sadiques, signés « Patrick Maugein ». Dans quelques instants, je vais les remettre au juge pour qu'ils soient joints au dossier. Un grand moment de jazz... corrézien, interprété par le « conseiller diplomatique indépendant... à 10 % » de la France, l'illustre Patrick Maugein :

« Ces délits de chantage et d'extorsion sont graves

et supposent de lourdes peines de prison et d'amendes, ajoute-t-il. Entrer dans un combat judiciaire dans lequel tu n'auras rien à gagner et tout à perdre, pour rester aux côtés de gens dont tu sais pertinemment qu'ils sont des escrocs [*sic, et merci pour moi !*] (...) est absurde. Tu vas aussi avoir besoin d'un très bon avocat pour limiter éventuellement la casse [re*sic*].

» Je ne doute pas que le juge obtiendra la confirmation judiciaire que c'est bien G. [*un avocat péruvien qu'encore une fois je ne connais pas*] qui a fourni les faux e-mails à Montaldo, soit que Montaldo l'avouera [rere*sic*] pour éviter le pire, soit que les éléments péruviens que nous avons seront considérés comme suffisants par la justice.

» Si tu envoies le fax précédemment décrit, je te garantis [*parole d'honneur d'El Padrino Patricio Maugeino !*] le maximum de confidentialité et les meilleurs efforts pour te sortir de ce mauvais pas. Envoie-nous copie avant vendredi, via Agnès. Avec mes meilleures salutations. »

Du coin de l'œil, j'observe le juge. Aucune réaction apparente. Sauf ses mains, qui s'agitent sur une boîte de cigarillos. Avant de passer au troisième et dernier fax, je m'enquiers :

« Puis-je continuer ?

— Je vous écoute, c'est intéressant, ça ne manque pas de style ! Vous me laissez ces pièces, n'est-ce pas ?

— Si elles peuvent aider à la manifestation de la vérité, je n'y vois pas d'inconvénient, monsieur le juge. »

Le document que j'exhibe et lis maintenant provoque un certain malaise. Je suis quelque peu gêné d'avoir, en un lieu si solennel, à lire la prose d'un agité du bocal, dont les pensées sont aux belles lettres ce que le pâté de rat est à la crème de marron :

« Le 26 octobre 2000,

» Tonio, quelques précisions encore pour que tu disposes de tous les éléments pour faire un choix judicieux :

» (...) Quant à l'affaire Bréabout qui était une pièce de ton chantage, nous avons rapidement estimé qu'elle était inutilisable, en raison de ton association avec Montaldo. Un revirement de témoignage de ta part dans le sillage de Montaldo ne nous paraissait guère à craindre. Tout au contraire, maître Haïk a toujours pensé qu'un témoignage de ta part, quel qu'il soit, mettrait fin à la série des témoignages que le juge d'instruction [*Mme Oper*] se devait d'entendre et que cela nous était favorable. Enfin, tu dois savoir que maître Dewynter a demandé, à cor et à cri, ton témoignage et que nous l'avons souhaité aussi. (...)

» Le fax que je te demande d'envoyer au juge Thouvenot et dans lequel tu lui dirais la vérité sur qui s'est passé [*sic*] est certainement une humiliation pour toi, mais il n'est pas dans notre intention de le rendre public [re*sic*] ou de tenter de faire de la peine [rere*sic*] à Titof et Nicolas.

» L'alternative, et ce sera irréversible demain après-midi, est que nous poursuivions le cours de notre plainte pour chantage et extorsion. Tu peux estimer que tu t'en tireras, mais tu sais aussi que le risque est important que tu sois inculpé et déféré au tribunal avec un risque de condamnation à une peine de prison et à une forte amende. Il suffit de regarder les peines prévues au *Code pénal*. Tu n'as rien à gagner, tout à perdre sans compter le coût très onéreux des avocats [rerere*sic*]. »

Enfin, après ces morceaux d'anthologie, à la gloire de la justice, de la morale et des bonnes mœurs, Frère Maugein passe aux aveux. Les deux petits paragraphes qui suivent, je les connais par cœur. Au juge, je tends le document. Pour qu'il s'assure de la fidélité de ma mémoire, je lui récite les derniers vers du poète Patrick Maugein, son doux chant d'amour à l'adresse de son « ami » Jimenez, pour le sauver du bagne ou, à défaut, pour l'accompagner à la prison :

« En ce qui me concerne, tu n'es pas un objectif pour moi, ce qui m'intéresse est une stratégie gagnante [*sic*] contre Newmont.

» Ta coopération avec la justice aurait l'avantage de raccourcir les échéances [re*sic*], quoiqu'elle ne change pas fondamentalement la donne. Les journalistes me disent que Montaldo s'est rendu aux Etats-Unis en septembre [*ce qui est faux !*] et plus récemment en Espagne [*ce qui est vrai, et d'où je suis revenu avec une première moisson miraculeuse !*]. Tout indique qu'il a commencé à paniquer. »

Ainsi vit, ainsi rêve Patrick Maugein : en exploitant abusivement la fonction présidentielle du chef de l'Etat, en utilisant la justice, en faisant pression sur les personnes qu'il accuse (ministres, grands commis de l'Etat et journalistes compris !), et en se nourrissant d'espoir (« Tout indique que Montaldo a commencé à paniquer »).

Devant le juge, je m'attarde enfin sur la pièce versée au dossier par Maugein, peut-être la plus intéressante. Celle qui demain, si la justice veut y mettre son nez, devrait nous éclairer sur « l'agent diplomatique indépendant... à 10 % » de la France : à la cote D 151 de la procédure, mon attention s'est portée sur un imprudent fax du 28 mai 1999, « à l'attention de M. José Antonio Jimenez Martin ». Il est signé « Patrick Maugein ». Y figure un décompte, en frappe machine sur papier blanc et annoté à la main, de la société Alternative Finance de Maugein, dont Jimenez détenait, jusqu'en 1999, 30 % du capital. Les commissions sur les affaires en cours y sont chiffrées. Celles à propos desquelles les deux associés se sont fâchés, n'étant pas d'accord sur la part de chacun :

« 1/ Les satellites (...) 1 895 000 francs ;

» 2/ Sur le second satellite, nous sommes d'accord pour te réserver un million de francs (...) ;

» 3/ Sur le Pérou, je te confirme que je te réserve 15 % [*et non plus* "30 %", *comme convenu initialement et mentionné au stylo par Jimenez*] des sommes nettes à récupérer, c'est-à-dire déduites des frais directs. Je réserve 10 % pour Alain [*le « témoin » Alan Crossley, aujourd'hui premier ministre du président Patrick Maugein*] que je n'ai pas encore informé. »

Suit « l'affaire Z. » (n° 4), du nom d'un Algérien, domicilié à Paris, grand spécialiste des opérations nécessitant sang-froid et discrétion : « Nous te réservons 25 % de la partie qui nous revient (...). »

Avant de prendre congé, je demande au juge que ces derniers points soient aussi éclaircis :

« Où vont ces millions, dans quelles caisses atterrissent-ils ? A quel endroit ? A l'étranger ou en France, sur les comptes des sociétés de ce milliardaire dont les maigres bilans ne laissent pourtant pas apparaître des activités si florissantes ? Et pour des activités de "*conseiller diplomatique indépendant... à 10 %*", dans le cadre du dossier péruvien, une affaire d'Etat à laquelle Patrick Maugein s'est mêlé en usurpant des fonctions officielles et en se réclamant abusivement du chef de l'Etat ? C'est pourquoi, monsieur le juge, je vous prie d'en informer, comme de tout le reste, M. le procureur de la République. Moi-même, au sortir de votre cabinet, lui communiquerai la copie des 37 pages de la déclaration préliminaire écrite que je vous remets et vous demande d'annexer à ma déposition.

— C'est tout, monsieur Montaldo ?

— Non, monsieur le juge. Dans les documents que voici, vous trouverez les pièces essentielles recueillies au cours de mon enquête, notamment les lettres de menaces et de chantage qui ont été adressées par M. Maugein aux différents protagonistes de cette affaire, ministres en exercice compris. Y figurent aussi les fax d'intimidation que je viens de vous lire. Maugein les a envoyés à son ex-associé Jimenez dans les jours qui ont précédé son audition par vos soins, le 27 octobre 2000 : ces trois fax sont signés par l'expéditeur. Je joins à ce lot de courriers et de documents exemplaires les multiples lettres d'intimidation envoyées par Patrick Maugein à mes confrères dont il redoutait les écrits (*L'Express* et *Le Canard enchaîné*).

— Vous êtes certain de ne rien avoir oublié, monsieur Montaldo ?

— Seulement de vous remercier, monsieur le juge, et de bien vouloir noter ceci, en conclusion de ma déclaration préliminaire : "*Tous les documents que je vous remets seront publiés par mes soins. Les manœuvres de Patrick Maugein en vue de me faire taire ne font que renforcer ma volonté de l'empêcher de nuire, en portant à la connaissance de la justice et du public les éléments que j'ai pu recueillir, après en avoir vérifié la parfaite authenticité.*" Voilà, j'en ai fini. Je n'ai plus rien à ajouter.

— C'était intéressant, monsieur Montaldo. On devrait vous voir plus souvent dans ce palais.

— J'y viens toujours avec un immense plaisir, monsieur le juge. Il suffit de me convoquer... »

Pendant plusieurs heures, le juge m'a écouté avec une attention qui n'a pas faibli. Mon audition touche à sa fin. Je reprends alors, dans l'ordre, les différentes procédures qui embarrassent la tranquillité du Corrézien. Précisant que je relate ici, de mémoire et en les synthétisant, mes propos dans le cabinet du juge Thouvenot, voici en résumé ce que je lui explique, maître Pascal Dewynter intervenant de temps à autre pour d'utiles compléments :

• **La première instruction** : Conduite par le juge Oper, jusqu'à ce que, tout récemment, ce magistrat décide de la clore — d'où la saisine de la chambre d'instruction de la cour d'appel —, cette information vise, exclusivement, l'attentat contre le docteur Bréabout. Maugein y est un « témoin assisté ». Moi-même suis témoin, au même titre que Jimenez. Lui, pour avoir été entendu, une seule fois, le 27 mars 1998. Le docteur Bréabout a demandé un second interrogatoire. Contacté par le juge, Jimenez a fini par répondre. Favorablement. Mais, entre-temps, se servant de sa plainte instruite par le juge Thouvenot, Maugein s'en est allé déclarer au juge Oper que le témoignage de Jimenez est sujet à caution, puisque justement il le poursuit pour « chantage et tentative d'extorsion de fonds ». Même chose pour ce qui me concerne. Exit donc la seconde audition redoutée de Jimenez. Et la mienne par la même occasion, dans le cadre de l'information criminelle.

• **La deuxième instruction** : Elle est, une fois encore, du ressort de la chambre d'instruction, saisie par mes soins, après que le juge Muriel Josié eut décidé de clore son information relative à ma plainte contre « X », pour « menaces, chantage et entrave à la liberté d'expression ». Ancienne âme damnée de Maugein, José Antonio Jimenez y est un témoin essentiel, je devrais dire aux premières loges. Dans cette procédure, pour justifier sa lettre de chantage à mon éditeur, Maugein affirme avoir appris par la rumeur publique que j'allais utiliser de « faux documents ». Puis dans l'instruction du juge Thouvenot, il a produit 80 prétendus *secrets, les voyous de la République*, qui paraîtra le 26 juin prochain aux Editions Albin Michel et que vous recevrez avant son dépôt légal. »

Athènes, le 18 juin 2001

Post-scriptum : Je remercie les milliers de lecteurs qui m'ont écrit ces dernières années. Submergé par la masse de ce courrier, je n'ai pu répondre à beaucoup d'entre eux. A tous, j'exprime ma sincère reconnaissance. Il est maintenant possible de me joindre directement par courrier électronique :

jean.montaldo@albin-michel.fr

ANNEXES

Annexe 1

18 avril 1962 : déposée au greffe du tribunal de commerce, la liste des actionnaires de la Société d'édition parisienne associées, propriétaire de l'hebdomadaire *Minute* nouvellement créé par l'ancien résistant et chroniqueur de renom Jean-François Devay. Ses cofondateurs : le général Edouard Corniglion-Molinier, le restaurateur Claude Terrail (propriétaire du célèbre restaurant *La Tour d'Argent*), le producteur de films Raoul Lévy, l'industriel Marcel Dassault, le banquier Edmond de Rothschild et un brillant parterre d'artistes et de personnalités du Tout-Paris, parmi lesquelles : Juliette Gréco, Fernand Raynaud, les écrivains Serge Groussard et Jean Lartéguy, le directeur de l'Olympia Bruno Coquatrix et Roland Laudenbach, le directeur des Editions de la Table Ronde (mon premier éditeur, dont les grands auteurs sont Jean Anouilh, Antoine Blondin, Jacques Laurent, Roger Nimier, Michel Déon).

Cf. *supra*, p. 73.

- 4 -

JÉRÔME CASTALDI

Et lecture faite, le comparant a signé avec le Notaire
Suivent les signatures.
Ensuite se trouve la mention suivante :
ENREGISTRE à PARIS - Dixieme Notaires.
Le dix huit AvrilcMil neuf cent soixante deux.
Folio : 12 - Bordereau numéro : 552/1.
Reçu : dix nouveaux francs.
Signé : VIALLARD.

Suit la teneur littérale de l'annexe :

ETAT DE SOUSCRIPTION ET VERSEMENT

SOCIETE D'EDITION PARISIENNE ASSOCIEES Société Anonyme en formation - Capital NF cent mille divisé en cent actions de mille nouveaux francs
Siège social : 5 , Quai Rennequin - BOUGIVAL (S & O)

Capital de NF CENT MILLE divisé en quarante neuf actions au pourtour et un cinquante et une actions à souscrire en numéraire -

Nº ordre	Nom - Prénom - Profession - Domicile	Nbre Act.	Montant de ces actions	Versement Effectué
1	GAYPARA Prosper Hotelier Hotel Exelsior BEYROUTH demeurant à Paris 24 Avenue Gabriel depuis plus de six ans.	1	1.000 NF	1.000 NF
2	RAYNAUD Fernand Artiste 63 Route de St Nom l'Etang-La Ville (S.O)	2	2.000 NF	2.000 NF
3	Ateliers A.B.C. Publicité 57 rue de Babylone Paris Ste Anonyme registre du Commerce de la Seine Nº 54 B 5.150	1	1.000 NF	1.000 NF

- 5 -

Nº ordre	Nom - Prénom - Profession Domicile	Nbre act.	Montant de ces actions	Versement Effectué
4	ARNAUD Françoise Administrateur de Sociétés 8 rue Prochot Paris	1	1.000 NF	1.000 NF
5	Compagnie Phonographique Française, Disques Barclay, SA 143 Avenue de Neuilly - Neuilly au capital de quatre cent cinquante mille francs - Registre de Commerce de la Seine Nº 57 B 3.461	1	1.000 NF	1.000 NF
6	BELLONI Serge Peintre, 33 Bld de Charonne PARIS	1	1.000 NF	1.000 NF
7	GROUSSARD Serge Ecrivain 133 rue St Dominique Paris	1	1.000 NF	1.000 NF
8	LARTEGUY Jean Ecrivain 68 rue de la Montagne Ste Geneviève PARIS	1	1.000 NF	1.000 NF
9	Société ACHAT DIRECT ALIMENTATION ADA - S.A. 3 rue Royale - Paris au capital de trois cent mille anciens francs registre du Commerce de la Seine Nº 57 B 21.188	1	1.000 NF	1.000 NF
10	Madame Lucie DECKER épouse assistée et autorisée de Mr FRANCHI avec lequel elle demeure 1 Square du Rhone Paris	3	3.000 NF	3.000 NF
11	DALMAS Louis Journaliste 2 rue Covertto Paris	1	1.000 NF	1.000 NF
12	Société MARCEL DASSAULT SARL Montereau sur le Jard (Seine et Marne) au capital de quatorze millions quatre vingt sept mil			

JÉRÔME GASTALDI 095.31

Nº ordre	Nom - Prénom - Profession - Domicile	Nbre act.	Montant de ces actions	Versement effectué
	cinq cents nouveaux francs Registre du Commerce de la Seine Nº 60 B 1.894	2	2.000 NF	2.000 NF
13	NEVROZE Ara Industriel demeurant 7 rue du Colonel Moll à Paris - Français	1	1.000 NF	1.000 NF
14	CORNIGLION-MOLINIER Edouard Général - Le Prieuré rue de l'Abreuvoir Croissy-sur seine (S & O)	1	1.000 NF	1.000 NF
15	COQUATRIX Bruno, Directeur de Théâtre, 8 rue Caumartin Paris	1	1.000 NF	1.000 NF
16	ROTHSCHILD Edmond de, Administrateur de Sociétés, 45 Fbg St Honoré Paris	2	2.000 NF	2.000 NF
17	LEVY Raoul Producteur de Films, 14 Av Hoche Paris	1	1.000 NF	1.000 NF
18	SOULAS Marie, 184 Av Victor Hugo Paris	1	1.000 NF	1.000 NF
19	TERRAIL Claude Restaurateur 1 rue du Cardinal Lemoine Paris	1	1.000 NF	1.000 NF
20	Madame Annie BELLORI épouse séparée contractuellement de biens de Mr FOX (contrat de mariage reçu par Me DURANT DES AULNOIS Notaire à Paris, le vingt six Aout Mil neuf cent cinquante quatre) 65 Bld Lannes Paris	1	1.000 NF	1.000 NF
21	Société LUNCH ET GLACIERS SA, 3 rue de Chaillot Paris au capital de quatre cent soixante-mille deux cent soixante cinq nouveaux francs Registre du Commerce de la			

JÉRÔME GASTALDI 095.32

*125F

Nº ordre	Nom - Prénom - Profession - Domicile	Nbre act.	Montant de ces actions	Versement effectué
	Seine Nº 55 B 4.375	1	1.000 NF	1.000 NF
22	LAUDENBACH Roland Editeur	2	2.000 NF	2.000 NF
23	GRECO Juliette Artiste, 33 rue de Verneuil Paris	1	1.000 NF	1.000 NF
24	LESSER Arthur, 20 rue Parmentier Neuilly - Producteur de Spectacles	1	1.000 NF	1.000 NF
25	DEVAY Jean-François 5 Quai Rennequin Bougival	11	11.000 NF	.000 NF
26	Madame Janine DUCHE épouse assistée et autorisée de Mr POUGET 2 rue d'Andigné Paris - Régime de communauté réduite aux acquets -	5	5.000 NF	5.000 NF
27	Madame Marceline BAGNATI épouse assistée et autorisée de Monsieur MAYER, 27 rue Pierre Guérin Paris	5	5.000 NF	5.000 NF
		51	51.000 NF	51.000 NF

CERTIFIE EXACT (Signé) : Jean François DEVAY.

Sur cette annexe se trouve la mention suivante : ANNEXE à la minute d'un acte reçu par le Notaire à Paris, soussigné le dix neuf Mars Mil neuf cent soixante deux.
(Signé) J. GASTALDI.

POUR EXPEDITION
collationnée et certifiée conforme à la minute.

Pour expédition délivrée par Me Jérôme GASTALDI, Notaire à Paris, soussigné, et certifiée réalisée par procédé héliographique [illegible] sur Actina nº 435, avec papier héliographique agréé (Arrêtés des 5 et 30 Mars 1955).

Annexe 2

• 20 mai 1992 : présidée à Genève par Alfred Sirven, le grand dispensateur des fonds occultes de l'or noir, la société de droit suisse Elf-Aquitaine International (EAI) — filiale du groupe nationalisé Elf, que dirige en France Loïk Le Floch-Prigent —, signe l'« acte sous seing privé » où « EAI se porte caution » des 20 millions de francs qui sont octroyés au journal mitterrandien *Globe-Hebdo*, par l'intermédiaire de faux nez, l'Union normande d'investissement (UNI) et sa filiale la Banque commerciale privée (BCP).

Cf. *supra*, p. 114.

• 18 novembre 1993 : successeur d'Alfred Sirven à la tête d'Elf Aquitaine International (EAI), Bernard Polge de Combret (aujourd'hui vice-président du groupe privatisé Elf-TotalFina) est chargé par son nouveau PDG Philippe Jaffré de faire le ménage dans cette filiale des coups tordus. Dans une « Note » portant la mention « Personnel et confidentiel », le remplaçant d'Alfred Sirven se fait expliquer l'« opération complexe » du financement du journal *Globe* qui, de « mensuel jusqu'en mai 1992 », est devenu hebdomadaire : « La société Elf Aquitaine International s'est portée caution solidaire à hauteur de 20 millions de francs (...) de toutes sommes à devoir à Union normande d'investissement (20.05.92). »

Cf. *supra*, p. 115.

AVENANT AUX ACTES DE CAUTIONNEMENT ET DE NANTISSEMENT DE COMPTE DU 20 MAI 1992

ENTRE LES SOUSSIGNES :

La Société UNION NORMANDE INVESTISSEMENT, société anonyme au capital de F. 125.575.000 dont le siège social est à PARIS 75008, 89/91 rue du Faubourg Saint-Honoré, immatriculée au RCS de PARIS sous le numéro B 542 030 275, représentée par Monsieur Patrick MOLIS, dûment habilité à cet effet,

D'UNE PART,

et la Société ELF AQUITAINE INTERNATIONAL au capital de CHF. 300.000 dont le siège social est à GENEVE 18-20, rue Plantamour immatriculée au registre du commerce de Genève sous le n° 7629/1981 représentée par Monsieur Jean-Claude VAUCHEZ, administrateur délégué,

D'AUTRE PART,

APRES AVOIR EXPOSE CE QUI SUIT

- Aux termes d'un acte sous seing privé intervenu en date du 20 Mai 1992 la Société ELF AQUITAINE INTERNATIONAL s'est portée caution solidaire à hauteur de F. 20.000.000 (Vingt Millions de Francs) en principal, plus intérêts, frais et accessoires de toutes sommes que la Société EUROPEENS ET ASSOCIES pourra devoir à la Société UNION NORMANDE INVESTISSEMENT à raison d'un prêt de F. 15.000.000 et d'un protocole d'accord limitant l'apport en numéraire par la Société UNION NORMANDE INVESTISSEMENT à la Société EUROPEENS ET ASSOCIES à F. 5.000.000 (Cinq Millions de Francs),

- Aux termes d'un acte de nantissement de compte signé le 20 Mai 1992, la Société ELF AQUITAINE INTERNATIONAL, à la sûreté et garantie du remboursement de la somme de F. 20.000.000 en principal, intérêts, frais et accessoires, dont la Société EUROPEENS ET ASSOCIES pourrait devoir à la Société UNION NORMANDE INVESTISSEMENT, a accepté de bloquer en un compte de certificat de dépôt de garantie, ouvert à son nom dans les livres de la BANQUE COMMERCIALE PRIVEE, la somme globale de F. 20.000.000 (Vingt Millions de Francs).

LES PARTIES CONVIENNENT DE CE QUI SUIT

- En ce qui concerne l'acte de caution, sus-cité du 20 Mai 1992 il y a lieu d'ajouter la clause suivante :

"La Société ELF AQUITAINE INTERNATIONAL se rend et se constitue caution solidaire au profit de la Société UNION NORMANDE INVESTISSEMENT, à hauteur de F. 20.000.000 (Vingt Millions de Francs) en principal, du paiement des intérêts portant sur la somme précitée au taux du Pibor 1 an, capitalisés annuellement, des frais et accessoires".

- En ce qui concerne l'acte de nantissement de compte sus-cité du 20 Mai 1992 il y a lieu d'ajouter la clause suivante :

- "Les intérêts resteront acquis à la Société UNION NORMANDE INVESTISSEMENT pour la ou les périodes courant jusqu'au remboursement partiel ou total des actions détenues par la Société UNION NORMANDE INVESTISSEMENT dans la Société EUROPEENS ET ASSOCIES et du prêt participatif consenti par la Société UNION NORMANDE INVESTISSEMENT à la Société EUROPEENS ET ASSOCIES".

IL EST EXPRESSEMENT PRECISE que l'intégralité des clauses contenues dans les actes de cautionnement et de nantissement de compte du 20 Mai 1992, non modifiée par les présentes est sans changement et continuera de produire ses pleins effets.

Le présent avenant n'emportera pas novation aux droits et sûretés de la Société UNION NORMANDE INVESTISSEMENT résultant des actes du 20 Mai 1992.

Fait à Paris, le 21/05/1992
en 2 exemplaires

SOCIETE UNION NORMANDE INVESTISSEMENT	SOCIETE ELF AQUITAINE INTERNATIONAL (1) et (2)

Lu et approuvé

– Bon pour caution solidaire à concurrence de F20.000.000 (Vingt millions de Francs français) en principal plus intérêts aux taux du Pibor 1 an capitalisés annuellement, frais et accessoires.

– Bon pour nantissement de compte bloqué dans les termes ci-dessus à hauteur de la somme de F20.000.000 (Vingt millions de Francs Français) en principal, à majorer de tous intérêts, commissions frais et accessoires.

(1) Faire précéder la signature de la mention manuscrite :

"Lu et approuvé Bon pour caution solidaire à concurrence de F. 20.000.000 (Vingt Millions de Francs) en principal, plus intérêts aux taux du Pibor 1 an capitalisés annuellement, frais et accessoires."

"Bon pour nantissement de compte bloqué dans les termes ci-dessus à hauteur de la somme de F. 20.000.000 (Vingt Millions de Francs) en principal, à majorer de tous intérêts, commissions, frais et accessoires."

(2) Parapher chaque page.

elf aquitaine international

Genève, le 18 novembre 1993

PERSONNEL ET CONFIDENTIEL

Monsieur B. de COMBRET

Note a/s opération "GLOBE"

1.- L'opération visée s'inscrit dans le cadre d'une opération complexe qui doit permettre :

- au journal GLOBE de modifier sa périodicité de parution en devenant hebdomadaire (mensuel jusqu'en mai 1992).

- L'entrée de nouveaux actionnaires dans le capital de "EUROPEENS ASSOCIES" qui a reçu le titre GLOBE et l'ensemble des éléments d'actifs permettant son exploitation, en apport de la Société "CONTEMPORAINS ASSOCIES" - (préalablement apporté par la SARL "MODERNES ASSOCIES").

Les apports en nature de la Société "CONTEMPORAINS ASSOCIES" à la SA "EUROPEENS ASSOCIES" sont rémunérés par une augmentation de capital de la Société "EUROPEENS ASSOCIES" de 20 millions de FF.

En résumé : Apport du titre GLOBE de MODERNES ASSOCIES à EUROPEENS ASSOCIES contre une augmentation de capital de EUROPEENS ASSOCIES, qui attribue les actions correspondant à l'augmentation de capital à CONTEMPORAINS ASSOCIES. ---→ EUROPEENS ASSOCIES à pour objet l'exploitation de l'hebdomadaire GLOBE.

2.- La Société "EUROPEENS ASSOCIES" reçoit de UNION NORMANDE INVESTISSEMENT (à côté des apports du Crédit Lyonnais, Cofintex et BCP)

- 5 MFF en numéraire pour son augmentation de capital

- 15 MFF sous forme d'un prêt participatif.

3.- La Société "ELF AQUITAINE INTERNATIONAL "

1.- s'est portée caution solidaire à hauteur de 20MFF (+ intérêts, frais et accessoires) de toutes sommes que "EUROPEENS ASSOCIES" pourra devoir à UNION NORMANDE INVESTISSEMENT (20.05.92)

Annexe 3

25 septembre 1991 : le ministre de l'Economie et des Finances Pierre Bérégovoy annote, en marge et à la plume, un article prémonitoire du *Nouvel Observateur* intitulé : « Crédit Lyonnais — Banque tous risques ». Comment ce journal peut-il oser s'en prendre au gouvernement et à son grand argentier, en tirant la sonnette d'alarme sur les dérives de la première banque nationalisée ? L'article est épluché par les conseillers du ministre d'Etat. Celui-ci appose, le 25 septembre, cet ordre manuscrit, en sept petites lignes, signées et datées :

« Je considère que le *Trésor* et les banquiers doivent cesser de diffuser des informations malveillantes sur le Crédit Lyonnais.

» PB [*Pierre Bérégovoy*], 25/9/91. »

Cf. *supra*, p. 127.

25 SEP. 1991 – *le nouvel* **Observateur** 19 SEP. 1991

CRÉDIT LYONNAIS

BANQUE TOUS RISQUES

Rachats, crédits, prises de participation... Depuis trois ans Jean-Yves Haberer mène sa maison à un train d'enfer. Au risque de dérailler ?

« Jean-Yves Haberer a une ligne directe avec Pierre Bérégovoy. Il ne traite qu'avec lui. Le Trésor ne peut lui adresser aucune critique et n'a aucun moyen de le contrôler. Pourtant, les autorités de tutelle sont de plus en plus inquiètes des risques qu'il fait courir à sa banque. » Ce commentaire d'un banquier est aujourd'hui un leitmotiv dans la nomenklatura française. Jean-Yves Haberer, patron du Crédit lyonnais, sacré financier [illegible] deuxième septennat, étonne et effraie. Le train d'enfer qu'il fait mener au [illegible] depuis trois ans va-t-il le précipiter contre un mur ou sur un circuit de formule 1 ? [illegible] ore de le savoir. Les banques ne [illegible] entreprises comme les autres. [illegible] longtemps leurs [illegible] [illegible] éclatants qu'avec [illegible] crédits qu'elles ont accor[illegible] et que les entreprises [illegible] de la [illegible]

[illegible] l'avenir du Lyonnais. [illegible] multiplie les [illegible] Le dernier en [illegible] (encore à [illegible] media [illegible] sa filiale [illegible] de francs de junk bonds ([illegible] risquées) à une compagnie d'assurances américaine. Toujours aux États-Unis, [illegible] a les 5 milliards de francs (au moins) [illegible] à Giancarlo Parretti pour l'acquisition de [illegible] MGM, toujours menacée de faillite, et les 3 milliards confiés à l'Américain Leon Black, ancien adjoint de Michael Milken chez Drexel, pour qu'il développe des transactions sur titres. La dernière grande aventure internationale du Lyonnais – le rachat de la société de Bourse anglaise Alexander Laings en 1987 – s'était pourtant bien mal terminée : par une fermeture et la perte de 2 milliards de francs.

En France, les mises ne sont pas banales non plus. Jean-Yves Haberer y a développé ce qu'il appelle la « banquindustrie ». En clair, il prend des participations dans des entreprises. [illegible] n'hésite pas à leur prêter beaucoup d'ar[gent] [illegible] après Rhône-Poulenc, il a choisi d'épauler Usinor-Sacilor en achetant 20 % de son capital pour 2,5 milliards de francs.

En même temps, il multiplie les services, rallonges et crédits divers à ses entrepreneurs chéris. Jean-Luc Lagardère (Hachette et la Cinq), Francis Bouygues (TF 1), Bernard Arnault (LVMH), Bernard Tapie (Adidas), Vincent Bolloré (Delmas Vieljeux) [illegible] tous pa[illegible] par ses guichets et en sont tous repartis les poches pleines. Le Lyonnais n'hésite pas non plus à tirer d'un mauvais pas les hommes d'affaires déjà endettés chez lui pour éviter de mettre en danger ses créances. C'est ainsi qu'il a racheté des immeubles à François Pinault (CFAO) ou à Michel Pelège (SAE), asphyxiés par la baisse des prix de l'immobilier. On a beau savoir que les banques sont riches, cela fait tout de même beaucoup d'argent. « *Et ce n'est peut-être pas ça le plus grave. Jean-Yves Haberer a tellement gonflé le moral de ses troupes qu'aujourd'hui elles prêtent de l'argent à tort et à travers* », assure un concurrent. Chiffre à l'appui : entre 1986 et 1990, le montant des crédits distribués par la banque a augmenté de plus de 80 %.

Pas frileux, Haberer a ouvert un troisième grand front de développement : étendre à l'échelle européenne son activité de banque de détail pour particuliers. Il vient d'acheter pour [illegible] milliards de francs trois réseaux en Espagne et en Italie. Enfin, il ne mollit pas sur le développement de ses activités boursières, ni en France ni à l'étranger. On comprend mieux l'étonnement de ses confrères : à l'heure où la plupart d'entre eux carguent les voiles, Haberer le conquérant force l'allure.

Le scénario catastrophe a-t-il des risques sérieux de se réaliser ? « *Sur le lot des investissements, il y aura statistiquement des désastres. Notamment sur les réseaux bancaires rachetés à l'étranger* », affirme un observateur. Rares sont les banques qui se sont lancées dans la banque de détail hors de leurs frontières. Au début des années 80, le Lyonnais avait repris un réseau en Hollande, qui lui a réservé effectivement de très mauvaises surprises.

Deuxième danger : les crédits. Quand on prête beaucoup, on multiplie les risques d'ardoises coûteuses. Le Lyonnais s'est déjà retrouvé en première ligne sur les grands sinistres industriels de l'année : les sociétés d'informatique Goupil et Concept, le groupe textile VEV Prouvost, sur lequel il reste engagé à hauteur de 1 milliard de francs. « *La stratégie d'Haberer ne peut marcher que si la croissance repart fortement et que la Bourse grimpe. Il pourra alors céder ses participations à un bon prix* », analyse un de ses confrères. Il y a en effet un côté positif dans la gestion du président du Lyonnais : en finançant sans rechigner des entrepreneurs, sa banque se fait une réputation du tonnerre auprès des entreprises. Diagnostic d'un concurrent : « Si Haberer réussit ses paris, sa banque prendra vingt ans d'avance sur nous [illegible] »

Dans le cas contraire, évidemment, tout le monde paiera pour rembourser ces frasques [de] banquier. Le Lyonnais devra constituer [des] provisions qui diminueront d'autant les dividendes qu'il verse à l'État. Et plus grave, celui-[ci] – et donc le contribuable – pourrait être appelé à cracher au bassinet en [cas] d'augmentation de capital. Pour le moment, Pierre Bérégovoy fait toujours une très grande confiance à Haberer, même si les autorités de tutelle – Trésor et Banque de France – en [sont] à tirer la sonnette d'alarme. Sans résultat [...] patron du Lyonnais, sûr de sa stratégie [et de] ses... appuis politiques, méprise [illegible] prudence. La banque s'est [illegible] portefeuille de participations [illegible] d'une valeur de 30 milliards [illegible] fonds propres ne s'élèvent [illegible] liards de francs [illegible] tempêtes. C'est [illegible] banquiers quand [illegible] tures réellement [illegible]

DIRECTION [illegible]
30 SE[P] [illegible]
CABINET DU DIRECTEUR

Je considère que le
! Trésor et les Banquiers
doivent cesser de
diffuser des informations
malveillantes
Crédit lyonnais

PB
25/9/91

Je considère que le
! Trésor et les Banquiers
doivent cesser de
diffuser des informations
malveillantes
Crédit lyonnais

PB
25/9/91

Annexe 4

7 avril 1983 : conseiller technique à l'Elysée, le chef d'escadron Christian Prouteau écrit cette incroyable « Note à l'attention du Président de la République », François Mitterrand. La cellule des gendarmes de l'Elysée vient de retrouver Dominique Erulin, l'homme qu'elle désigne comme l'assassin en puissance du chef de l'Etat. Elle « l'a localisé précisément à l'étranger ». Dans le dernier paragraphe, le commandant Prouteau envisage, ni plus ni moins, la « neutralisation », autrement dit l'élimination physique de Dominique Erulin. A condition que François Mitterrand lui en donne le feu vert :

« Etant donné la personnalité de D. Erulin la décision de son arrestation est délicate. C'est pour cela que tout en utilisant la voie légale dès que nous avons eu retrouvé D. Erulin, j'ai conservé la possibilité d'éviter l'arrestation. Si vous pensez que celle-ci n'est pas opportune ou qu'il serait préférable de neutraliser cet homme par un autre procédé, il sera fait, selon votre volonté. »

Dans les jours qui suivent, le président Mitterrand convoque à Latché, sa résidence secondaire dans les Landes, son directeur-adjoint de cabinet Gilles Ménage et Christian Prouteau, pour décider du sort de Dominique Erulin.

Cf. *supra*, pp. 175 à 180.

PRÉSIDENCE
DE LA
RÉPUBLIQUE

Conseiller Technique

Le 7 avril 1983

N° ~~53/2~~ erreur
65 bis

NOTE

à l'attention de Monsieur le Président de la République

OBJET : EXTREME DROITE.

Comme je vous en ai parlé, il y a plusieurs mois, sur l'ensemble des problèmes qui concernaient ma mission, j'ai apporté une attention particulière au cas de D. ERULIN.

Au moment où nous avons pris cette affaire, grâce à des complicités à l'intérieur de la police, la trace de D. ERULIN avait été perdue. Après 4 mois de travail, le G.A.M. l'a localisé précisément à l'étranger.

Le juge d'instruction, chargé de l'affaire, a délivré un mandat d'arrestation international dans le plus grand secret.

L'information précise que nous avons, laisse, sans aucun doute possible, penser que si des actions violentes sont organisées au niveau de l'extrême droite, elles le seront à l'évidence par Dominique ERULIN.

L'engagement qu'il avait eu sous le précédent gouvernement pour exécuter des basses besognes lui assurait une protection à haut niveau.

De ce fait, la présence de votre gouvernement lui interdit l'accès du territoire national.

Comme il serait difficile de l'arrêter sous un prétexte activiste, compte tenu des répercussions que cela pourrait engendrer, nous nous sommes limités à son passé de droit commun. Ce passé étant assez chargé, il est évident que dès qu'il sera arrêté, son incarcération ne posera pas de problème.

-2-

Etant donné la personnalité de D. ERULIN la décision de son arrestation est délicate. C'est pour cela que tout en utilisant la voie légale dès que nous avons eu retrouvé D. ERULIN, j'ai conservé la possibilité d'éviter l'arrestation. Si vous pensez que celle-ci n'est pas opportune ou qu'il serait préférable de neutraliser cet homme par un autre procédé, il sera fait, selon votre volonté.

Note transcrite suite à communication téléphonique avec le Chef d'Escadron PROUTEAU, actuellement en déplacement.

Annexe 5

4 juillet 1997 : sur trois pages à en-tête du cabinet d'avocats Jeantet et Associés, conseil du BRGM, ce « Mémorandum confidentiel » rend compte, en anglais (avec traduction en français), de tout ce qui est dit lors d'une réunion secrète à Paris. En bluffant, Patrick Maugein y obtient du président de l'établissement public BRGM, Bernard Cabaret, qu'il le présente comme un « conseiller du président de la République Jacques Chirac ». Alors qu'il n'est en réalité mandaté par personne — ni par le BRGM, ni par le gouvernement de Lionel Jospin, ni par le président Chirac —, Maugein annonce ses actions internationales, au Pérou, en Allemagne et en Espagne, en présence de l'avocat Elie Kleiman qui vient de remplacer dans la défense du BRGM Hubert Védrine, nouveau ministre des Affaires étrangères.

Cf. *supra*, pp. 221 à 224.

JEANTET & ASSOCIES
Avocats à la Cour

87 Avenue Kléber
75784 PARIS CEDEX 16
tel. (33) 1 45 05 80 08
fax. (33) 1 47 04 20 41

MEMORANDUM

To :	Bernard Cabaret (BRGM)	Fax	01.40[redacted]
	Robert de Crespigny (Normandy Group)	Fax	00.61[redacted]
	Patrick Maugein	Fax	01.45[redacted]

From : Elie Kleiman

Date : 4 July 1997

Re : Meeting of 2 July 1997

Number of pages : 3

CONFIDENTIAL

Please find below a note summarizing the contents of our meeting held on 2 July 1997, in the premices of LaSource :

Attendees

- Bernard Cabaret (BC)
- Robert Champion de Crespigny (RCC)
- Patrick Maugein (PM)
- Elie Kleiman (EK)

Supreme Court in Peru

EK summarized the developments that had occurred in the Yanacocha proceedings before the Peruvian Supreme Court since the decision rendered on 17 February 1997 by the Superior Court and the related advertising made by Buenaventura and Newmont saying that the decision was final and could not be appealed before the Supreme Court. In particular, EK reminded that the Supreme Court would have to decide first whether the appeal was admissible and second whether it had merits.

Visit by PM in Peru

PM indicated that he had agreed with President Chirac that he would attempt to establish direct contacts with President Fujimori (PF) through the Peruvian Ambassador whom he knows well. The purpose of such a meeting between PM and PF would be to (i) ensure that PF has been supplied with a complete and accurate picture of the matter, (ii) make clear that this matter is considered an affair of State at the highest level in France, (iii) give comfort that BRGM and the French Government are eager to find a realistic out-of-court solution with Buenaventura and Newmont, and (iv) ask PF to ensure that pursuant to the principles of due process of law a fair and unbiased review of the substance of the appeal will be given by the Supreme Court.

PM asked EK to contact Hubert Védrine in order to see if the Ministry of Foreign Affairs would support such a move and take the proper steps vis-à-vis the Peruvian Embassy.

BC further indicated that he would contact Mr. Camdessus (Fonds Monétaire International) and Mr. Cirelli (Elysée).

PM also indicated that he would take steps vis-à-vis German and Spanish authorities in order to insist on the fact that this matter is considered an affair of State in France.

Communication with Buenaventura and Newmont

BC is to call Alberto Benavides (with confirmation in writing) and pass on the message that (i) Patrick Maugein is an advisor to the President of the French Republic and does not represent or advise BRGM or any of its affiliates, (ii) it is BRGM's intention to explore with both Buenaventura and Newmont the possibility to find an amicable solution and (iii) consequently BRGM needs to know what Newmont's position is.

JEANTET & ASSOCIÉS
Avocats à la Cour

MEMORANDUM

A l'attention de : Bernard Cabaret (BRGM)
Robert de Crespigny (Normandy Group)
Patrick Maugein
De la part de : Elie Kleiman
Date : 4 Juillet 1997
Re : Réunion du 2 Juillet 1997
Nombre de pages : 3

CONFIDENTIEL

Veuillez trouver ci-après une note résumant les contenus de notre réunion du 2 Juillet 1997, dans les locaux de LaSource :

Participants :

- Bernard Cabaret (BC)
- Robert Champion de Crespigny (RCC)
- Patrick Maugein (PM)
- Elie Kleiman (EK)

Cour Suprême du Pérou

EK a résumé les derniers développements survenus dans les procédures de la Cour Suprême du Pérou depuis la sentence émise le 17 Février 1997 par la Cour Supérieure et les encarts publicitaires de Buenaventura et Newmont affirmant que la décision était définitive et ne pouvait être recourue devant la Cour Suprême. En particulier, EK rappela que la Cour Suprême aurait à décider en premier lieu si l'appel était recevable et en second lieu s'il avait des fondements.

EK a convenu de préparer un brouillon d'annonce de presse à utiliser au cas où l'accés à l'appel serait concédé.

Visite de PM au Pérou :

PM indiqua qu'il avait convenu avec le Président Chirac qu'il essaierait d'établir des contacts directs avec le Président Fujimori (PF) à travers l'Ambassadeur du Pérou qu'il connaît bien. L'objet d'un tel contact entre PM et PF serait (i) de s'assurer que PF a bien reçu une description complète et précise du sujet, (ii) clarifier que ce cas est considéré au plus haut niveau en France comme une affaire d'État, (iii) donner les assurances que le BRGM et le Gouvernement Français sont disposés à trouver un accord à l'amiable réaliste avec Buenaventura et Newmont, et (iv) demander à PF de garantir que conformément aux principes d'une stricte application de la loi, une juste et impartiale étude du fond de l'appel sera donnée par la Cour Suprême.

PM demanda à EK de contacter Hubert Védrine afin de vérifier si le Minisitère des Affaires Étrangères appuie une telle initiative et applique les mesures adéquates vis à vis de l'Ambassade du Pérou.

BC informa par la suite qu'il contacterait M. Camdessus (Fonds Monétaire International) et M. Cirelli (Élysée).

PM informa aussi qu'il prenait des dispositions vis à vis des autorités allemandes et espagnoles afin d'insister sur le fait que cette affaire est considérée en France comme une affaire d'État.

Annexe 6

14 et 15 octobre 1997 : l'échange de courriers prouvant que Patrick Maugein usurpe les fonctions officielles dont il se réclame :

• le 14 octobre, Maugein a le toupet d'écrire au président de l'établissement public BRGM :

« Il me paraît excellent que tu apparaisses comme le héros du film, moi-même jouant le rôle du méchant. En cas de besoin, je dirai un mot à notre ambassadeur à Washington, M. Bujon de L'Estang, que je connais bien. Je te recommande de ne pas inclure les ministères dans cette partie du débat car tu connais leur frilosité naturelle. »

• Le lendemain, 15 octobre, le président Bernard Cabaret ordonne catégoriquement à Maugein de cesser ses actions et d'arrêter de s'immiscer dans le dossier de l'or de la France envolé au Pérou. Lettre exemplaire, dont le « conseiller » imaginaire du président de la République ne tiendra pas compte.

Cf. *supra*, pp. 229-231.

M. Patrick MAUGEIN
[redacted]
75007 PARIS
TEL 01 53[redacted]

M. Bernard CABARET
Président
B R G M
TOUR MIRABEAU
39 43 Quai André Citroën
75015 PARIS

Paris,
le 14 octobre 1997

Bernard,

Comme je te l'ai dit , j'ai été en contact avec M. Ronald C. CAMBRE, Président de NEWMONT. En substance, je lui ai dit qu'il existait une lettre de l'Ambassadeur de France à Lima qui exprimait des doutes sur le caractère honnête des décisions de la justice péruvienne.

Je lui ai joint la lettre de M. ROHOU que je t'envoie car tu sembles ne pas la connaître. J'ai aussi commenté que l'un des juges chargé de l'affaire avait été arrêté pour corruption et lui ai passé l'article de presse ci-joint. Je lui ai dit que sa lettre du 23 juillet par laquelle il demande à M. BENAVIDES de séparer les deux dossiers Lima d'un côté et Zurich de l'autre avait la particularité d'établir une frontière entre le cas où la corruption est possible : Lima, et le cas où la corruption est impossible : Zurich.

J'ai aussi fait référence aux tentatives de corruption concernant M. CREMADES, Président du Tribunal Arbitral de Zurich. C'est moi qui ai découvert cette affaire et comme tu peux l'imaginer, j'ai des éléments que je garde pour moi.

M. ROHOU, qui est actuellement Ambassadeur à Madagascar, a aussi des éléments qu'il pourrait apporter sous serment à un tribunal des Etats-Unis.

J'ai fait remarquer à M. CAMBRE que l'inclusion des actifs du BRGM dans son bilan consolidé depuis huit mois était de nature à tromper la confiance de ses actionnaires et peut être un délit selon la législaion boursière américaine.

Ma conviction est que M. CAMBRE pense que M. BENAVIDES l'entraîne dans une affaire de corruption internationale dont il pourrait être la première victime étant donnée la sévérité de la législation américaine sans compter les ennuis qu'il peut avoir avec les autorités de la Bourse de New York.

M. CAMBRE, qui est basé à Denver au Colorado, me semble éprouver le plus grand mépris pour la France, les Français et le BRGM.

Il me paraît excellent que tu apparaisses comme le héros du film, moi-même jouant le rôle du méchant.

.../...

-2-

En cas de besoin, je dirai un mot à notre ambassadeur à Washington, M. BUJON DE L'ESTANG, que je connais bien.

Je te recommande de ne pas inclure les Ministères dans cette partie du débat car tu connais leur frilosité naturelle.

Amitiés.

Patrick MAUGEIN

BRGM

L'ENTREPRISE AU SERVICE DE LA TERRE

Le Président

Paris, le 15 Octobre 1997

Monsieur Patrick MAUGEIN
[redacted]
75007 PARIS

Monsieur,

Dans notre conversation téléphonique du lundi 13 octobre, je vous faisais part de mon mécontentement de voir des actions directes menées auprès des parties adverses, précisémment Newmont, dans les affaires de Yanacocha et de Cedimin dans lesquelles le BRGM est associé à NML. Ces actions sont de nature à perturber profondément les actions en justice en cours.

Le cabinet d'avocats qui est en charge de ces affaires a reçu depuis lors des copies de lettres émanant des conseils de nos adversaires qui notamment s'adressent à D.Bernardo Cremades (Président du Tribunal Arbitral de Zurich) à Madrid pour lui demander de préciser sa position, ce qu'il a semble-t-il fait hier, dans un sens opposé à celui décrit dans votre lettre.

A la suite de vos interventions de juin dernier, j'ai été conduit à préciser, le 7 juillet dernier, à M. Benavidès que vous n'étiez mandataire ni du BRGM ni d'une de ses filiales dans ces affaires. Les circonstances présentes me conduisent à réitérer clairement ce fait auprès de M. Benavidès et de demander aux avocats de le faire auprès des avocats qui leur ont écrit récemment à ce sujet.

Je considère maintenant que les événements récents rendent absolument nécessaire de mettre fin à vos actions qui, par leurs derniers développements, peuvent nuire gravement au bon déroulement des affaires que Normandy Mining Limited et BRGM ont actuellement au Pérou.

Avec mes meilleurs sentiments.

B. CABARET

BRGM

Siège :
Tour Mirabeau - 39-43, quai André-Citroen - 75739 Paris cedex 15, France
Tél (33) 1 40.58.89.00 Télex BRGM 780258 F - Télécopieur (33) 1 40.58.89.33
R C SR B 5614 Paris SIRET 58205614900419

Centre scientifique et technique :
3, avenue Claude Guillemin, Orléans-La Source - B P 6009
45060 Orléans cedex 2, France
Tél (33) 38 64 34 34 - Télex BRGM 780258 F - Télécopieur (33) 38 64 35 18

Annexe 7

31 août 1998 : la lettre de menace de Patrick Maugein au directeur général d'Albin Michel, pour obtenir que ne soit pas publié mon livre *Main basse sur l'or de la France*, dont il s'est procuré les épreuves par des intermédiaires policiers. Me voici « mercenaire », « supplétif » d'une famille péruvienne utilisant « des moyens mafieux », elle-même sous la botte du SIN, le service secret péruvien (...), le SIN « qui sème la terreur, gère la drogue et fait obéir les magistrats ». Pour cette lettre, dans laquelle il utilise abusivement, sur une carte de visite jointe, le nom de l'ancien ministre Michel Roussin — qui m'autorisera à qualifier ce procédé comme celui d'un « aigrefin » —, j'ai porté plainte contre « X » des chefs de « menaces, chantage et entrave à la liberté d'expression ».

Cf. *supra*, pp. 216-217.

COMPAGNIE FRANÇAISE ET INTERNATIONALE DE DISTRIBUTION
C.F.I.D.

L'original viendra normalement !

PATRICK MAUGEIN
PRÉSIDENT

(J'envoie une copie, par référence à notre ami commun Michel Roussin)

90, AVENUE DES CHAMPS-ÉLYSÉES 75008 PARIS
TÉL. (33-1) 53 53 03 40 - FAX: (33-1) 45 61 11 26

M. Patrick MAUGEIN
[redacted]
75007 PARIS

M. Richard DUCOUSSET
Directeur Général
EDITIONS ALBIN MICHEL
22 rue Huyghens
75014 PARIS

Lettre recommandée
Avec accusé réception

Paris,
Le 31 août 1998

Monsieur le Directeur Général,

Ayant pris connaissance dans un journal péruvien de l'intention de M. Jean MONTALDO de me mettre en cause dans un livre « Les voyous de la République » à paraître chez ALBIN MICHEL, je vous apporte les précisions ci-dessous.

Dans son interview (ci-jointe), s'octroyant la référence de « chasseur », MONTALDO copie à l'identique les arguments (déjà publiés dans le même journal) d'une famille péruvienne qui a réussi, par des moyens mafieux, à exproprier à son profit l'Etat français de ses mines d'or au Pérou. Il m'attribue aussi un rôle occulte auprès d'excellences socialistes que je n'ai jamais rencontrées. M'attribuer une relation avec Lionel JOSPIN que je ne connais pas est osé.

Le « chasseur » n'avait d'ailleurs rencontré aucune des personnes françaises connaissant cette affaire. Lisant cette interview, j'ai surtout eu l'impression que le « chasseur » s'était mué en mercenaire …

Se comportant en effet comme un supplétif, votre collaborateur a fait parvenir une lettre sur papier ALBIN MICHEL (ci-jointe) à la Cour d'Arbitrage de Zurich, auprès de laquelle l'Etat français –le BRGM (51 %) – et ses associés australiens, le groupe NORMANDY (49 %), tentent de sauver ce qui peut l'être.

Il est étonnant de noter que ALBIN MICHEL tente d'enfoncer les positions juridiques françaises au profit d'intérêts péruviens douteux devant ce tribunal.

Quelle image donnez-vous de votre Maison d'Editions aux juges de Zurich à travers ce texte hargneux , confus, franchement ridicule et à l'orthographe déficiente, qui déforme la réalité en faveur d'une cause hostile à notre pays et dans une procédure qui ne vous concerne pas !

L'affaire est néanmoins simple : une expropriation par un tribunal corrompu sous la botte du SIN, le service secret péruvien n'est pas exceptionnel au Pérou. Le SIN sème la terreur, gère la drogue et fait obéir les magistrats.

-2-

Référez-vous à l'affaire B. IVCHTER : ce gérant de station de radio a été exproprié parce que ses émissions déplaisaient. Il est aujourd'hui réfugié à l'étranger, ruiné et menacé.

Le BRGM et ses associés ont connu une mésaventure similaire. L'Ambassade de France nous a fait savoir que la sentence -qui exproprie notre pays des mines d'or découvertes par le BRGM- a été obtenue par des moyens qui ont inclus l'enlèvement du neveu d'un juge, la corruption d'autres juges et l'utilisation de faux.

Le Pérou est aujourd'hui poursuivi devant la Chambre d'Arbitrage de l'OCDE à Washington où ces éléments seront présentés. L'action judiciaire va s'étendre aux Etats Unis dans le cadre du « Foreign Corruption Act » et de la loi antimafia « RICO ».

En ce qui me concerne, associé au groupe NORMANDY, j'ai essayé d'organiser, en vain, la défense face à cette expropriation.

Le Président de NORMANDY, Robert CHAMPION de CRESPIGNY et moi-même, avons toujours accepté de répondre aux journalistes, mais la position partisane de MONTALDO nous a convaincus de faire exception en ce qui le concerne.

En effet, me poursuivant depuis son interview au Pérou d'un fiel suspect, il souhaite aussi, selon mon information, me compromettre dans un fait judiciaire ancien, où j'ai été entendu comme témoin, à l'instar de diverses autres personnes et dans lequel rien n'a été retenu contre moi. Ceci au mépris de la loi, ce que vous ne pouvez ignorer.

Votre Directeur de collection brandit aussi complaisamment des documents, qui sont des faux déjà diffusés et reconnus comme tels, entre autres par le Canard Enchaîné, probablement confectionnés par le SIN, quoique grossiers.

Examinez les, cela vous concerne puisque ALBIN MICHEL s'implique aux côtés des Péruviens , vis à vis de la Cour de Zurich.

MONTALDO semble en outre développer la théorie d'un complot dont je serais un rouage, ayant eu pour objectif de privatiser les actifs du BRGM dans des conditions anormales.

Le Monde, qui a scruté cette privatisation, considère les élucubrations de votre collaborateur sans fondement.

Voyez par exemple l'article du Monde du 11 juin 1998 et interrogez le journaliste Hervé GATTEGNO, qui a fait une enquête tout azimut.

Il est clair qu'un tel complot aurait supposé la complicité des gouvernements BEREGOVOY-BALLADUR-JUPPE ainsi que de nombreux fonctionnaires des Ministères des Finances et des Mines qui ont géré le dossier. Il n'existe que dans l'imaginaire de votre « chasseur ».

Quant à moi, personne privée, ayant toujours refusé la notoriété, je ne peux accepter de jouer un rôle dans les schémas fictionnels de votre collaborateur, manifestement partie prenante dans cette affaire d'or quoique votre Maison d'Editions l'érige en juge ou justicier. Encore moins dans un livre dont le titre est une diffamation.

-3-

Il vous incombe, en tant qu'éditeur, mais aussi puisque vous acceptez que votre papier à lettre soit le support de la guerre personnelle de votre Directeur de collection de prendre les mesures qui s'imposent au sujet de ce livre.

Vous voilà prévenu , avec l'avance nécessaire, par ce recommandé !

Vous remerciant, je vous prie d'agréer, Monsieur le Directeur Général, l'expression de mes sentiments les meilleurs.

P Maugein

Patrick MAUGEIN

P.J. :

- Copie lettre de votre Directeur de collection au Tribunal de Zurich (15 06 1998).
- Copie interview de votre Directeur de collection (02 04 1998).
- Copie article du Chicago Tribune (09 05 1997) .

Annexe 8

Chantage mode d'emploi

Un échantillon des incroyables courriers que Patrick Maugein a adressés tous azimuts pour continuer de s'imposer dans l'affaire de l'or de la France envolé au Pérou :

• Quatre lettres, des 13 août, 6 et 22 octobre, 9 novembre 1999, à Claude Allègre, ministre de tutelle de l'établissement public BRGM. Patrick Maugein se permet — en toute impunité — d'y insulter et d'accuser de délits pénaux le meilleur ami de Lionel Jospin. Il menace de les exploiter si Claude Allègre ne le rejoint pas dans sa campagne contre le géant américain Newmont, auquel il ne désespère pas de soutirer, pour sa cassette personnelle, 20 millions de dollars.
Cf. *supra*, pp. 236 à 245.

• La lettre que Maugein m'adresse, le 14 octobre 1999, aux Editions Albin Michel, dans laquelle il tente de me soudoyer et de m'arracher un faux témoignage contre les compagnies minières Buenaventura-Newmont, qu'il accuse d'avoir « trompé ma vigilance d'investigateur chevronné ».
Cf. *supra*, p. 249-250.

• L'un des trois fax (26 octobre 2000) que Patrick Maugein a adressés à Madrid à son ancien associé et ami José Antonio Jimenez. Ce document atteste que Maugein utilise sa plainte contre « X » pour chantage et tentative d'extorsion de fonds, visant nommément, dans ses dépositions, Jimenez et moi-même, pour « mettre à genoux » la compagnie Newmont.
Cf. *supra*, p. 297.

- CFID -

<u>Mr. Claude J. Allègre</u>
Ministre de l'Education Nationale et de la Recherche
Ministère de l'Education Nationale et de la Recherche
10 Rue de Grenelle
75007 Paris

Le 13 août 1999

Monsieur le Ministre,

Permettez-moi par la présente de vous exposer mon rôle personnel et mon point de vue sur l'expropriation du BRGM.

Ayant fait connaissance de Robert Champion de Crespigny seulement en juin 1996, j'ai commencé à intervenir en 1997 et dans le cadre strict du Pérou, comme Conseiller de Normandy. Je suis donc moralement et légalement irréprochable.

Après votre départ, notre Ambassadeur Bernard Prague m'a aussi sollicité, faute d'interlocuteur au BRGM. Lui même est resté à Lima au delà du raisonnable, étant donné son état de santé. Peu avant sa mort, je lui ai promis de mener cette affaire à terme, au besoin seul.

La violence des attaques, médiatiques et judiciaires, que j'ai subies ont renforcé ma détermination.

Je veux préciser que je ne considère pas cette affaire comme un sujet politique. Si je m'exprime publiquement, je ne vous mettrai pas en cause, d'autant plus que j'estime que vous n'êtes pas responsable de ce désastre.

J'ai été contacté par les syndicats du BRGM et j'ai opté pour la discrétion.

Une rencontre entre nous pourrait être utile. Je vous garantis la confidentialité, à moins que vous ne préfériez qu'Antoine Blanca, qui repart le 8 septembre, nous réunisse.

90, Avenue des Champs-Elysées - 75008 Paris
Tél. : (33-1) 53 53 03 40 - Fax : (33-1) 45 61 11 26
Société Anonyme au capital de 1 000 000 F - RC Paris B 331 090 175
Siret 331.090.175.00018 - APE 515 A - TVA FR 43.331.090.175

Plutôt que de répondre à la diffamation, j'ai effectué avec une équipe efficace, une vaste enquête qui démonte les rouages de cette affaire d'expropriation. Deux éminents professeurs français de Droit Pénal m'ont convaincu qu'il s'est agi d'une escroquerie en bande organisée et que la compétence de la Justice Française est certaine. Toute une série de délits pénaux majeurs peuvent être matérialisés.

J'ai communiqué l'essentiel au Substitut du Procureur, David Peyron. Il me paraît dommageable aux intérêts de l'Etat Français qu'il ne nomme pas de juge d'instruction muni d'une saisine large. Une rumeur, manifestement fausse, se propage selon laquelle vous souhaiteriez étouffer cette affaire.

J'estime que le BRGM devrait porter une plainte sur la base des délits que j'ai recensés. Le juge d'instruction devrait alors demander la coopération du Département de la Justice à Washington. Il serait souhaitable que ce juge soit expérimenté.

J'ai eu des contacts à niveau élevé, quoiqu' informels, avec ce Département. Mes interlocuteurs sont surpris que la France ne les saisisse pas. Ils sont conscients que, puisque les Etats Unis exportent l'éthique d'entreprise, il est normal qu'ils fassent un exemple. Ceci est facile car Newmont a mauvaise réputation.

Ces mêmes interlocuteurs m'ont suggéré que le juge d'instruction français invoque la deuxième exception de Hickenlooper. Cette disposition de la loi américaine "impose" à la justice des USA de se saisir de délits commis à l'étranger, s'ils ont une conséquence patrimoniale aux Etats Unis.

Cette stratégie permettrait sûrement de récupérer notre domaine minier au Pérou à condition d'aller vite, en raison de certaines prescriptions légales.

Sur le plan médiatique, le Washington Post et le New York Times m'ont sollicité. J'ai aussi opté pour le silence. Enfin, Mr. Brian Burrough, ancien journaliste du Wall Street Journal et auteur du best seller "Barbarians at the Gate" souhaite écrire un livre sur les mauvaises manières des compagnies américaines en Amérique Latine. Ce cas le passionne. Pour ce que j'ai pu en savoir, l'inertie, l'irrésolution et l'irresponsabilité de notre Etat sera mis en exergue cruellement.

A ce titre, la négociation en cours apparaît honteuse dans son principe et probablement pénalement répréhensible. Elle vise à récupérer les miettes et à garantir à Newmont, non seulement l'impunité mais aussi la non-réclamation de nos actifs si d'aventure Newmont était pénalement condamné aux USA par exemple.

J'ai aussi demandé à mon avocat Maître Pierre Haïk de prendre contact avec le Procureur de la République, Mr. Dentilhac.

Veuillez trouver en annexe le schéma pénal, objet des consultations des Professeurs Decocq et Bouloc.

La procédure judiciaire française, par nature inquisitoriale, laisse évidemment au juge d'instruction la possibilité d'enquêter avec plus de moyens que moi.

Vous remerciant de votre attention, je vous prie d'agréer, Monsieur le Ministre, l'expression de mes sentiments respectueux.

Patrick Maugein
Portable : 06 80 [redacted]

COMPAGNIE FRANÇAISE ET INTERNATIONALE DE DISTRIBUTION
- CFID -

M. Claude ALLEGRE
Ministre de l'Education Nationale , de la Recherche
Et de la Technologie
Ministère de l'Education Nationale, de la Recherche
Et de la Technologie
110 rue de Grenelle
75007 PARIS

Paris,
Le 6 octobre 1999

Monsieur le Ministre,

Une fois encore, je voudrais vous convaincre que le B.R.G.M. fait fausse route.

D'abord les dernières informations financières publiées par NEWMONT permettent d'attribuer une valeur d'environ 800 millions de dollars au domaine minier français au Pérou.

J'ai aussi l'information certaine que NEWMONT a l'intention de ne rien payer. Ses avocats reconnaissent le « release » comme impraticable, dangereux pénalement. Le paiement de 80 millions de dollars serait attaqué par des associations d'actionnaires de NEWMONT comme injustifié et pénal (un abus de biens sociaux). Vis à vis de la Bourse , la situation juridique paraît solide : au Pérou, ils ont gagné sur toute la ligne, ils ont eu gain de cause à Zurich et les procédures du CIRDI ne visent que le gouvernement péruvien.

C'est pourquoi la stratégie actuelle de NEWMONT consiste à vous « mener en bateau » jusqu'au-delà des prescriptions. Ils savent pertinemment que les conditions du « release » sont déjà inapplicables, car ils sont conscients qu'il y a deux procédures judiciaires en cours en France. Leur politique est de continuer les négociations comme si de rien n'était, pour vous faire perdre plus de temps. Novembre est fatidique au sujet des prescriptions en France et aux Etats-Unis.

Contrairement aux avocats du B.R.G.M. qui ne surveillent pas ces procédures pénales françaises, l'avocat de NEWMONT, Tony Dreyfus les observe avec attention. (Juges Josié et Salmeron).

Votre lettre par laquelle vous soupçonnez NEWMONT d'avoir minoré les actifs, par exemple, induit une prescription trois ans après, soit en novembre, puisqu'aucune action n'a suivi vos soupçons.

Vous allez donc vous trouver fin novembre dans une situation intenable: rien n'aura été payé, les prescriptions rendront NEWMONT inexpugnable, et si à présent ils sont peu motivés pour négocier, dès les prescriptions ils auront de bonnes raisons de refuser de payer.

Votre propre situation sera politiquement mortifère car vous accréditerez l'idée que vous avez repris la tutelle du B.R.G.M. pour étouffer cette affaire et faire oublier les petits manquements à l'éthique commis quand vous étiez Président du B.R.G.M. Votre lettre aux inspecteurs par laquelle vous rejetez une partie du blâme sur la tutelle démontre que la tutelle est en première ligne, or cette fois, la tutelle c'est vous. L'échec inéluctable des négociations en cours vous sera attribué. Vous avez cependant encore, pour peu de temps, la possibilité de sauver l'honneur et de récupérer le patrimoine de l'Etat.

Pour vous, je ne puis être qu'un allié objectif et utile. Je ne m'intéresse pas à votre comportement quand vous étiez Président du B.R.G.M., mais seulement à sortir par le haut de cette affaire en récupérant l'ensemble du domaine minier.

Je vous propose donc de faire porter plainte par le B.R.G.M., afin d'interrompre les prescriptions, et de me nommer Président du B.R.G.M. Pérou et MINE OR. Il s'agit d'une tâche atypique qui exige de l'expérience des affaires internationales, notamment aux États-Unis, et qui ne correspond guère au profil du Président du B.R.G.M.

Ma stratégie serait de porter la procédure le plus tôt possible à Washington, ce qui ne peut vous nuire. Bien au contraire. J'aurais besoin de votre appui et j'ai la conviction qu'ensemble, nous pourrons obtenir une conclusion honorable à cette affaire.

Je voudrais vous citer la phrase de Churchill « Ils ont choisi le déshonneur pour éviter la guerre, ils ont eu le déshonneur et la guerre ».

A vous donc de décider.

Veuillez agréer, Monsieur le Ministre,
l'expression de mes sentiments respectueux.

Patrick MAUGEIN

COMPAGNIE FRANÇAISE ET INTERNATIONALE DE DISTRIBUTION
- CFID -

M. Claude ALLEGRE
Ministre de l'Education Nationale , de la Recherche
Et de la Technologie
Ministère de l'Education Nationale, de la Recherche
Et de la Technologie
110 rue de Grenelle
75007 PARIS

Paris,
Le 22 octobre 1999

Monsieur le Ministre,

J'ai appris incidemment que votre ami Denis Jeambar a l'intention de publier un pamphlet sur moi dans l'Express sous la plume de M. Nouzille.

M. Nouzille, la dernière fois qu'il a écrit sur moi au sujet de l'affaire péruvienne a pris fait et cause pour la thèse de Montaldo.

On me le décrit comme un journaliste très influençable et manipulable. Il prétendrait disposer d'informations de Kroll (l'agence de la C.I.A.) sur moi, ce qui accréditerait la thèse que NEWMONT est extrêmement préoccupé par la procédure pénale que je préconise et devrait vous convaincre de la mettre en place.

Je n'ai aucune inquiétude sur les ragots qui pourraient être colportés sur moi mais je considérerais qu'une attaque « ad hominem » de votre ami Denis Jeambar aurait reçu votre « feu vert ». Moi-même m'étant gardé de tout commentaire personnel vous concernant.

Veuillez trouver ci-joint, pour information, copie de la lettre que j'ai envoyée à M. Montaldo.

Je vous prie d'agréer, Monsieur le Ministre, l'expression de mes sentiments respectueux.

Patrick MAUGEIN

90, Avenue des Champs-Elysées - 75008 Paris
Tél. : (33-1) 53 53 03 40 - Fax : (33-1) 45 61 11 26
Société Anonyme au capital de 1 000.000 F - 331 090 175 RCS Paris
Siret 331 090 175 00018 - APE 515 A - TVA FR 43.331.090.175

COMPAGNIE FRANÇAISE ET INTERNATIONALE DE DISTRIBUTION
- CFID -

M. Claude ALLEGRE
Ministre de l'Education Nationale , de la Recherche
Et de la Technologie
Ministère de l'Education Nationale, de la Recherche
Et de la Technologie
110 rue de Grenelle
75007 PARIS

Paris,
Le 9 novembre 1999

Monsieur le Ministre,

Permettez-moi une fois de plus de vous décourager de brader pour 80 millions de dollars, des biens de l'Etat qui valent 800 millions de dollars.

J'ai, moi-même consulté le Département de la Justice des Etats Unis et vérifié son désir de coopération avec la Justice française pour rendre ses actifs au B.R.G.M. à condition d'être saisi par les Autorités judiciaires françaises.

Il m'a été expliqué que les moyens mafieux utilisés par NEWMONT doivent être l'objet d'une enquête et que la restitution est au bout du chemin.

Les Etats-Unis qui exportent l'éthique d'entreprise, souhaitent faire un exemple chez eux et le Département de la Justice n'a pas d'état d'âme vis à vis de cette compagnie minière de Denver.

Récemment, un journaliste m'a fait remarquer que lorsque vous étiez Président du B.R.G.M., vous ne vous rendiez au bureau guère plus qu'une fois l'an, pour les vœux : vous n'aviez pas un emploi fictif mais un emploi réel que vous n'occupiez pas.

Vous faisiez de grandes dépenses aux frais du B.R.G.M., sans que cela corresponde à ses activités. Par exemple, Chez Leduc, ce luxueux restaurant à deux pas de chez-vous , on note un pic de gastronomie pendant la campagne électorale de M. Jospin.

Vous voyagiez à titre personnel, contre les normes administratives, en première classe et en Concorde aux frais du B.R.G.M et les voyages n'avaient souvent rien à voir avec le B.R.G.M.

Ce qui précède constitue donc des abus de biens sociaux non prescrits. Ce journaliste dispose des pièces internes du B.R.G.M. qui le prouvent irréfutablement.

.../...

90, Avenue des Champs-Elysées - 75008 Paris
Tél. : (33-1) 53 53 03 40 - Fax : (33-1) 45 61 11 26
Société Anonyme au capital de 1 000.000 F - 331 090 175 RCS Paris

Je comprends donc que dans ces circonstances , vous hésitiez à voir la Justice se saisir. Mais cela justifie t'il de brader le patrimoine de l'Etat à dix pour cent de sa valeur ?

C'est le Directeur Général, M. Jean-Pierre Hugon, qui en plus de son travail effectuait le vôtre , pour lequel vous étiez rémunéré.

Cela a été la cause d'un manque de vigilance qui a eu pour conséquence cette expropriation par des moyens mafieux.

Par exemple, pendant la procédure d'appel devant les tribunaux péruviens, vous étiez aux Etats Unis, aux frais du B.R.G.M. mais injoignable. C'est donc le Ministre de

.../...

l'Industrie, M. Borotra, qui a dû prendre des décisions à votre place, prenant ainsi le risque de « gestion de fait » qui est pénal. C'est pour cette raison qu'il vous a mis à l'écart et non pas pour des raisons politiques comme vous l'avez écrit à l'époque.

L'Ambassadeur de France à Lima, Bernard Prague, quoique très malade est resté à son poste pour pallier à votre défaillance, aidé par moi, en tant que représentant de la partie minoritaire australienne. Je vous signale que le B.R.G.M. à l'époque avait même oublié de payer ses avocats au Pérou.

Vous vous êtes défendu en accusant dans vos écrits le Directeur Général et la tutelle de l'époque c'est à dire ceux qui tentaient de suppléer à votre défaillance.

Devenu Ministre de l'Education Nationale, de la Recherche et de la Technologie, vous avez sorti le B.R.G.M. de sa tutelle traditionnelle du Secrétariat d'Etat à l'Industrie pour l'assurer vous même.

Ainsi, lorsque vous étiez Président du B.R.G.M. , vous n'aviez pas le temps de vous en occuper mais quand vous avez été nommé à de prenantes fonctions ministérielles, vous avez éprouvé le besoin de vous surcharger de sa tutelle.

Avez-vous tenté de récupérer ces actifs expropriés ? Non, et l'affaire a été étouffée. M. Gattegno du journal Le Monde n'a pas pu écrire l'article qu'il avait préparé et M. Karl Zero de Canal + s'est vu interdire une émission sur cette affaire. Par ailleurs, des mesures conservatoires nécessaires n'ont pas été prises.

Vous avez donc maintenant le choix :

Vous passez un accord déshonorant, abandonnant à NEWMONT nos actifs nationaux au dixième de leur valeur et ce qui précède apparaîtra comme un mobile. Le paiement de cette somme par NEWMONT posera aussi un problème car cela s'assimilera à des abus de bien sociaux. L'explication « soft » qui sera donnée couvrira l'explication « hard » : un paiement pour éviter la plainte pénale et cela constituera le délit de diffusion d'informations mensongères par une compagnie cotée en Bourse à Paris. L'autre risque est qu'après la prescription du 25 novembre 1999, NEWMONT ne veuille rien payer.

Enfin, des citoyens peuvent porter plainte, comme cela a été le cas pour l'appartement de M. Juppé ou au sujet de M. Tibéri.

…/…

L'autre solution est que vous portiez plainte. Le théâtre des opérations se déplacera vite à Washington et ce qui précède restera périphérique. De plus les prescriptions seront interrompues .

Vous devrez m'appuyer car il sera difficile de trouver quelqu'un qui connaisse le dossier aussi bien que moi et qui ait la même détermination de voir aboutir une procédure aux Etats Unis.

Les chances sont excellentes et vos accommodements avec l'éthique resteront inaperçus

Je vous prie d'agréer, Monsieur le Ministre, l'expression de mes sentiments respectueux.

Patrick MAUGEIN

P.S. :
Peut-être pouvons nous communiquer par l'intermédiaire de mon ami et camarade de l'X, Roland Peylet, qui est au Cabinet du Premier Ministre et qui vous connaît certainement.

COMPAGNIE FRANÇAISE ET INTERNATIONALE DE DISTRIBUTION
- CFID -

Monsieur Jean MONTALDO
EDITIONS ALBIN MICHEL
22 rue Huyghens
75014 PARIS

Paris,
Le 14 octobre 1999

Cher Monsieur Montaldo,

Une enquête détaillée m'a convaincu que le B.R.G.M. a été victime d'une escroquerie en bande organisée dans l'expropriation du domaine minier péruvien sur laquelle il me paraît inévitable que se penchent les Justices française et américaine.

Je souhaiterais connaître votre sentiment sur le point suivant :

En avril 1998, vous avez reçu, selon votre livre, les faux e-mails à Lima de la part de NEWMONT-BUENAVENTURA .

Les ayant en main, vous avez donné votre interview où vous me traitiez de « voyou », « corrupteur » et « le contraire d'un enfant de chœur »

En effet, ces faux e-mails ordonnaient de corrompre un juge et d'enlever sa nièce.

Concomitamment, Rex Stevenson faisait savoir à NORMANDY, « de la part de NEWMONT » que j'étais l'auteur de ces e-mails.

Le dénominateur commun de ces interventions était donc NEWMONT.

NEWMONT-BUENAVENTURA vous ont donc fait parvenir ces faux pour que vous les utilisiez, abusant de la haute estime que vous aviez pour M. Benavides « patriarche de la Grèce Antique » et pour M. Cambre « grand patron ».

Vous avez reçu ces faux en avril et cinq mois plus tard en avez fait état dans votre livre, vous les conservez encore dans le coffre de Maître Dewynter.

Votre confiance était si forte que vous n'avez pas soupçonné la supercherie malgré l'anglais, truffé d'hispanismes péruviens, l'oubli par les faussaires du décalage horaire entre Paris et Lima, la substance aberrante et la forme infantile.

Cette confiance vous a conduit à témoigner en leur faveur, comme cela apparaît au paragraphe 32 de la Sentence Arbitrale de Zurich et à remettre à ce tribunal ce document interne du B.R.G.M. signé Allègre, qu'ils ne pouvaient pas remettre eux-mêmes.

…/…

90, Avenue des Champs-Elysées - 75008 Paris
Tél. : (33-1) 53 53 03 40 - Fax : (33-1) 45 61 11 26
Société Anonyme au capital de 1 000.000 F - 331 090 175 RCS Paris
Siret 331 090 175 00018 - APE 515 A - TVA FR 43.331.090.175

Ceci à l'insu de vos lecteurs, que pourtant vous informez de vos faits et gestes, donc plutôt par solidarité que par esprit journalistique.

NEWMONT-BUENAVENTURA ont donc trompé votre vigilance d'investigateur chevronné, fait fi de votre honneur et vous ont fait participer à un schéma qui me paraît pénal.

Ne serait-il pas à votre honneur d'apporter à la Justice votre témoignage sur ce qui précède ?

NEWMONT-BUENAVENTURA devraient, selon la loi américaine, vous payer d'énormes indemnités pour vous avoir fait tenir ce rôle qui peut se décrire comme de complicité.

D'ailleurs NEWMONT-BUENAVENTURA offrent 80 M de dollars au B.R.G.M. pour qu'il ne porte pas plainte, par écrit dans un document intitulé « Release » que j'ai remis au Juge Stephan.

Dans le cadre de nos droits moraux respectifs et afin que ceux qui ont fait « main basse sur l'or de la France » soient confondus, je vous suggère, si ce point de vue vous intéresse, que votre avocat prenne contact avec Maître Haïk afin d'examiner si peut se dégager une position d'intérêt commun.

Veuillez agréer, Cher Monsieur Montaldo, l'expression de mes sentiments les meilleurs.

Patrick MAUGEIN

M. José Antonio JIMENEZ MARTIN

Paseo [redacted]
28036 - MADRID

FAX : 91[redacted]

Le 26 Octobre 2000

Tonio,

Quelques précisions encore pour que tu disposes de tous les éléments pour faire un choix judicieux :

Lorsque Maître BOT a demandé de l'argent à Maître HAIK, non seulement j'avais déjà porté plainte pour chantage et extorsion depuis plusieurs mois, mais j'avais aussi confié tous tes écrits à un grand spécialiste de Droit Pénal français, Maître Michel MAYER dont les conclusions étaient accablantes. Maître HAIK a maintenu le contact avec Maître BOT parce qu'il pensait que tu finirais par mettre tes demandes d'argent par écrit, ce qui aurait été la cerise sur le gâteau. Personnellement, je savais que tu ne le ferais pas parce que tes demandes d'argent ne pouvaient pas être justifiées par les apports professionnels que tu aurais pu avoir vis-à-vis de nous.

Quant à l'affaire BREABOUT qui était une pièce de ton chantage, nous avons rapidement estimé qu'elle était inutilisable en raison de ton association avec MONTALDO. Un revirement de témoignage de ta part dans le sillage de MONTALDO ne nous paraissait guère à craindre. Tout au contraire, Maître HAIK a toujours pensé qu'un témoignage de ta part, quelqu'il soit, mettrait fin à la série des témoignages que le Juge d'Instruction se devait d'entendre et que cela nous était favorable. Enfin, tu dois savoir que Maître DEWYNTER a demandé à cor et à cri ton témoignage et que nous l'avons souhaité aussi.

Selon certains journalistes, des lettres anonymes ont été envoyées au Juge annonçant des révélations fracassantes de ta part. Décidemment ceux qui souhaitaient ton témoignage ne faisaient pas de la dentelle.

Ce qui précède t'indique que tu n'aurais jamais pu me soutirer de l'argent et que je n'aurais jamais cédé à un chantage.

Le fax que je te demande d'envoyer au Juge THOUVENOT et dans lequel tu lui dirais la vérité sur qui s'est passé est certainement une humiliation pour toi mais il n'est pas

dans notre intention de le rendre public ou de tenter de faire de la peine à Titof et Nicolas.

L'alternative, et ce sera *irréversible* demain après-midi, est que nous poursuivions le cours de notre plainte pour chantage et extorsion. Tu peux estimer que tu t'en tireras mais tu sais aussi que le risque est important que tu sois inculpé et déféré au Tribunal avec un risque de condamnation à une peine de prison et à une forte amende. Il suffit de regarder les peines prévues au Code Pénal. Tu n'as rien à gagner, tout à perdre sans compter le coût très onéreux des avocats.

En ce qui me concerne, tu n'es pas un objectif pour moi, ce qui m'intéresse est une stratégie gagnante contre NEWMONT.

Ta coopération avec la Justice aurait l'avantage de raccourcir les échéances quoiqu' elle ne change pas fondamentalement la donne. Les journalistes me disent que MONTALDO s'est rendu aux Etats-Unis en Septembre et plus récemment en Espagne. Tout indique qu'il a commencé à paniquer.

Voici donc les derniers éléments que je souhaite apporter à ta reflexion.

Salutations.

Patrick Maugein Maugein

Table

Troisième carnet

AVRIL 2001

Dérives de la franc-maçonnerie

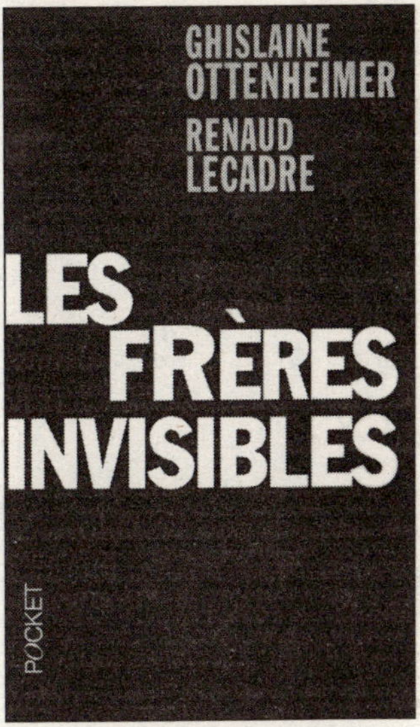

Les frères invisibles
(Pocket n° 11636)

La loge franc-maçonnique née à l'époque des lumières, pétrie d'idéaux démocratiques est devenue aujourd'hui un monde opaque. Le culte du secret et de l'entraide est-il dangereux pour la démocratie ? Retraçant toute les affaires politico-financières des quinze dernières années, les deux auteurs constatent que l'on retrouve souvent des initiés dans des rôles clés. À travers les témoignages de frères sincères qui ont décidé de lever le voile, ce document choc a pour but de dénoncer les dérives mafieuses des francs-maçons et l'existence de pouvoirs invisibles, souvent au-dessus des lois.

Il y a toujours un Pocket à découvrir

Portrait d'une First Lady

***La double vie d'Hillary Clinton* (Pocket n° 11486)**

Dans l'ombre de son mari pendant vingt-cinq ans, Hillary Clinton connaît enfin la gloire le 7 novembre 2000 lors de son élection comme sénateur de l'État de New-York. Christine Ockrent, qui a suivi sa campagne électorale, retrace le parcours de cette femme mal aimée et mal comprise des Américains. Grâce à ce portrait étonnant, émaillé d'interviews de ses proches comme de ses détracteurs, Hilary, l'intellectuelle ingrate, se transforme en une femme de cœur et de conviction promise à une longue carrière politique.

« faux e-mails », avec lesquels je n'ai rien à voir, qu'il présente comme la preuve indiscutable de ma corruption par Newmont.

• **La troisième instruction** : Du ressort du pôle financier de Paris, elle est confiée depuis 1999 au juge d'instruction Valérie Salmeron. Elle concerne l'affaire BRGM-Yanacocha proprement dite. J'en suis le détonateur, avec mon livre *Main basse sur l'or de la France*. Jimenez y est aussi un témoin important, entendu le 10 avril 2000 sur commission rogatoire internationale, au Palais de Justice de Madrid, en présence d'un magistrat espagnol, par trois policiers français : le capitaine Claude Mazerolle (le même qui m'a par deux fois auditionné), Bernard Butel et Gérard Lubrano-Lavadera. Interrogatoire dense, portant le sceau royal de l'*Administración de justicia*. Dans le procès-verbal, José Antonio Jimenez raconte à peu près tout, à commencer par le contrat passé avec la compagnie australienne Normandy et les centaines de milliers de dollars payés par elle à Patrick Maugein pendant qu'il se faisait passer pour un « conseiller du président de la République » Jacques Chirac, sans mandat de celui-ci. Jimenez va jusqu'à parler de « trafic d'influence », et de « lobbying à partir de ses relations politiques françaises et plus particulièrement avec le président Chirac, parce que c'est un ami intime de M. Maugein ». Forte *Declaración de testigo* (témoignage) en ma possession que Jimenez évoque, sans être soumis au secret de l'instruction sur le territoire de l'Etat espagnol, et dont il détient la copie. Embarrassante déposition aussi pour Maugein. C'est à cause d'elle qu'il été interrogé, pendant l'été 2000, et que ses appartements et bureaux ont été perquisitionnés... tardivement. Comme si la justice française pensait qu'un milliardaire n'a pas les moyens de se payer une femme de ménage.

• **La quatrième instruction** : C'est celle pour « chantage et tentative d'extorsion de fonds » qui m'a conduit, le 9 avril, dans le cabinet du juge Thouvenot. Maugein a besoin d'elle pour polluer toutes les autres, toutes les découvertes passées et futures, dans le cadre des trois informations judiciaires que je viens d'énumérer et où il est cité. Il prend dans les dossiers des autres juges (Mmes Oper, Josié et Salmeron) tout ce qui se rapporte à sa démonstration alambiquée... en vue de faire payer le géant américain Newmont. Au passage, il ravale son ancien homme de confiance José Antonio Jimenez au rang d'un escroc de bas étage, dont moi-même, malfaiteur d'envergure, je serais devenu « l'associé ».

Quand nous nous quittons, je préviens enfin le juge Baudoin Thouvenot de ma décision de lancer contre Patrick Maugein les poursuites qui s'imposent.

Le lendemain, par lettre du 10 avril 2001, je porte à la connaissance du procureur de la République, Jean-Pierre Dintilhac, l'ensemble des faits relatés dans ces pages. Sans en occulter aucun. Et, le 17 mai, « Mme Monique Ollivier, premier substitut, chef du secteur Sud », m'écrit (lettre référencée : 99.356.230.72) :

« Je vous accuse réception du courrier visé en référence, dont les termes ont retenu toute mon attention. L'instruction en cours au cabinet de M. Thouvenot se poursuivant, je vous informe que je n'envisage pas en l'état de prendre l'initiative d'une enquête sur les faits que vous invoquez. »

De Grèce, le 18 juin, je réponds à l'honorable magistrat, porte-parole de la justice en panne :

« Je vous remercie de votre décision de n'en prendre aucune. Pour la manifestation de la vérité, j'en aviserai mes lecteurs dans le premier tome de mes *Carnets*

Composé par Nord Compo à Villeneuve-d'Ascq

Impression réalisée sur Presse Offset par

BRODARD & TAUPIN

GROUPE CPI

16531 – La Flèche (Sarthe), le 31-12-2002
Dépôt légal : janvier 2003

POCKET – 12, avenue d'Italie - 75627 Paris cedex 13
Tél. : 01.44.16.05.00

Imprimé en France